PPP项目操作实务与案例分析

李志生 编著

中国建筑工业出版社

图书在版编目（CIP）数据

PPP项目操作实务与案例分析 / 李志生编著；—北京：中国建筑工业出版社，2017.5
ISBN 978-7-112-20711-4

Ⅰ.①P… Ⅱ.①李… Ⅲ.①政府投资—合作—社会资本—案例 Ⅳ.①F830.59②F014.39

中国版本图书馆CIP数据核字（2017）第095219号

本书通过大量的案例和具体的问题解答，对我国PPP领域进行了系统而全面的介绍。全书分为9章及附录1～附录3，内容包括PPP政策、PPP的管理机构与主体、PPP项目管理、PPP的风险分析、PPP项目的融资、PPP项目的招投标等方面的内容。本书最大的特色是突出实用性、全面性、可操作性。全书经典案例贯穿始终，理论与案例分析紧密结合，充分反映了当前国内PPP的新动向、新做法、新理念。

本书内容丰富、信息量大、可读性强，可用于高等院校经济、管理、系统工程高年级本科生和研究生教材，也可广泛适用于政府部门、企业中高层管理者、招标管理负责人、项目投标负责人、工程行业相关部门的技术和管理人员阅读与使用，还可以供相关行业主管部门参考使用。

责任编辑：张　磊　封　毅　张瀛天
责任校对：焦　乐　李欣慰

PPP项目操作实务与案例分析
李志生　编著

*

中国建筑工业出版社出版、发行（北京海淀三里河路9号）
各地新华书店、建筑书店经销
北京京点图文设计公司制版
北京盈盛恒通印刷有限公司印刷

*

开本：787×1092毫米　1/16　印张：12¼　字数：274千字
2017年9月第一版　2017年9月第一次印刷
定价：35.00元
ISBN 978-7-112-20711-4
（30371）

版权所有　翻印必究
如有印装质量问题，可寄本社退换
（邮政编码 100037）

前　言

　　PPP项目已成为我国经济发展领域的热点之一，受到各级政府的大力支持和全社会的广泛关注，但是，有关PPP的政策、法律法规还不够完善，操作层面也面临着较多的问题。为解决社会上出现的有关热点、难点问题，为相关当事方提供较好的具体指导，笔者编著了此书。

　　本书基于最先进的前沿理论和最新的国家政策，在以下几个方面注重编写特色：一是立足实践和实际，注重实用，针对性强，以丰富的案例（含成功与失败的案例）进行分析；二是内容全面，囊括了政策、项目统计、基本理论、项目管理、招投标、风险分析、项目融资等方方面面；三是专业度高，能为读者提供全方位的操作实务指引。本书的目标是立志成为国内PPP书籍中信息最全、项目最新、政策最权威的第一书。

　　本书内容丰富、信息量大、可读性强，可用于高等院校经济、管理、系统工程高年级本科生和研究生教材，也可广泛适用于政府部门负责人、企业中高层管理者、招标管理负责人、项目投标负责人、工程行业相关部门的技术和管理人员阅读与使用，还可以供相关行业主管部门参考使用。

　　本书由广东工业大学（曾任长沙市宁乡县公共资源交易中心主任）李志生编著，其中，李志生负责第1章、第2章、第3章第1节和第2节、第4章、第5章、第6章、第7章1~3节和5~7节、第8章、第9章的内容。第3章第3节由广东工业大学的李志生和广州市机电学校的谢志坚共同编写。第7章第4节由广东工业大学的李志生和广州市机电学校的林振德共同编写。

　　笔者将继续总结PPP项目的经验和做法，及时反馈和跟踪PPP领域的政策和形势。欢迎读者继续提供有益的意见和建议，对您的意见和建议，笔者深表感谢。相关意见和建议请发至以下邮箱：Chinaheat@163.com。

目 录

■ **第1章 绪论** ·································· 001
  1.1 PPP 的定义及分类 ·································· 001
    1.1.1 PPP 的概念 ·································· 001
    1.1.2 PPP 的分类 ·································· 002
  1.2 PPP 的兴起背景与发展情况 ·································· 004
    1.2.1 PPP 兴起与发展的背景 ·································· 004
    1.2.2 PPP 在国际上的发展历程 ·································· 006
    1.2.3 PPP 在国内的发展情况 ·································· 010
  1.3 PPP 的特点与结构形式 ·································· 013
    1.3.1 PPP 的意义与优点 ·································· 013
    1.3.2 PPP 结构形式与产业组织 ·································· 014
    1.3.3 PPP 的运行绩效和模式反思 ·································· 015

■ **第2章 PPP 的相关法律法规和政策** ·································· 017
  2.1 政策背景与立法基础 ·································· 017
    2.1.1 法治促进 PPP 发展 ·································· 017
    2.1.2 PPP 的立法模式与立法之争 ·································· 018
    2.1.3 国外 PPP 立法现状和借鉴 ·································· 020
    2.1.4 现行 PPP 法律框架存在的问题 ·································· 021
  2.2 我国现存的 PPP 法律法规和制度介绍 ·································· 022
    2.2.1 法律法规和中央一级的制度和办法 ·································· 022
    2.2.2 各省级政府的实施意见和条例 ·································· 025
  2.3 《基础设施和公用事业特许经营管理办法》解读 ·································· 028
    2.3.1 概述 ·································· 028
    2.3.2 主要内容 ·································· 029
    2.3.3 主要亮点和不足 ·································· 029

■ **第3章 PPP 项目的各方主体及管理机构** ·································· 033
  3.1 PPP 项目的参与方 ·································· 033

  3.1.1 概述 ·· 033
  3.1.2 PPP 项目的监管与指导机构 ·· 033
  3.1.3 PPP 项目的政府方与社会资本方 ··· 038
  3.1.4 PPP 项目的第三方 ·· 043
  3.1.5 PPP 项目参与各方的特征 ·· 045
 3.2 PPP 项目的政府管理 ·· 046
  3.2.1 PPP 项目的政府机构职能 ·· 046
  3.2.2 国内外对 PPP 项目的政府管理模式 ·· 047
 3.3 PPP 项目的实施机构 ·· 050
  3.3.1 概述 ·· 050
  3.3.2 PPP 项目实施机构的职责 ·· 051
  3.3.3 PPP 项目私营部门的职责 ·· 052

第 4 章 PPP 项目的管理 ·· 053
 4.1 PPP 项目的主要内容与项目特性 ·· 053
  4.1.1 PPP 的主要内容 ··· 053
  4.1.2 PPP 管理模式的特性 ··· 054
  4.1.3 PPP 管理的一般功能 ··· 055
  4.1.4 PPP 项目管理机构的主要任务 ··· 056
 4.2 PPP 适用范围与运作方式 ··· 058
  4.2.1 PPP 项目的适用范围 ··· 058
  4.2.2 PPP 项目的运作方式 ··· 058
 4.3 PPP 项目建设审批手续与操作流程 ··· 063
  4.3.1 政府对 PPP 项目审批程序 ·· 063
  4.3.2 PPP 项目运作的基本流程 ··· 064
 4.4 PPP 项目的操作流程 ··· 065
  4.4.1 项目识别阶段 ·· 065
  4.4.2 PPP 项目准备 ·· 067
  4.4.3 PPP 项目采购 ·· 069
  4.4.4 PPP 项目执行阶段 ·· 070
  4.4.5 PPP 项目移交阶段 ·· 071
 4.5 PPP 项目的管理要求与信息管理 ·· 072
  4.5.1 PPP 项目的管理要求与监管趋势 ··· 072
  4.5.2 PPP 项目公司的管理要求 ··· 073
  4.5.3 PPP 项目的信息管理 ··· 074

第5章　PPP项目的融资 ·············· 077

5.1　概述 ·············· 077
5.1.1　正确认识PPP项目的融资功能 ·············· 077
5.1.2　PPP项目的机制创新 ·············· 078

5.2　PPP项目的盈利模式 ·············· 079
5.2.1　概述 ·············· 079
5.2.2　PPP项目盈利模式创新的必要性 ·············· 079
5.2.3　PPP项目的成本降低方式 ·············· 080
5.2.4　PPP项目常见的盈利方式 ·············· 081

5.3　国际PPP项目的融资 ·············· 083
5.3.1　概述 ·············· 083
5.3.2　国际PPP项目常见的融资方式 ·············· 084

5.4　PPP项目的融资渠道与融资模式 ·············· 085
5.4.1　PPP项目的投资与融资结构设计要考虑的因素 ·············· 086
5.4.2　PPP项目的融资程序 ·············· 086
5.4.3　PPP项目的融资渠道 ·············· 087
5.4.4　PPP项目的融资监管 ·············· 090

5.5　PPP项目投融资方案设计案例 ·············· 091
5.5.1　案例1 ·············· 091
5.5.2　案例2 ·············· 094

第6章　PPP项目的风险及防范 ·············· 097

6.1　概述 ·············· 097
6.1.1　风险的定义及性质 ·············· 097
6.1.2　PPP项目的风险 ·············· 098

6.2　PPP项目的风险分类 ·············· 099
6.2.1　政府方面的风险 ·············· 099
6.2.2　市场方面的风险 ·············· 101
6.2.3　项目本身的风险 ·············· 102
6.2.4　不可抗力的风险 ·············· 104

6.3　PPP项目的风险识别与风险分担 ·············· 105
6.3.1　PPP项目的风险识别 ·············· 105
6.3.2　PPP项目的风险分担 ·············· 105

6.4　PPP项目的风险防范 ·············· 108

  6.4.1 风险防范的原则 ……………………………………………………… 108
  6.4.2 PPP 项目风险应对策略 ………………………………………………… 108
  6.4.3 信用风险的防范 ……………………………………………………… 109
  6.4.4 政府在 PPP 项目风险控制中的作用 ………………………………… 110
  6.4.5 PPP 项目风险的管理 ………………………………………………… 111
 6.5 PPP 项目风险管理案例分析 …………………………………………………… 113
  6.5.1 案例 1 ………………………………………………………………… 113
  6.5.2 案例 2 ………………………………………………………………… 114

第 7 章 PPP 项目政府采购与招标投标 ……………………………… 117
 7.1 概述 ……………………………………………………………………………… 117
  7.1.1 PPP 项目的招标要求 ………………………………………………… 117
  7.1.2 PPP 项目招标的监管要求 …………………………………………… 118
 7.2 PPP 项目招投标的法律法规 …………………………………………………… 118
  7.2.1 PPP 项目招投标的法律适用问题 …………………………………… 118
  7.2.2 PPP 项目相关法律法规的适用性比较 ……………………………… 119
 7.3 PPP 项目采购与招标采购项目的差异 ………………………………………… 120
  7.3.1 PPP 项目与普通政府采购项目的差异 ……………………………… 120
  7.3.2 PPP 项目采购与工程招标的差异 …………………………………… 121
 7.4 PPP 项目政府采购的方式与范围 ……………………………………………… 123
  7.4.1 PPP 项目政府采购实施方式分类 …………………………………… 123
  7.4.2 PPP 项目政府采购方式的适用条件 ………………………………… 124
  7.4.3 PPP 项目招标采购方式的适用性比较 ……………………………… 125
 7.5 PPP 项目政府采购的一般程序 ………………………………………………… 126
  7.5.1 资格预审 ……………………………………………………………… 126
  7.5.2 公开招标和邀请招标 ………………………………………………… 127
  7.5.3 竞争性谈判 …………………………………………………………… 127
  7.5.4 竞争性磋商 …………………………………………………………… 128
  7.5.5 单一来源采购 ………………………………………………………… 129
 7.6 PPP 项目采购文件与采购合同 ………………………………………………… 130
  7.6.1 PPP 项目采购文件 …………………………………………………… 130
  7.6.2 PPP 项目采购合同 …………………………………………………… 131
 7.7 PPP 项目政府采购案例分析 …………………………………………………… 132
  7.7.1 案例 1 ………………………………………………………………… 132
  7.7.2 案例 2 ………………………………………………………………… 134

第8章 PPP项目典型案例分析 ... 137

8.1 案例1：深圳大运中心项目 ... 137
8.1.1 案例背景 ... 137
8.1.2 案例分析 ... 138

8.2 案例2：合肥市王小郢污水处理厂项目 ... 140
8.2.1 案例背景与项目概况 ... 140
8.2.2 运作模式与案例分析 ... 140

8.3 案例3：苏州市吴中静脉园垃圾焚烧发电项目 ... 143
8.3.1 案例背景和项目概况 ... 143
8.3.2 运作模式与案例分析 ... 144
8.3.3 案例经验与借鉴价值 ... 145

8.4 案例4：北京地铁4号线项目 ... 146
8.4.1 案例背景与项目概况 ... 146
8.4.2 运作模式 ... 147
8.4.3 案例经验与借鉴价值 ... 149

8.5 案例5：河北某水厂PPP项目 ... 151
8.5.1 案例背景与项目概况 ... 151
8.5.2 项目实施过程 ... 152
8.5.3 项目经验与借鉴 ... 153

8.6 案例6：大理市生活垃圾处置城乡一体化系统工程 ... 154
8.6.1 案例背景与项目概况 ... 154
8.6.2 运作模式 ... 155
8.6.3 借鉴价值 ... 156

第9章 PPP项目中的热点及难点问答 ... 159

9.1 法律与政策方面的问答 ... 159
9.2 PPP项目管理与操作问答 ... 162
9.3 PPP项目融资方面的问答 ... 164

附录1 基础设施和公用事业特许经营管理办法 ... 171
附录2 政府和社会资本合作项目政府采购管理办法 ... 179
附录3 PPP物有所值评价指引 ... 183
参考文献 ... 187

第 1 章 绪论

1.1 PPP 的定义及分类

1.1.1 PPP 的概念

PPP 是 Public-Private Partnership 的英文首字母缩写。一般认为，PPP 即公私合作模式，是公共基础设施中的一种项目融资模式。在该模式下，鼓励私营企业、民营资本与政府进行合作，参与公共基础设施的建设。它指在公共服务领域，政府采取竞争性方式选择具有投资、运营管理能力的社会资本，双方按照平等协商原则订立合同，由社会资本提供公共服务，政府依据公共服务绩效评价结果向社会资本支付对价。

2014 年 7 月，世界银行、亚洲开发银行、美洲开发银行联合出版 PPP 指南第 2 版（PPP Reference Guide Version 2.0），对 PPP 给出了如下定义：由私营部门同政府部门之间达成长期合同，提供公共资产和服务，由私营部门承担主要风险及管理责任，私营部门根据绩效（performance）情况得到酬劳（remuneration）(PPP: A long-term contract between a private party and a government entity, for providing a public asset or service, in which the private party bears significant risk and management responsibility, and remuneration is linked to performance)。

我国财政部于 2014 年 9 月 23 日出台《关于推广运用政府和社会资本合作模式有关问题的通知》（财金〔2014〕76 号文），该文中关于 PPP 定义为："政府和社会资本合作模式是在基础设施及公共服务领域建立的一种长期合作关系。通常模式是由社会资本承担设计、建设、运营、维护基础设施的大部分工作，并通过'使用者付费'及必要的'政府付费'获得合理投资回报；政府部门负责基础设施及公共服务价格和质量监管，以保证公共利益最大化。"

显然，按照世界银行的定义，PPP 是包含了服务的，PPP 可以提供"资产"也可以提供"服务"；而按照我国财政部的定义，"政府和社会资本合作模式"其实是 BOT 模式定义。按照这个广义概念，PPP 是指政府公共部门与私营部门合作过程中，让非公共部门所掌握的资源参与提供公共产品和服务，从而实现合作，各方达到比预期单独行动更为有利的结果。

PPP是以市场竞争的方式提供服务，主要集中在纯公共领域、准公共领域。PPP不仅是一种融资手段，而且是一次体制机制变革，涉及行政体制改革、财政体制改革、投融资体制改革，所以PPP模式，也称PPP融资，或者PPP。世界各国对PPP有不同的定义（见表1-1）。

世界各国对PPP的定义 表1-1

序号	机构名称	定义内容
1	美国PPP国家委员会	介于外包和私有化之间并结合两者特点的一种公共产品提供方式，表现为充分利用私人资源进行设计、建设、投资、经营和维护公共基础设施相关服务以满足公共需求
2	欧盟委员会	为提供公用项目或服务而形成的公共部门和私人部门之间的合作关系
3	联合国培训研究院	两层含义：（1）为满足公共产品需求而建立的公共和私人之间的各种合作关系；（2）为满足公共产品需求，公共部门和私人部分建立的伙伴关系
4	中国（财政部、政府和社会资本合作中心）	为提供公用项目或服务而形成的公共部门和私人部门之间的合作关系。政府和社会资本合作模式是在基础设施及公共服务领域建立的一种长期合作关系

从表1-1可以看出，各国对PPP的定义大同小异，但也有一些不同的侧重点。

实际上，对PPP的定义有广义和狭义之分。广义的PPP泛指公共部门与私人部门为提供公共产品或服务而建立的各种合作关系，而狭义的PPP可以理解为一系列项目融资模式的总称，包含BOT、TOT、DBFO等多种模式。狭义的PPP更加强调合作过程中的风险分担机制和项目的物有所值（Value For Money）原则。PPP本身是一个意义非常宽泛的概念，加之意识形态的不同，要想使世界各国对PPP的确切内涵达成共识是非常困难的。德国学者NorbertPortz甚至认为，试图去总结PPP是什么或者应该是什么几乎没有任何意义，它没有固定的定义，并且也很难去考证这个含义模糊的英文单词的起源，PPP的确切含义要根据不同的案例来确定。

此外，《美国交通工程用户使用手册》把PPP定义为公共部门和私营部门伙伴之间的一种合同协议。澳大利亚《全国PPP指南》把PPP定义为政府和私营部门之间的长期合同。英国财政部把PPP定义为两个或者更多部门之间的协议，确保他们共同提供公共服务项目的目标得到完成，他们之间有一定程度的共享权利和责任，联合投资资本，共担风险和利益。总之，有各种不同的定义和不同的侧重点，大部分定义有重叠的地方。

1.1.2 PPP的分类

对PPP的分类，不同国家、地区和国际组织都有所不同，目前还没有一个权威的定论。本书采用世界银行的分类方法，世界银行主要基于市场准入和融资模式进行分类。世界银行结合PPP项目资产所有权归属、经营权、投资等要素将PPP模式分为6种模式，即服务外包（Service contract）、管理外包（Management contract）、租赁（Lease）、特许经营（Concession）、BOT/BOOT和剥离（Divestiture）6种模式。加拿大PPP国家委员会依据私人部门在PPP项目中承担风险的大小将PPP模式划分为12种模式（见表1-2）。

世界银行与加拿大 PPP 国家委员会对 PPP 的分类对比　　　　　表 1-2

项目	世界银行的分类	加拿大 PPP 国家委员会的分类
1	服务外包	Contribution Contact（捐赠协议）
		Operation and Maintenance Contract（O&M，委托经营）
2	管理外包	Design Build（DB，设计—建造）
		Design Build Major Maintenance（DBMM，设计—建造—主要维护）
3	租赁	Design Build Operation（DBO，设计—建造—运营）（超级交钥匙）
		Lease Develop Operation（LDO，租赁—开发—经营）
4	特许经营	Build Lease Operation Transfer（BLOT，建设—租赁—经营—转让）
		Build Transfer Operation（BTO，建设—转让—经营）
5	BOT/BOOT	Build Own Transfer（BOT，建设—拥有—转让）
		Buy Build Operation（BBO，购买—建设—经营）
		Build Own Operation Transfer（BOOT，建设—拥有—经营—转让）
		Build Own Operation（BOO，建设—拥有—经营）
6	剥离	—

市场准入主要确定 PPP 项目的识别，而融资模式则帮助项目选择最有利于双方利益实现的方式。这里值得注意的是，很多观点把 PPP 认为是一种融资模式，特别是把来自私营机构的融资作为重要的识别特征，这是对 PPP 的一种误解。PPP 的融资模式是指基于项目可持续性、风险分布、伙伴关系利益最大化等方面的考虑而对资本投入和运营方式的选择，并不等同于来源于私营机构的融资。换言之，是否存在私营机构的融资，并不是判断 PPP 的标准。对于不同的 PPP 项目，风险分布和责任分配大相径庭，PPP 也因此在发展中形成了不同的融资模型，以适应不同基础设施项目的需求。

PPP 项目的融资模型选择方面的决定因素主要有两个：一是向直接使用者提供的服务数量；二是使用者为此缴纳的税费和代价。这对于判断是否应用"使用者付费"的制度安排十分关键，因为"使用者付费"模式，必须基于项目回报方面的自我可持续性（self-sustaining）。换言之，在一个 PPP 项目中，如果使用者都能承担与此服务相关的成本，那么项目就具有自我可持续性。反之，项目不具有自我可持续性时，就需要政府与私人资本进行合作融资（jointly financed）。

管理与租赁合同（Management&lease contract）：一个私人组织机构获得在一定期限内对一个国有企业的管理权，同时国家仍拥有投资决策权。具体有两种形式：（1）管理合同。它是指政府支付给私人运营方费用，用于管理特定公共设施，此模式的运营风险在政府一方。（2）租赁合同。它是指政府将资产有偿租赁给私人运营方。此模式下运营风险在私人运营机构一方。

特许经营合同（Concession）：世行将特许经营合同定义为以私人资本支出为主的管理与运营合同，它是指一家私营机构从国有企业获得一定期限内的经营管理权。该模式主要针对已存在或部分存在的设施。具体模式包括：修复—运营—移交（ROT）、修复—租赁—移交（RLT）、建设—修复—运营—移交（BROT）。

未开发项目（Greenfield project）：一家私营机构或公私合营机构，在特定合同期限内建设、运营一个新的设施。该设施的所有权应在合同期满后移交给公共部门。具体模式包括：建设—租赁—移交（BLT）、建设—运营—移交（BOT）、建设—所有—运营（BOO）、市场化、租用这5类。

资产剥离（Divestiture，也叫私有化）：私营机构通过参与资产拍卖、公开发行或规模私有化项目等方式，获得国有机构的资产。具体模式包括：（1）全部资产剥离：政府将该项资产所属在国有公司的全部100%部分转移给私营机构（运营机构、机构投资者等）。（2）部分资产剥离：政府将该项资产所属在国有公司的一部分转移给私营机构（运营机构、机构投资者等）。购买此项资产的私营机构不一定拥有资产的管理权。

也有按三大类来进行分类的。即PPP由外包类、特许经营类和资产剥离类（也有人叫私有化）三大类组成。图1-1列出了这种分类方法。

1.2 PPP的兴起背景与发展情况

1.2.1 PPP兴起与发展的背景

国外PPP之所以能够兴起并磅礴发展，有以下几方面的原因。

一是受到新公共管理运动或其理论（New Public Management）的影响。第二次世界大战后，凯恩斯国家干预经济发展的理论受到了普遍的推崇与运用，西方各主要发达国家纷纷实施"福利国家"制度。但到了20世纪70年代，"福利国家"制度不仅没有取得预期的经济增长与社会满意度，而且还引发了严重的经济滞胀问题，最终致使社会不满情绪与日俱增。20世纪70代末80年代初，以英、美为首的西方国家掀起了一场声势浩大的行政改革浪潮，这场行政改革也被看成是一场重塑政府的新公共管理运动。对这场运动产生直接影响的理论就是新公共管理理论。新公共管理理论的核心理念之一是：在公共服务领域引入市场竞争机制，逐步取消政府的垄断地位，让私人部门参与公共服务的供给，借助私人部门的创新意识与管理技术提高公共服务的质量与效率。该理论还认为政府作为非市场力量会扭曲社会资源的配置效率，主张政府职能应实现由"划桨"向"掌舵"的转变，即由公共服务的生产者向购买者与监督者转变。受该理论的影响，市场化成为西方国家政府改革的首要选择。对政府而言，市场化改革，一方面是减负，另一方面也意味着简政放权。为了更有效地配置公共资源，政府必须更新管理理念和治理工具。由此，依托PPP实现公共服务的市场化被广泛地纳入西方国家政府的改革视野。

二是受到政府财政支出压力或赤字不断增加的影响。在第二次世界大战后，为了满足公民对公正与和谐社会的祈求，福利国家成了西方世界追求的行政目标。福利制度的实施带来了政府行政职能的扩张，而政府行政职能的扩张必然导致财政支出压力的扩大，最终

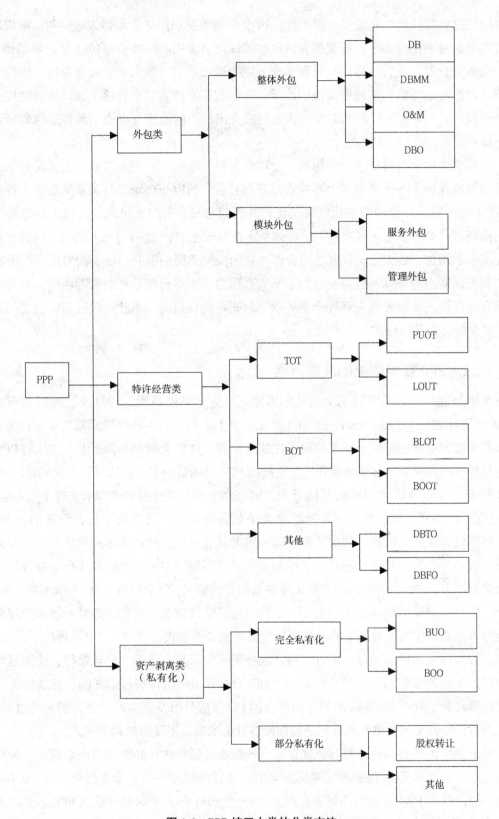

图 1-1 PPP 按三大类的分类方法

导致财政危机与社会福利政策难以为继。1979年随着英国保守党取得大选胜利，撒切尔夫人政府开始着手推行缩小政府规模和以财政管理创新为中心的改革。1981年，罗纳德·里根当选美国总统，其后，穆朗尼与霍华德分别当选加拿大、澳大利亚政府总理，他们上台伊始，均推行了与撒切尔政府类似的改革。这些改革意味着政府直接干预经济的时代已经终结。同时，PPP作为纾解西方发达国家财政支出压力的政策与融资工具被适时地推上了历史舞台。

三是受全球化与科技进步的影响。全球化、科技革命、新产业革命（尤其是网络通信技术的飞速发展）等正从根本上影响着国家与社会、政府与市场之间关系的重构。特别是进入21世纪后，社会的网络化发展又使公共部门与私人部门在纵向与横向上的边界变得日趋模糊，一个多中心、多层级的治理体系正在形成之中。政府与私人部门之间的相互依赖程度不断增加，必然形成双方之间合作与共同决策意愿的上升。随着政府以行政手段配置公共资源能力的下降，也需要借助于私人部门之手来履行部分社会管理职能。政府通过传统方式提供公共服务或管理社会事务的空间正在受到挤压。因此，政府与社会之间基于PPP理念的协商共治模式正在形成。

1.2.2 PPP在国际上的发展历程

英国是世界上最早实行PPP模式的国家，堪称PPP的鼻祖。1992年，英国宣布实施"私人融资计划"（Private Financing Initiative）。此后，PPP在英联邦国家如加拿大和澳大利亚等发达国家被迅速推广并率先得到了快速的发展。加拿大和澳大利亚也是公认的PPP模式运用较好的国家。从区域角度而言，欧洲的PPP市场最为发达，从国别角度来看，英国、澳大利亚、美国、西班牙、德国、法国等发达国家PPP项目的规模和管理水平处于领先地位。

过去20多年，PPP在全球各地都取得了显著进展，广泛适用于公共管理的各领域，PPP市场较为成熟的国家，例如，在欧盟国家尤其是英国，PPP适用的领域涉及一般公共服务、国防、公共秩序、交通运输、燃料和能源、环境、卫生、娱乐和文化、教育等，但在大多数国家，PPP适用的范围主要集中在基础设施领域，包括收费公路、轻轨系统、地铁、铁路、桥梁、隧道、机场设施、电厂、电信设施、学校建筑、医院、监狱、污水处理和垃圾处理等方面。作为一种新型的公共产品和服务的提供模式，目前，PPP已推广到了亚洲、非洲、拉美以及东欧等地区。另外，PPP也是国际货币基金组织、世界银行、欧洲复兴开发银行、亚洲开发银行、经济合作组织（OECD）等国际机构积极倡导的、促进经济发展的重要模式和工具。尤其是在2000年由联合国193个成员国及至少23个国际机构通过的"千年发展目标"框架中，PPP被认为是确保经济社会实现公平发展的最佳模式。

对于PPP的统计口径和统计数据存在多种版本，很难估计PPP项目的总价值。为便于国际比较，在此采用在PPP领域颇具影响力的统计机构——公共事务融资（Public Works Financing，简称PWF）的数据简要说明。1985～2011年，全球基础设施PPP名义价值为7751亿美元，其中，欧洲处于领先地位，大约占到全球PPP名义价值的45.6%，接下来是亚洲和澳大利亚，所占份额为 24.2%，墨西哥、拉丁美洲和加勒比海地区三者合计所占份额为 11.4%，美国和加拿大所占的份额分别是 8.8%、5.8%，非洲和中东地区 PPP 名义价值为 315 亿美元，在全球的份额为 4.1%。

PPP 是欧洲基础设施融资的重要工具。1990～2009 年，欧洲实施了 1300 个 PPP 合约，总价值超过 2500 亿欧元，其中，2007 年国际金融危机发生以后实施新项目约为 350 个，总价值 700 亿欧元。危机期间，欧洲大多数国家的 PPP 市场都萎缩了，2009 年，PPP 合约的总价值为 158 亿欧元，比 2007 年下降了 50%，暂时中断了危机前欧洲 PPP 超常规增长的态势。

1990～2009 年，英国大约占到欧洲 PPP 项目的 2/3，西班牙大约占到项目总数的 10%，成为欧洲第二大 PPP 市场，法国、德国、意大利和葡萄牙各占 2%～5%，以上 6 个国家大约占到欧洲 PPP 项目总数的 92%，欧洲其他国家的 PPP 市场尚处于起步阶段。2006 年以后，欧洲 PPP 市场出现了多样化的趋势，英国所占份额有所下降，但仍然是欧洲最大的 PPP 市场，同时，PPP 在欧洲其他国家越来越重要。

就世界范围而言，英国的 PPP 市场也是最发达的，1990～2006 年，在交通基础设施领域，英国通过 PPP 方式的融资规模高达 500 亿美元，美国的经济规模是英国经济规模的 6 倍多，但同期，美国 PPP 项目的融资规模仅有 10 亿美元。近年来，美国在不断加快通过 PPP 方式进行基础设施建设的步伐，2008～2010 年，尽管面临第二次世界大战以来最严重的经济衰退，美国 PPP 仍然保持快速增长的态势。

从部门分布来看，欧洲 PPP 市场也出现了多样化的趋势，英国最为显著。2005～2009 年，英国 PPP 项目的分布，按数目衡量，35% 分布在教育领域，34% 分布在卫生领域，一般公共服务领域为 14%，接下来是环境，交通运输业仅占 4%，国防和公共秩序领域 PPP 项目的数目占比也有所下降。从项目金额来看，交通运输领域的 PPP 所占份额为 17%，教育领域是 27%，卫生领域是 25%。

英国以外的欧洲大陆国家，PPP 项目分布主要集中在交通运输业。2005～2009 年，从数目来看，交通运输业项目所占比例大约为 41%，从项目金额来看，交通运输业大约占到 76%，接下来是教育和卫生，它们在数目上合计占比为 26%，金额上合计占比为 11%，远低于英国教育和卫生领域 PPP 项目所占的份额。

本书主要介绍英国、加拿大、澳大利亚和印度这四个有代表性国家 PPP 的发展演变过程。

1. 英国

20 世纪 80 年代，英国的公共政策严厉阻止在公共基础设施建设中使用私人融资，以避免放松政府对整个公共财政的约束。但这种政策一实行就暴露出一些弊端，导致一些重要基础设施投资完全无法进行。1989 年，英国废除了严格限制引进私人资本投资公共资产的规定。1992 年英国政府开始实行私人融资计划（PFI）。在 20 多年里，英国实施了 700 多个基础设施和公共服务项目，总额超过 700 亿英镑，项目范围涉及医疗健康、国防设施、教育、交通、环境、文体设施等。20 世纪 90 年代中期，因为缺乏综合协调和充分的优先排序，大量项目过快实现投资导致PFI的发展受到阻碍。为此，英国政府专门成立了财政部特别工作小组，该小组在PPP的标准化方面做了很多重要工作，并且出版了应用于PFI型项目的指导方针，提高了这些项目的实际效率。2000年，英国财政部组织成立了伙伴英国（Partnership UK）公司，该公司在2010年改名为英国基础设施公司（Infrastructure UK），其中私人部门占50%的股份，公共部门占49%的股份，是完全按PPP模式建立的公私合作伙伴关系组织。该公司为财政部制定政策提供技术支持，同时对各类当事机构就具体项目提供帮助，但是不与私营部门融资形成竞争，与公共部门共担风险、共享收益。

英国75%的政府管理者认为，PPP模式下的工程可以达到并超过价格与质量关系的要求，能够节省17%的资金。80%的工程项目能按规定工期完成，其余20%未按期完成的项目，拖延时间最长未超过4个月；而常规招标项目按期完成的只有30%。同时，80%的工程耗资均在预算之内，20%超过预算的是因为政府提出调整工程方案；而一般传统招标方式只能达到25%。

2011年，英国财政部启动PFI的改革，以应对内阁和公众多年对PFI的关切和质疑。2012年12月，英国财政部进一步推出新型私人融资（PF2），两者最大的区别是政府在特殊目的公司（SPV）参股投入部分资本金以吸引长期投资者。政府资本的参与使得PF2模式下股本金比例从10%提高到20%～25%，化解了在资金紧缺时的融资局限性，又有助于发挥私人资本的专业能动性。同时，在PF2合同中，公共部门将承担更多的管理风险，如因法律、场址污染、保险等不可预见的变化引发的费用增加的风险；PF2的融资结构更有利于获得长期债务融资，特别是从资本市场融资。

英国PF2模式相比较PFI主要有以下几点改进：一是为了确保项目采购比过去快捷、便宜，政府加强了相关部门的职责来提高公共部门的采购能力，PF2项目开始投标后，必须在18个月内确定投标人，而且项目准备过程中的审核程序也更加严格；二是政府愿意以股权方式共同投资PF2项目，并且引入竞争形式按比例吸引长期投资人以股权投资形式投资项目；三是改善了服务的灵活性和透明度。采购当局从项目一开始就有权将某些维修活动纳入项目中，此外还同意公开账目和收益分享机制，将项目全生命周期的盈余分享给对方；四是为了更好地实现"物有所值"，公共部门将承担更多的管理风险，如因法律、场址污染、保险等不可预见的变化引发的费用增加的风险。

根据IUK的统计数据，截至2012年3月16日，PFI存量项目数量为717个，其中在运营的项目为648个（2011年3月16日的数据分别为698个和632个），总投资额为547亿英镑（2011年3月16日的总投资额为529亿英镑）。从项目运作模式看，717个存量项目中，有311个项目成立了SPV。2011～2012年间，私人部门支付的资金为18亿英镑；2012～2013年为24亿英镑，2013～2014年预计为13.58亿英镑。PFI融资方式已占到英国全部基础设施融资建设的10%～13%。

2016年1月1日，该公司与重大项目机构（Major Projects Authority）合并，新名称为基础设施和项目机构（Infrastructure and Projects Authority）。

2. 加拿大

加拿大是国际公认的 PPP 运用最好的国家之一。加拿大各级政府积极制定基础设施规划，不断完善 PPP 项目采购流程。加拿大 PPP 的产生与发展经历了三个阶段：

一是探索阶段（1980~1990 年）。前期项目主要集中在桥梁、机场、公路等行业，后期开始开发中小学、医院、水处理、卫生防疫等项目。这些项目没有统一的规划，各自为政。

二是发展阶段（2000~2005 年），不仅项目数量增加，而且行业更加广泛，开始出现省级的规划和一些公私合作的专业机构，主要采用建设—融资（Build-Finance）、设计—建设—融资—运营（Design-Build-Finance-Operation）、设计—建设—融资—管理（Design-Build-Finance-Management）三种模式。

2003 年 5 月加拿大工业部出版的《对应公共部门成本——加拿大最佳实践指引》和《PPP 公共部门物有所值评估指引》是目前 PPP 项目的主要依据。

三是成熟阶段（2006 年以后）。经济基础设施和社会基础设施的 PPP 项目在全国普遍开展起来。2008 年，加拿大以皇家公司的形式建立了联邦级的 PPP 单位——PPP 加拿大（PPP Canada）。该机构由加拿大联邦政府所有，但按照商业模式运作，PPP 加拿大通过财政部向国会报告，公司具有独立的董事会。这种形式可以让私人部门通过董事会监测 PPP 单位的运作。PPP 加拿大设立了一个总额为 12 亿美元的"加拿大 P3 基金"（P3 Canada Fund），为 PPP 项目提供不超过投资额 25% 的资金支持。任何层级的地方政府都可以申请该基金，截至 2013 年一季度末，该基金已为加拿大 15 个 PPP 项目提供基金支持近 8 亿美元，撬动市场投资超过 33 亿美元。

自 1991 ~ 2013 年，加拿大启动 PPP 项目 206 个，项目总价值超过 630 亿美元，涵盖全国 10 个省，涉及交通、医疗、司法、教育、文化、住房、环境和国防等行业。2003 ~ 2012 年期间，加拿大共有 121 个 PPP 项目完成了融资方案，这些项目在不同的行业都有分布。这 121 个 PPP 项目在建设过程中的资本投入共计 384 亿美元，其中医疗保健行业直接吸引了资本投入 178 亿美元；运营与维护投入共计 128 亿美元，医疗保健行业的运营维护投入 49 亿美元。

3. 澳大利亚

澳大利亚在运用 PPP 模式实施大型基础设施项目方面处于世界领先地位。20 世纪 80 年代，为了解决加快基础设施建设而带来的资金不足问题，澳大利亚开始在基础设施建设领域运用 PPP 模式。

尽管是英联邦成员国，但其澳大利亚 PPP 一开始的发展并不像英国由中央政府统领，而是各州各自为政。20 世纪 80 年代，澳大利亚 PPP 的运营取得了较好效益。20 世纪 90 年代开始，政府开始大量引入私人资本，同时将建设和运营风险更多的转嫁给私人资本，以致私人资本负担过重，资金难以为继。

2000 年以前，澳大利亚对 PPP 没有专门立法。澳大利亚为汲取经验和教训，于 2008 年 11 月颁布一系列国家政策与指南对 PPP 进行规范，各州在此基础上再制定本地的指南。

以维多利亚州为例，2000年公布的《维多利亚州合作方法》、2003年颁布的《合同管理方法》等是本地PPP项目开展的主要依据。2008年，澳大利亚创立全国层面的PPP管理机构，即澳大利亚基础设施局（Infrastructure Australia，简称IAU），推广PPP是该机构的职能之一。其后，IAU发布了一整套全国公私合作指南，将PPP项目的决策过程分为投资决策阶段与采购决策阶段，前者确定项目的经济合理性和财务可行性，后者回答公私合作在投资与运行费用、工期、服务质量、运营管理、效率、风险分担等方面是否优于传统采购。

2008年澳大利亚基础设施公司发布了适用于社会基础设施的标准合同范本（Commercial Principles for Social Infrastructure）。2011年，澳大利亚政府又发布了适用于经济基础设施的标准合同范本（Commercial Principles for Economic Infrastructure）。

截至2009年，澳大利亚的PPP市场达920亿美元，分布在国防、司法、铁路、公路、教育、卫生、娱乐等部门。澳大利亚PPP项目多集中在基础设施和公益事业领域，其特色在于建立严格的审计和绩效评价机制。

4. 印度

印度PPP的发展在众多发展中国家中处于领先地位。截至2011年，印度在能源、公路、铁路、港口、机场、城市基础设施和旅游等行业共实施了300个PPP项目，投资额达13587.6亿卢比。除此之外，在教育、卫生、通信等行业也有大量PPP项目。

印度PPP具有国际化的特点：一是在300个基础设施项目中，22个项目有外国资本参与，例如美国、英国、马来西亚、毛里求斯、瑞士、德国和法国等。另一方面，印度财政部、一些邦的政府与世界银行和亚洲开发银行等国外机构合作，借鉴国际经验，为不同行业起草一系列PPP技术指南与案例汇编，向印度地方政府和私营企业普及PPP知识，为提升PPP项目的质量发挥了重要作用。在社会性基础设施的公私合作方面，印度进行了开发性探索，例如在卫生领域，印度在农村医疗保险、农村合作医疗、偏远地区急诊、城市贫民医疗、远程医疗保健等方面都有成功的PPP案例。

1.2.3　PPP在国内的发展情况

PPP在我国起步较早，20世纪80年代中期即被引入电厂、高速公路等基础设施领域，1995年广西来宾电厂B厂成为BOT领域的成功范例。后来，PPP有较慢的发展，在中共十八大以后，尤其是十八届三中全会以后，国务院实施的全民创业和全民创新政策支持下，在激活市场活力和供给侧改革背景下，PPP模式得到了前所未有的重视，大有一哄而起之势。

根据我国基础设施发展状况、私营部门参与基础设施投资变动的阶段性特征以及我国适用于基础设施领域PPP模式发展的法律法规变化情况等，可将我国基础设施领域PPP发展历程分为1998年以前、1998~2003年、2004~2012年以及2013年以来这四个发展阶段。

第一阶段，1998年以前，在基础设施亟待发展和利用外资的背景下，我国开始在基础设施领域以BOT方式吸收外商投资，中央政府也出台相关规定支持其发展。

第二阶段，1998～2003年，为应对东南亚金融危机的冲击，我国出台并实施的以发行长期建设国债、扩大政府投资为主要内容的积极财政政策，不仅带来了基础设施大发展的机遇，而且实现了基础设施的跨越式发展，但从私营部门参与基础设施投资的情况看，积极财政政策有明显挤出效应。

第三阶段，2004～2012年，既是基础设施快速发展的时期，也是基础设施领域进一步对社会资本开放、市政基础设施特许经营和PPP项目实践不断取得新成果的时期。在PPP方面，这一时期的突出特点，一是中央政府主管部门制定并实施《市政公用事业特许经营管理办法》（建设部令第126号）；二是省、市地方政府和市政公用事业投资人对特许经营充满期待，各地相继在地方立法权限范围内对市政公用事业特许经营展开了探索和实践；三是以PPP模式成功建设北京地铁4号线和国家体育场等基础设施项目。

1990～2012年，我国私营部门参与的基础设施投资项目达1064个，投资总规模为1193.3亿美元。其中被取消或遭遇困境的项目36个，占项目数的4%左右。

从投资项目数量变化情况看，除了受东南亚金融危机和全球金融危机爆发影响而出现的投资项目连续数年减少外，其他时间段均呈现私营部门参与投资的基础设施项目数量不断增加的变动趋势。

从投资规模的变动看，除了在金融危机的冲击下出现投资规模震荡下行外，其他时间段均呈现私营部门参与投资的基础设施项目投资额震荡上行趋势，但年度投资规模最大的年份是1997年，而不是2007年。

从分部门的投资项目数量看，能源项目最多，占全部投资项目数的41.2%，其次是水的生产和供应项目，占36.6%，最后是交通运输项目，占21.9%；从分部门的投资规模看，交通运输设施项目投资规模最大，占投资总规模的比重为42.7%；其次是能源，占比为36.8%，最后是水的生产和供应业，占比为8.3%。

第四阶段，2013年以来，基础设施领域投融资体制改革步伐明显加快，PPP发展进入了新阶段。第四阶段又可以细分为以下几个时段：

（1）从2013年11月到2014年12月，筹备探索。

从2013年11月到2014年12月，这个阶段主要是财政部和发展改革委各自为政，各自进行一些基础定义、研究和准备工作，示范项目以存量项目包装为主。中央最早在十八届三中全会提出"允许社会资本通过特许经营等方式参与城市基础设施投资和运营"，但还没有明确提出"政府和社会资本合作"的概念。

2014年5月，财政部成立政府和社会资本合作（PPP）工作领导小组。2014年9月财政部下发《财政部关于推广运用政府和社会资本合作模式有关问题的通知》（76号文），这是部委级别首次专门就PPP模式发布的框架性指导意见。对PPP模式进行详细明确的界定，详述了PPP模式的重要意义，部署了PPP推广事宜。

2014年10月颁布的"43号文"，明确提出剥离城投公司的政府融资职能，提出"推广使用政府与社会资本合作模式。鼓励社会资本通过特许经营等方式，参与城市基础设施等有一定收益的公益性事业投资和运营"。这实际上为地方投融资模式的转变和 PPP 模式的发展埋下了"种子"。

2014 年 11 月和 12 月,财政部和发展改革委分别颁布了《政府和社会资本合作模式操作指南(试行)》和《关于开展政府和社会资本合作的指导意见》,从项目操作流程、创新金融支持等多层次多角度指导 PPP 项目运作实施,这标志着 PPP 正从理论走向实践。2014 年 12 月,财政部成立 PPP 中心,着手 PPP 工作的政策研究、咨询培训、信息统计和国际交流等,并公布首批示范项目,共计 30 个,总投资规模约 1800 亿元。示范项目是由各省财政部门推荐,财政部组织专家评审选出的,涉及轨道交通、供水供暖、污水处理和垃圾处理等多个方面,以存量项目为主,且多已投入运行。

(2) 2015 年 1~5 月,这是 PPP 最关键的一个突破阶段。

PPP 的政策首次从部委层面升级到中央层面,三部委联合发布了"政府和社会资本合作模式指导意见",国务院常务会议作出了明确的指示。更重要的是,发展改革委组织地方政府上报了第一批 PPP 项目库并进行大规模推介,地方政府的热情被彻底点燃了,很多项目开始包装成 PPP。中央政府鼓励和支持向社会资本放开城际铁路、市域(郊)铁路、资源开发性铁路和支线铁路的所有权、经营权,鼓励社会资本投资建设铁路;推进基础设施建设投融资体制和运营机制改革,积极创新金融产品和业务,建立政府与市场合理分工的、多层次、多元化的城市基础设施投融资体制;开展城市基础设施和综合管廊建设等政府和社会资本合作机制(PPP)试点;以政府和社会资本合作方式参与城市基础设施和综合管廊建设的企业,可以探索通过发行企业债券、中期票据、项目收益债券等市场化方式融资;积极推进政府购买服务,完善特许经营制度,研究探索政府购买服务协议、特许经营权、收费权等作为银行质押品的政策,鼓励社会资本参与城市基础设施投资和运营;支持银行业金融机构在有效控制风险的基础上,加大信贷投放力度,支持城市基础设施建设。鼓励外资和民营资本发起设立以投资城市基础设施为主的产业投资基金。而且在立法性文件中明确鼓励采取特许经营、政府购买服务等多种形式,吸引社会资金参与投资、建设和运营城镇排水与污水处理设施。十八届三中全会《中共中央关于全面深化改革若干重大问题的决定》中关于"允许社会资本通过特许经营等方式参与城市基础设施投资和运营"的表述,为 PPP 模式在我国的发展奠定了坚实的政策环境基础。

(3) 从 2015 年 6~12 月,在中央的顶层设计明确之后,地方掀起了一阵 PPP 热潮。

第一,几个代表性的省市先后召开 PPP 签约大会进行集中推介、招标和签约,签约规模急剧攀升。第二,签约的好项目越来越多,一些经典项目产生了一定的示范效应,形成良性循环,加快了签约速度。第三,一些地方开始成立地方性的 PPP 引导基金,真金白银地刺激了 PPP 发展。总体来看,由于政策陆续突破,前期积累的好项目多,而且问题还未充分暴露,PPP 各方还处于蜜月期,所以 PPP 经历了发展最快的一段时期。

经过前期 PPP 模式的快速发展,PPP 在落地过程中一些现实问题也逐步显现。第一,财政部和发展改革委之间的机构冲突。第二,招投标法和政府采购法的冲突,目前没有上位法的情况下，无法裁决。第三，地方政府信用缺失，把乱七八糟的项目都包装成PPP，社会资本参与意愿不高。第四，PPP项目质量不高，重融资而轻运营，大部分是走老路。随着这些问题的凸显，中央和地方在这个阶段都开始陆续出台一些针对性的改进措施，来克服PPP落地的瓶颈，提高PPP的项目质量。这段时间PPP签约的速度慢下来了，但逐步开始有一些项目开工建设，落地生根。

但是，与PPP领域的先进国家相比，我国PPP的理论研究和实践应用尚不成熟，具有很大的提升空间。未来较长一段时期，城镇化将成为我国经济发展的最主要推动力。按照"十二五"规划纲要提出的目标，2011～2015年我国城镇化率将提高4个百分点，据测算，每增加一个城市人口，基础设施投资至少增加1万元，我国基础设施建设和改善工作将面临巨大的挑战。面对城镇化的要求，我国需要多渠道创新基础设施的融资和提供方式，优化政策环境，加快PPP的推广应用。

1.3 PPP的特点与结构形式

充分利用好PPP能够促进城市的快速发展和GDP的稳定增长，并推进城市旅游产业等各项基础设施的建设。对于金融机构，特别是小型银行，抓住PPP机遇，就能快速成长为大型银行；作为投资商，把握好PPP模式，就能以最快的速度让公司变强变专，变成大型专业公司。

1.3.1 PPP的意义与优点

1. 意义

管理学家Peter F.Drucker曾经指出："政府必须面对一个事实：政府的确不能做、也不擅长社会或社区工作。"进入知识经济时代，资源的汲取与分配应该以高效率的方式进行。政府负责政策制定与规划，而将政策执行落实于民间社区或私营部门，这样不仅可以减轻政府长久以来的财政负担，又可将社区及民众力量引入公共服务的进程当中，以强化公民意识与社会认同感，同时提高了资源使用效能和建设、运营效率。因此，在现代化社会的发展进程中，PPP的研究具有现实积极的意义。

2. 优点

（1）消除费用的超支。在初始阶段私人企业与政府共同参与项目的识别、可行性研究、设施和融资等项目建设过程，保证了项目在技术和经济上的可行性，缩短前期工作周期，使项目费用降低。PPP模式只有当项目已经完成并得到政府批准使用后，私营部门才能开始获得收益，因此，PPP模式有利于提高效率和降低工程造价，能够消除项目完工风险和资金风险。研究表明，与传统的融资模式相比，PPP项目平均为政府部门节约17%的费用，并且建设工期都能按时完成。

（2）有利于转换政府职能，减轻财政负担。政府可以从繁重的事务中脱身出来，从过去的基础设施公共服务的提供者变成一个监管的角色,从而保证质量,也可以在财政预算方面减轻政府压力。

(3)促进了投资主体的多元化。利用私营部门来提供资产和服务能为政府部门提供更多的资金和技能,促进了投融资体制改革。同时,私营部门参与项目还能推动在项目设计、施工、设施管理过程等方面的革新,提高办事效率,传播最佳管理理念和经验。

(4)政府部门和民间部门可以取长补短,发挥政府公共机构和民营机构各自的优势,弥补对方身上的不足。双方可以形成互利的长期目标,可以以最有效的成本为公众提供高质量的服务。

(5)项目参与各方整合组成战略联盟,对协调各方不同的利益目标起关键作用。

(6)风险分配合理。与BOT等模式不同,PPP在项目初期就可以实现风险分配,同时由于政府分担一部分风险,使风险分配更合理,减少了承建商与投资商风险,从而降低了融资难度,提高了项目融资成功的可能性。政府在分担风险的同时也拥有一定的控制权。

(7)应用范围广泛,该模式突破了引入私人企业参与公共基础设施项目组织机构的多种限制,可适用于城市供热等各类市政公用事业及道路、铁路、机场、医院、学校等。

1.3.2　PPP结构形式与产业组织

从PPP先进国家的经验来看,PPP模式在基础设施方面的应用领域大致呈现规律性的变化。最初的应用主要集中在硬经济基础设施领域,包括道路、高速公路、铁路、桥梁、隧道、机场、通信、电力,随后逐步推广到硬社会基础设施领域,医院、学校、政府办公楼、住宅、供水、污水处理、监狱、城市改造等。现在,PPP的应用则涵盖了包括软经济基础设施(研究开发、技术转移、职业培训、囚犯改造)和软社会基础设施(社区服务、社会福利、安全保障、环境规划)在内的所有基础设施领域。PPP适用领域的上述路线图对我国在基础设施建设领域逐步推广PPP具有借鉴意义。

所有行业中,交通类以总投资3888.92亿元遥遥领先,其次是市政类的1027.02亿元和水务类的906.99亿元,其余7个行业的总投资总额仅为765.71亿元,体育类更是以29.25亿元的总投资垫底。其他所有行业总投资之和都不及交通一个行业,其主要原因有两个:一是交通单个项目投资额巨大,特别是轨道交通;二是交通入选我国财政部第二批示范的项目数量仅次于市政和水务,有37个之多。

总之,财政部第二批示范项目相较第一批,无论是项目数量、总投资规模,还是覆盖区域,均有大幅增长,覆盖的行业领域也更加广泛,拓展至文化、教育、科技、养老、旅游等领域。与此同时,财政部第二批与第一批示范项目也有一脉相承之处,那就是市政、水务和交通依然是PPP模式推广的重点领域。

由此来看,大的方向并没有变,其他的新增项目,如养老、医疗等项目的出现也表明PPP的发展前景广阔,以后将会涉及更多的方面。

1.3.3 PPP 的运行绩效和模式反思

从国际经验看，要从制度、政府能力和融资便利性入手，建设 PPP 发展所需的投资环境。一般认为，应从制度建设、政府能力建设、金融市场发展等方面着手加快推进 PPP 发展所需要的制度建设、政府能力建设以及金融市场的改革和发展。

从国内情况看，加快推进立法和投融资体制改革亟须取得突破性进展。深化投资审批制度改革，是十八届三中全会确定的重要改革任务。目前正按照以简政放权为主线、以制度创新为支撑、以纵横联动协同监管为保障的总体思路向前推进，但现实中仍然存在的审批程序复杂等问题。要解决上述问题，必须进一步加快相关立法进程和投融资体制改革。

中国现有 2600 多个县、市、区，要求咨询公司入库全国各地的 PPP 咨询机构会浪费很多时间和精力。政府自身的运行以及向公众提供公共产品都存在交易成本，且政府系统缺乏明确的绩效评估体系，因此在公共设施建设过程中，常会出现"政府失灵"的现象。政府官员也是理性的经济人，公共产品在政府作为投资主体时也难免存在特殊利益集团的"寻租"现象。比如，由于现在还没有统一的流程规范，个别政府官员可能会为了获取更多利益，在 PPP 模式的应用过程中设置繁多的名目，以获取更多利益，从而造成社会公共设施建设的低效。

向社会推出的 PPP 项目众多，但是落地的 PPP 项目很少。造成这种情况的主要原因之一是一些地方政府为了报项目而报，不符合条件和要求的项目也报上来。通过调研发现，有些地方政府推出上百个 PPP 项目，能做的项目却不多。因此，我们要认真对待当前的 PPP 异化趋势。PPP 出现"大跃进"，运作上似乎缺乏规范，重融资、轻运营，有的明股实债，只是打着 PPP 旗号，并没有脱离政府大包大揽、变相加杠杆的传统投融资模式。中央鼓励是重大机遇，但更要尽早从理念、组织、法规、操作指南等多维度进行梳理，将 PPP 的发展引入正轨。

专业的 PPP 咨询机构太少。市场上滥竽充数的咨询机构较多，影响了 PPP 的发展，甚至影响到政府和投资商对 PPP 模式的信心。实际上，前期需要各种机构参与进来，包括金融机构在内，参与 PPP 项目的决策评估，乃至实施方案的设计。既要有专业人士做专业的事，又要取长补短，携手合作。投资人的退出条件（包括主动退出和被动退出）和对投资人的补偿机制是 PPP 合同设计的重点和难点，但在实务中却很难全面覆盖或者涉及，需要包括律师在内的咨询机构在实践中做出更多有益的探索，让市场有更多可供借鉴的示范性做法。

政府缺少专业人才。投资商尚未掌握 PPP 模式，不敢轻易投资 PPP。截至 2016 年 2 月 29 日，纳入财政部 PPP 综合信息平台的 7110 个项目，实际开工 351 个，不足 5%。PPP 模式的实施是一个理论与实践相结合的过程，PPP 模式操作复杂，需要懂经济、法律、财务、合同管理和专业技术等各方面的人才。我国在工程建设领域拥有大量的技术人才，但是缺少按照国际惯例进行工程项目管理的人才。PPP 模式在中国尚属新生事物，并具有国际融资项目的性质，我国在这方面经验不足。因此，要着重加强复合型、开拓型人才的培养，增强私营企业或外商的投资信心，确保项目立项、签约、实施高效率地完成。

投资商中央企和国企占主导地位，真正的民间资本还没有投入，相对于其他投资主体而言，私人部门在融资上表现出融资渠道窄、融资成本高以及融资规模小等缺点，使其在参与公共事业建设中处于不利地位。私人部门融资困难，严重地制约了私人资本投资于公共事业项目。另外，PPP模式在实际的应用中，公共部门和私人部门往往就项目中风险的分配难以达成一致，这就大大延长了双方谈判的时间，增加了交易成本。此外，很多上市公司也处于观望状态。随着PPP法律的完善和PPP项目的发展，融资将会更加容易，风险更低。届时，会有更多的上市公司和民间资本进入。

第 2 章 PPP 的相关法律法规和政策

2.1 政策背景与立法基础

2.1.1 法治促进 PPP 发展

市场经济继续讲市场规则，市场经济需要法治。要使 PPP 项目能够得到健康、快速、有序的发展，必须在国家层面制定统一的制度和规范，积极推动相关 PPP 立法，才能为鼓励民间资本进入相关领域提供法治保障。随着我国市场经济的不断发展，民间经济规模体量都在大幅提升。同时因为公共服务多样化，基础建设投资多样化的发展，PPP 项目呈飞速发展之势。当前 PPP 在我国方兴未艾，从上至下各级政府都在大力推广，掀起了一股 PPP 的大热潮，这对推动我国的改革发展事业、转变政府职能、提高公共产品和服务供给的效率和质量有重要的意义，同时也有助于应对经济发展下行压力增大以及地方债务问题。

在我国，随着国家政策的实施、经济的发展，推广运用 PPP 模式已经进入新的历史阶段。政府与社会主体建立的"利益共享、风险共担、全程合作"关系，既可以减轻政府财政负担，又能够减少社会主体的投资风险。而在我国实施推广 PPP 的过程中，还存在着吸引非公共部门积极性、风险管理、项目均衡发展以及规范立法等重要问题亟待解决，只有将推进进程逐步规范，加强风险认知，优化项目结构，才能更大程度地吸引社会资本，更好地发挥资源配置的作用，激发社会主体的热情，完善政府和社会资本合作模式。

在这样的背景下，相关 PPP 法律法规也必须"迎头赶上"，才能保证民间投资权益保障机制不断完善，推动社会特许经营项目的融资，吸引更多社会资本参与建设运营。目前，我国 PPP 领域内的法律法规不断完善，多层次、多角度、多方位的法律法规和部门、地方规章制度不断出台和实施。这些法律法规，既有出自全国人大的法律，也有出自国务院的行政法规，还有国务院部门规章及规范性文件、办法等。

PPP 立法进程在加快已是不争的事实。除了较早通过的《政府采购法》、《招投标法之外》、住房和城乡建设部《市政公用事业特许经营管理办法》之外，其余全部法律文件都是 2010 年之后颁布的。尤其是自 2014 年来，国务院及各部委连续颁布了 29 部法规及规范性文件。可见 PPP 的立法规范进程正"如火如荼"地进行着。

2014年以后，全国大部分的省级行政区都开始着手进行 PPP 有关项目的规范性文件、指导意见的颁布与实施。其中，山东省、安徽省自 2014 年以来分别出台了 3 部意见及通知，四川省在 2014 年以来出台 4 部意见及通知，居全国首位。

2016 年 7 月 7 日，国务院总理李克强主持召开国务院常务会议，会上，国务院总理李克强听取 PPP 模式推广情况汇报，提出要推广政府和社会资本合作模式，尤其是要加快完善法律法规，加快推进政府和社会资本合作领域立法进程，以更好的法治环境更大激发社会投资活力。

2.1.2 PPP 的立法模式与立法之争

特许经营立法因其相关工作和项目投资规模大、适用领域广、合作周期长，涉及的主体、利益关系和风险相对来说比较复杂，把它纳入法制化轨道，一方面可以传递政府的决心来稳定政策预期，增强市场信心，另一方面对保障参与各方的合法权益，激发社会投资的活力应该说都是非常重要的。立法工作需要统筹考虑 PPP 立法和特许经营立法的关系问题，防止碎片化，更要防止多头立法导致立法本身可能带来的风险问题。

PPP 的立法模式或立法之争，主要是国家发展改革委和财政部之间的分歧。针对 PPP 的立法问题，国家发展改革委提请了"特许经营立法"的立法模式；而财政部提请了"PPP 立法"的模式。两者的意见中存在着一些内容交叉和相互联系的地方，同时也存在着不小的差异和不同。国家发展改革委和财政部都为 PPP 的发展作出了重要贡献，各自出台了大量的管理办法和规章制度（表 2-1）。

虽然各地 PPP 项目推介工作风生水起，但是，因为我国的 PPP 制度缺乏统一和一致的顶层立法设计，致使自上而下各级政府和部门竞相发出的各种政策法规文件并不具有较好的相容性和规范性，以致于在实践中，PPP 项目充满了一系列冲突与矛盾，让参与各方在实践中都无所适从，存在所谓的 PPP 项目落地难、签约率低、"上热下冷"、"公热私冷"等问题。有数据统计，截至 2016 年 2 月 29 日，纳入财政部 PPP 综合信息平台的 7110 个项目，实际开工 351 个，不足 5%。

由表 2-1 可见，国家发展改革委和财政部在相同的时间点或工程领域，针对相同的事件出台了类似的法规和办法。截至 2016 年 7 月，国家发展改革委和财政部针对 PPP 已经出台了一定数量的政策和文件，同时还有一些仍在酝酿。由于我国的政治制度和特殊国情，某些项目或事情一放就乱，一收就死，主管部门之间也存在着争权或部门利益的问题。

在我国推进 PPP 事业的主导力量中，国家发展改革委和财政部在争夺和竞争 PPP 决策和立法主导权的过程中各持己见，意见不一，分别制定了《基础设施和公用事业特许经营管理办法》和《政府和社会资本合作法（征求意见稿）》，由此引发了关于 PPP 的立法模式的合并还是分立之争。综合来看，在国家发展改革委这一方，最具代表性的文件是 2015 年 6 月 1 日起生效的、由发展改革委主导制定并与其他五部委联合发布的《基础设施和公用事业特许经营管理办法》；而在财政部这一方，由其主导的于 2016 年初财政部公布的《政府和社会资本合作法（征求意见稿）》。这两部法律文件反映出了两部门在PPP立法理念方面的显著区别，《基础设施和公用事业特许经营管理办法》表明国家发展改革委针对PPP立法的核心指导思想是采用特许经营法的方式；而《政府和社会资本合作法（征求意见稿）》则表明财政部更倾向于制定PPP一般法。

国家发展改革委和财政部各自出台的PPP办法对比　　　　　　　　表2-1

序号	国家发展改革委	财政部
1	《基础设施和公用事业特许经营管理办法》发展改革委等六部门第25号令	《政府和社会资本合作法（征求意见稿）》
2	国家发展改革委关于切实做好《基础设施和公用事业特许经营管理办法》贯彻实施工作的通知（发改法规〔2015〕1508号）	财政部、发展改革委关于进一步共同做好政府和社会资本合作（PPP）有关工作的通知（财金〔2016〕32号）
3	国家发展改革委关于开展政府和社会资本合作的指导意见（发改投资〔2014〕2724号）	关于印发《PPP物有所值评价指引（试行）》的通知（财金〔2015〕167号）
4	国家发展改革委、财政部关于运用政府投资支持社会投资项目的通知（发改投资〔2015〕823号）	关于规范政府和社会资本合作（PPP）综合信息平台运行的通知（财金〔2015〕166号）
5	国家发展改革委、国家开发银行关于推进开发性金融支持政府和社会资本合作有关工作的通知（发改投资〔2015〕445号）	关于进一步做好政府和社会资本合作项目示范工作的通知（财金〔2015〕57号）
6	中国银监会、国家发展和改革委员会关于银行业支持重点领域重大工程建设的指导意见	财政部关于印发《政府和社会资本合作项目财政承受能力论证指引》的通知（财金〔2015〕21号）
7	国家发展改革委、中国保监会关于保险业支持重大工程建设有关事项的指导意见（发改投资〔2015〕2179号）	关于在收费公路领域推广运用政府和社会资本合作模式的实施意见（财建〔2015〕111号）
8	国家能源局关于鼓励社会资本投资水电站的指导意见（国能新能〔2015〕8号）	关于推进水污染防治领域政府和社会资本合作的实施意见（财建〔2015〕90号）
9	关于鼓励和引导社会资本参与重大水利工程建设运营的实施意见（发改农经〔2015〕488号）	关于市政公用领域开展政府和社会资本合作项目推介工作的通知（财建〔2015〕29号）
10	关于进一步鼓励和扩大社会资本投资建设铁路的实施意见（发改基础〔2015〕1610号）	关于运用政府和社会资本合作模式推进公共租赁住房投资建设和运营管理的通知（财综〔2015〕15号）
11	国家发展改革委、住房城乡建设部关于城市地下综合管廊实行有偿使用制度的指导意见（发改价格〔2015〕2754号）	关于印发《政府和社会资本合作项目政府采购管理办法》的通知（财库〔2014〕215号）
12	国家能源局关于在能源领域积极推广政府和社会资本合作模式的通知（国能法改〔2016〕96号）	关于规范政府和社会资本合作合同管理工作的通知（财金〔2014〕156号）
13	—	财政部关于政府和社会资本合作示范项目实施有关问题的通知（财金〔2014〕112号）
14	—	关于印发政府和社会资本合作模式操作指南（试行）的通知（财金〔2014〕113号）
15	—	关于推广运用政府和社会资本合作模式有关问题的通知（财金〔2014〕76号）

2016年8月初,国务院领导决定加快PPP的立法进程,由国务院法制办牵头统一进行。国务院法制办负责人表示,应该统筹协调两部门意见,推进单一法案的立法工作,为推广PPP模式提供根本的法律保障。根据中国政府网公布的消息,李克强总理在上述会议上强调,"我们建设法治政府,国务院法制办一定要超越部门利益。在起草相关法律法规条例过程中,既要充分听取吸收相关部门的意见和建议,更要站在法治的高度,超越于部门利益之上。在这一点上,法制办必须要有权威,说了算"。随着李克强总理的一锤定音,PPP立法工作由国务院法制办统一主导,财政部和发展改革委则由原来的立法主导方转变为参与方。

2.1.3 国外PPP立法现状和借鉴

PPP所代表的公私合作伙伴关系在世界范围内经历了一个较长的发展时期,由于各国之间的历史传统、具体国情、法律习惯、国家制度、经济发展水平等各因素不尽相同,因此,各国有关PPP立法模式的合并或者分立的选择存在差异。

具体而言,其中之一便是未制定统一的PPP专项立法,而是对具体的PPP项目或特定领域进行立法,此种立法例以美国、英国等英美法系国家为代表;以美国的立法为例来说,美国在交通建设领域,尤其是高速公路领域有PPP的专门立法,但美国在国家层面没有统一的顶层设计的PPP一般立法。而英国于1987年针对英吉利海峡隧道BOT项目通过了世界上第一部PPP方面的专案立法法案——《海峡隧道法案》(The Channel Tunnel Act),其后也是制定了一些PPP方面的专项立法,推动了英国PPP的发展。

另外一种便是对PPP进行一般性立法,制定统一的PPP专项法律,该立法以德国、日本等大陆法系国家为代表。如德国制定的《公私合作促进法》,日本1986年制定的《运用民营企业活力加速兴建特定公用设施临时措施法》及1999年制定的《关于促进以民间资金之活用进行公共建设整备法》。

以上两种立法方式可以说各有其特点,立法模式选择更多依赖的是不同国家的国情与法律传统,制定统一的一般性的PPP法具有普适性,可以针对不特定的PPP项目,同时从立法上考虑更具有经济性;而对具体的PPP项目或特定领域进行立法的方式使得立法上更灵活、法律条文更加具有弹性,更容易执行,但是从立法上考量缺乏经济性。

对PPP或特许经营的立法问题,首先是立法的方向问题。关于PPP模式的界定,一是合作双方的法律地位是平等的。通过合同来确立权责利的关系。二是长期的合作和风险的共担关系。要建立一种长期、稳定的合作关系,并通过合同来加以约定。三是突出强调全生命周期的管理。政府要依据绩效评价的结果来支付对价。实践当中存在一些假PPP问题,它不是一种真正的政府和社会资本的合作,而是假PPP之名,行地方政府融资之实。四是明确项目回报机制。

其次,推进PPP应立足国情。PPP源于国外,我国主要是在20世纪90年代开始引进。在立法和实践过程中,各国有较大差别。到现在为止,并没有一种统一、公认、适用于所有国家的PPP模式。所以在借鉴国外立法经验的过程中,要结合我国政治、经济、社会、历史、文化、法律框架、法律渊源等具体情况来有针对性地解决问题。为避免加剧政策冲突，包括全国人大代表、地方政府、行业协会、企业主体、业界专家在内的社会各界人士，强烈呼吁同一领域不要搞两部立法。我们高度重视并积极回应这一呼吁。当前，PPP领域政策不尽衔接的问题已经给实践造成了很大困扰，影响了项目有效落地，如果在同一领域搞两部或多部并行立法，势必加剧政策冲突。

PPP的立法的目的就是规范PPP推广的进程，要突破传统的民事合同、行政合同的观念，发挥政府的作用，将公法与私法融合到一起，因为涉及不同的法律关系，需要调整不同的范围，所以要建立一部专门的PPP法，与国家治理现代化有机结合，以共治的理念来推动PPP立法创新，规范PPP进程，保障PPP项目的推进与实施。

2.1.4　现行PPP法律框架存在的问题

目前，在各部委的大力支持下，在"法律规范+配套政策+操作指引"的框架体系的指引下，PPP相关政策密集出台，政策体系逐步完善，为PPP的操作实施提供了相应的指导。但是较为遗憾的是，权威的PPP立法尚未出台，现存的多为部门规章，层级较低，法律效力不足，且存在冲突之处。总之，我国的PPP政策体系的现状为上位法体系未建立、下位法重复冲突，令PPP项目在执行过程中无所适从，严重制约了PPP的发展。

1. 上位法体系未建立

当前，我国的PPP立法工作由财政部和发展改革委两部门分别主导，正在紧锣密鼓地推进。国外很多PPP项目在财政口，因为国外财政部有预算和战略规划功能，且对项目有指导功能，但中国战略功能在发展改革委，项目备核审批多在发展改革委。而PPP项目本身需要和规划项目绑定，也需要政府预算管理，所以需要发展改革委和财政部共同推进，但冲突便由此产生。

财政部于2016年初已率先完成由其主导的《政府和社会资本合作法（征求意见稿）》（简称为《PPP法（征求意见稿）》）的意见征集，标志着财政部主导的PPP立法已进入一个新的阶段，发布也将提上日程。同时，发展改革委也不甘示弱，于2014年2月启动被视为"PPP领域的基本法律制度"的特许经营立法，其征求意见稿已经历了八次修改，近日，发展改革委组织召开立法工作领导小组第一次会议，表示要进一步加强与世界银行、亚洲开发银行及有关国家的合作，强化外脑支撑，借助专家团组，开展专题研究，对立法草案进行论证，部署加快推进特许经营立法，争取2016年三季度上报国务院。另外，考虑到当前促进民间投资、稳定经济增长需求任务紧迫，按照急用先行原则，早在2015年4月，发展改革委联合财政部、住房城乡建设部、交通部、水利部、人民银行联合发布《基础设施和公共事业特许经营管理办法》（简称为《特许经营管理办法》），为特许经营发展提供了基本制度框架，规范特许经营项目操作。

2. 下位法重复冲突

在上位法体系未建立、PPP项目亟待推进的背景下，各部门纷纷出台规章制度指导

PPP 项目操作，据不完全统计，自十八届三中全会以来，各部门出台的政策数目分别为：国务院 13 部、财政部 34 部、发展改革委 20 部、行业部委 12 部（其中 9 部为联合发文，仅有 3 部是单独发文）、金融机构 3 部、地方政府 61 部。

现有法规多为部门规章，缺乏针对性和系统性，如关于 PPP 合同管理，财政部印发《关于规范政府和社会资本合作合同管理工作的通知》，并发布《PPP 项目合同指南》，发展改革委出台《政府和社会资本合作项目通用合同指南（2014 版）》，二者差异不太显著，存在重复劳动之嫌。

而且，各部门法规之间存在冲突，难以有效衔接。如财政部和发展改革委对 PPP 项目前期论证的要求不同，财政部的《政府和社会资本合作模式操作指南》明确规定"通过物有所值评价和财政承受能力论证的项目，可进行项目准备"，并出台了明确的物有所值评价和财政承受能力论证细则。但发展改革委对此并无硬性要求。

从发文数量上可以看出，财政部和发展改革委是 PPP 的绝对主导部门，然而二者推进 PPP 的出发点不尽相同，财政部主要是为了控制地方债务规模，防范财政风险，强调 PPP 项目的质量；而发展改革委的初衷是创新投融资体制，实现"稳增长、促改革"，关注 PPP 项目的数量和推进的速度。鉴于以上不同的立场，财政部和发展改革委在 PPP 的立法过程中面临着较大的分歧，两部门规章"打架"的现象时常发生。

上位法的缺失使 PPP 项目操作无法可依，难以运作。下位法的重复徒增学习成本，矛盾的法规令项目参与方无所适从，难以抉择。所以，上位法体系未建立、下位法重复矛盾等问题是阻碍项目落地的元凶，必须尽快予以解决，保障 PPP 项目顺利推进。

2.2 我国现存的 PPP 法律法规和制度介绍

本书所论述的法律法规和规章制度包括全国人大及常委会通过的法律和行政法规，也包括国务院颁布施行的行政法规和实施条例；还包括各地政府和人大通过的地方性法规、规章和文件等。

2.2.1 法律法规和中央一级的制度和办法

1. 招投标法律法规

（1）《中华人民共和国预算法（2014 修正）》（主席令第 12 号）；

（2）《中华人民共和国政府采购法（2014 修正）》（主席令第 14 号）；

（3）《中华人民共和国政府采购法实施条例》（2015 年国务院令第 658 号）；

（4）《集中采购机构监督考核管理办法》（财库〔2003〕120 号）；

（5）《中华人民共和国招标投标法》（2001 年主席令第 21 号）；

（6）《中华人民共和国招标投标法实施条例》（2011 年国务院令第 613 号）；

（7）《工程建设项目招标范围和规模标准规定》（国家计委令第 3 号）。

2. 国务院关于 PPP 的文件

（1）《国务院关于加强城市基础设施建设的意见》（国发〔2013〕36 号）；

（2）《国务院关于加强地方政府性债务管理的意见》（国发〔2014〕43 号）；

（3）《国务院关于深化预算管理制度改革的决定》（国发〔2014〕45 号）；

（4）《国务院关于发布政府核准的投资项目目录（2014 年本）的通知》（国发〔2014〕53 号）；

（5）《国务院关于创新重点领域投融资机制鼓励社会投资的指导意见》（国发〔2014〕60 号）；

（6）《国务院办公厅关于政府向社会力量购买服务的指导意见》（国办发〔2013〕96 号）。

3. 财政部关于 PPP 的文件

（1）《财政部关于推广运用政府和社会资本合作模式有关问题的通知》（财金〔2014〕76 号）；

（2）《财政部关于政府和社会资本合作示范项目实施有关问题的通知》（财金〔2014〕112 号）；

（3）《财政部关于印发政府和社会资本合作模式操作指南（试行）的通知》（财金〔2014〕113 号）；

（4）《财政部关于规范政府和社会资本合作合同管理工作的通知》（财金〔2014〕156 号）；

（5）《政府采购非招标采购方式管理办法》（财政部令第 74 号）；

（6）《财政部关于印发<地方政府存量债务纳入预算管理清理甄别办法>的通知》（财预〔2014〕351 号）；

（7）《财政部关于印发<政府采购竞争性磋商采购方式管理暂行办法>的通知》（财库〔2014〕214 号）；

（8）《财政部关于印发<政府和社会资本合作项目政府采购管理办法>的通知》（财库〔2014〕215 号）；

（9）《财政部、民政部、工商总局关于印发<政府购买服务管理办法（暂行）>的通知》（财综〔2014〕96 号）；

（10）《财政部、发展改革委关于进一步共同做好政府和社会资本合作（PPP）有关工作的通知》（财金〔2016〕32 号）；

（11）关于印发《PPP 物有所值评价指引（试行）》的通知（财金〔2015〕167 号）；

（12）《关于规范政府和社会资本合作（PPP）综合信息平台运行的通知》（财金〔2015〕166 号）；

（13）《关于进一步做好政府和社会资本合作项目示范工作的通知》（财金〔2015〕57 号）；

（14）财政部关于印发《政府和社会资本合作项目财政承受能力论证指引》的通知（财金〔2015〕21 号）；

（15）《关于在收费公路领域推广运用政府和社会资本合作模式的实施意见》（财建

〔2015〕111号）；

（16）《关于推进水污染防治领域政府和社会资本合作的实施意见》（财建〔2015〕90号）；

（17）《关于市政公用领域开展政府和社会资本合作项目推介工作的通知》（财建〔2015〕29号）；

（18）《关于运用政府和社会资本合作模式推进公共租赁住房投资建设和运营管理的通知》（财综〔2015〕15号）；

（19）关于印发《政府和社会资本合作项目政府采购管理办法》的通知（财库〔2014〕215号）；

（20）《关于规范政府和社会资本合作合同管理工作的通知》（财金〔2014〕156号）；

（21）《财政部关于政府和社会资本合作示范项目实施有关问题的通知》（财金〔2014〕112号）；

（22）《关于印发政府和社会资本合作模式操作指南（试行）的通知》（财金〔2014〕113号）；

（23）《关于推广运用政府和社会资本合作模式有关问题的通知》（财金〔2014〕76号）。

4. 发改部门以及其他部门关于PPP的文件

（1）《国家发展和改革委员会关于开展政府和社会资本合作的指导意见》（发改投资〔2014〕2724号）；

（2）《国家发展改革委、国家开发银行关于推进开发性金融支持政府和社会资本合作有关工作的通知》（发改投资〔2015〕445号）；

（3）《市政公用事业特许经营管理办法》（建设部令第126号）；

（4）《基础设施和公用事业特许经营管理办法》（发展改革委等六部门第25号令）；

（5）国家发展改革委关于切实做好《基础设施和公用事业特许经营管理办法》贯彻实施工作的通知（发改法规〔2015〕1508号）；

（6）国家发展改革委、财政部关于运用政府投资支持社会投资项目的通知（发改投资〔2015〕823号）；

（7）中国银监会、国家发展和改革委员会关于银行业支持重点领域重大工程建设的指导意见；

（8）国家发展改革委、中国保监会关于保险业支持重大工程建设有关事项的指导意见（发改投资〔2015〕2179号）；

（9）国家能源局关于鼓励社会资本投资水电站的指导意见（国能新能〔2015〕8号）；

（10）关于鼓励和引导社会资本参与重大水利工程建设运营的实施意见（发改农经〔2015〕488号）；

（11）关于进一步鼓励和扩大社会资本投资建设铁路的实施意见（发改基础〔2015〕1610号）；

（12）国家发展改革委、住房和城乡建设部关于城市地下综合管廊实行有偿使用制度

的指导意见(发改价格〔2015〕2754号);

(13)国家能源局关于在能源领域积极推广政府和社会资本合作模式的通知(国能法改〔2016〕96号)。

2.2.2 各省级政府的实施意见和条例

表2-2~表2-7列出了全国部分省级政府有关PPP的部分政策文件。

东北地区PPP政策文件   表2-2

序号	省份	发文日期	文号	文件名称	备注
1	辽宁	2014.5.30	沈政办发〔2014〕35号	关于引进社会资本加强公共服务领域建设的实施意见	
2		2015.5.3	沈政办发〔2015〕61号	2015年推进政府和社会资本合作实施方案	
3		2015.8.22	辽政发〔2015〕37号	关于推广运用政府和社会资本合作模式的实施意见	省政府
4	吉林	2014.10.15	吉发〔2014〕808号	关于发布首批鼓励和引导社会资本参与基础设施和公用事业等领域投资建设项目的通知	
5	黑龙江	2015.10.16	黑政办发〔2015〕63号	黑龙江人民政府办公厅关于转发省发展改革委人民银行哈尔滨中心支行黑龙江推广运用政府和社会资本合作(PPP)模式工作实施方案的通知	

华北地区PPP政策文件   表2-3

序号	省份	发文日期	文号	文件名称	备注
1	北京	2013.7.28	京政发〔2013〕21号	关于印发引进社会资本推动市政基础设施领域建设试点项目实施方案的通知	
2		2015.3.25	京政发〔2015〕14号	关于创新重点领域投融资机制鼓励社会投资的实施意见印发引进社会资本推动市政基础设施领域建设试点项目实施方案的通知	
3	河北	2014.12.17	冀政〔2014〕125号	关于推广政府和社会资本合作(PPP)模式的实施意见	
4		2015.5.30	冀政〔2015〕32号	河北省人民政府关于创新重点领域投融资机制鼓励社会投资的实施意见	
5		2014.12.26	冀发改投资〔2014〕1810号	关于印发我省交通能源市政公共服务等领域鼓励社会投资项目清单(第二批)的通知	
6		2015.5.18	冀发改投资〔2015〕487号	河北省发展和改革委员会关于全力做好政府和社会资本合作(PPP)模式推广工作的通知	
7	天津	2015.5.21	津政发〔2015〕10	天津市人民政府关于推进政府和社会资本合作的指导意见	
8	山西	2015.4.27	晋政办发〔2015〕35号	山西省人民政府办公厅关于加快经济技术开发区转型升级创新发展的实施意见	与PPP有关
9	内蒙古	2013.3.1	内政办发〔2013〕7号	内蒙古自治区政府办公厅转发医改办关于进一步鼓励和引导社会资本举办医疗机构实施意见的通知	
10		2015.6.30	内政办发〔2015〕70号	内蒙古自治区政府关于公共服务领域推广政府和社会资本合作模式的实施意见	

华东地区 PPP 政策文件　　　　　　　　　　　　　　　　表 2-4

序号	省份	发文日期	文号	文件名称	备注
1	山东	2015.5.27	鲁政发〔2015〕12 号	山东省人民政府关于贯彻国发〔2014〕60 号文件创新重点领域投融资机制鼓励社会投资的实施意见	
2		2015.7.30	鲁财预〔2015〕45 号	山东省财政厅关于印发＜山东省政府和社会资本合作（PPP）发展基金实施办法＞的通知	
3	江苏	2014.12.12	苏财金〔2014〕85 号	江苏省财政厅推进政府与社会资本合作（PPP）模式有关问题的通知	
4		2015.1.11	苏财金〔2015〕1 号	江苏省财政厅推进政府与社会资本合作（PPP）示范项目实施有关问题的通知	
5		2015.9.5	苏政发〔2015〕101 号	江苏省政府关于在公共服务领域推广政府和社会资本合作模式的实施意见	
6	安徽	2014.9	—	安徽省城市基础设施领域 PPP 模式操作指南	非文件
7		2014.12.29	皖财金〔2014〕1828 号	安徽省财政厅关于推广运用政府和社会资本合作模式的意见	
8	浙江	2014.12.23	浙政办发〔2014〕153 号	浙江省人民政府办公厅关于切实做好鼓励社会资本参与建设运营示范项目工作的通知	
9		2015.1.27	浙政办发〔2015〕9 号	浙江省人民政府办公厅关于推广运用政府和社会资本合作模式的指导意见	
10		2015.2.10	浙财金〔2015〕5 号	浙江省财政厅关于推广运用政府和社会资本合作模式的实施意见	
11	上海	2015.1.31	沪府办发〔2015〕7 号	上海市人民政府办公厅印发关于进一步深化资本市场政府采购改革创新实施意见的通知	

华南和华中地区 PPP 政策文件　　　　　　　　　　　　　表 2-5

序号	省份	发文日期	文号	文件名称	备注
1	江西	2014.11.23	赣府发〔2014〕39 号	江西省人民政府关于鼓励社会资本进入社会事业领域的意见	
2		2015.5.16	赣府发〔2015〕25 号	江西省人民政府关于开展政府和社会资本合作的实施意见	
3	福建	2014.9.6	闽政〔2014〕47 号	福建省人民政府关于推广政府和社会资本合作（PPP）试点的指导意见	
4		2015.5.11	闽政办〔2015〕69 号	福建省人民政府办公厅关于推广政府和社会资本合作（PPP）试点扶持政策的意见	
5		2015.9.28	闽发改数字〔2015〕661 号	福建省发展和改革委员会关于印发数字附件公共平台开展政府和社会资本合作建设运营管理暂行办法的通知	
6	河南	2014.2.23	豫财金〔2014〕74 号	河南省财政厅关于转发＜财政部关于印发政府和社会资本合作模式操作指南（实行）的通知＞的通知	
7		2014.11.27	豫政〔2014〕89 号	河南省人民政府关于推广运用政府和社会资本合作模式的指导意见	
8		2015.6.2	豫财金〔2015〕5 号	河南省财政厅关于印发河南省 PPP 开发性基金设立方案的通知	

续表

序号	省份	发文日期	文号	文件名称	备注
9	湖北	2015.8.16	鄂政发〔2015〕55号	湖北省人民政府关于在公共服务领域推广运用政府和社会资本合作模式的实施意见	
10	湖南	2014.12.19	湘财金〔2014〕49号	湖南省财政厅关于推广运用政府和社会资本合作模式的指导意见	
11	广东	2015.7.15	粤府办〔2015〕44号	广东省人民政府办公厅转发省财政厅、省发展改革委、人民银行广州分行关于在公共服务领域推广政府和社会资本合作模式实施意见的通知	
12	海南	2015.3.2	琼财债〔2015〕196号	海南省财政厅关于推广运用政府和社会资本合作模式的实施意见	
13		2015.5.31	琼财债〔2015〕1759号	海南省财政厅关于印发政府和社会资本合作模式操作指南（试行）的通知	

西南地区 PPP 政策文件　　　　　　　　　　　　　　　表 2-6

序号	省份	发文日期	文号	文件名称	备注
1	广西	2014.12.25	桂政办发〔2014〕118号	广西壮族自治区办公厅印发关于加强城市基础设施建设方案的通知	与PPP有关
2		2015.7.16	桂政办发〔2015〕65号	广西壮族自治区人民政府办公厅关于推广运用政府和社会资本合作模式增加公共产品供给的指导意见	
3		2015.8.18	桂财综〔2015〕53号	广西壮族自治区财政厅、广西壮族自治区住房城乡建设厅、广西壮族自治区国土资源厅等关于印发广西壮族自治区公共租赁住房项目政府和社会资本合作模式试点方案的通知	
4	贵州	2007.11.23	—	贵州省市政公用事业特许经营管理条例	
5		2015.6.11	黔府办发〔2015〕12号	贵州省人民政府办公厅关于推广政府和社会资本合作模式的实施意见	
6	云南	2014.12.30	云政发〔2014〕73号	云南省推广运用政府和社会资本合作模式实施方案	
7		2015.10.9	云政办发〔2015〕76号	云南省人民政府办公厅转发省财政厅省发展改革委人民银行昆明中心支行关于在公共服务领域加快政府和社会资本合作模式实施意见的通知	
8	四川	2014.12.22	川财金〔2014〕85号	四川省财政厅关于支持推进政府与社会资本合作有关政策的通知	
9		2014.12.22	川财金〔2014〕86号	四川省财政厅关于印发〈四川省政府与社会资本合作项目管理办法（试行）〉的通知	
10		2015.9.14	川府发〔2015〕45号	四川省人民政府关于在公共服务领域推广政府与社会资本合作模式的实施意见	
11	重庆	2014.10.28	渝北府发〔2014〕40号	关于探索推进PPP投融资模式加快临空都市区建设的实施意见	
12		2014.12.23	渝改投〔2014〕1444号	重庆市发展和改革委员会关于印发PPP合作同行协议指导文本的通知	
13		2015.5.7	渝府发〔2015〕27号	重庆市人民政府关于创新重点领域投融资机制鼓励社会投资的实施意见	

西北地区 PPP 政策文件　　　　　　　　　表 2-7

序号	省份	发文日期	文号	文件名称	备注
1	陕西	2014.8.1	陕政办发〔2014〕114 号	陕西省人民政府办公厅转发省住房城乡建设厅等部门关于鼓励社会资本参与城市基础设施建设意见的通知	
2		2014.12.18	陕发改投资〔2014〕1570号	山西省发展和改革委员会关于转发＜国家发展改革委关于开展政府和社会资本合作的指导意见＞的通知	
3		2015.8.28	陕政办发〔2015〕81 号	陕西省人民政府办公厅关于在公共服务领域推广政府和社会合作模式的实施意见	省政府
4	青海	2014.7.9	青政〔2014〕41 号	青海省人民政府关于加快推进城镇基础设施建设的意见	
5		2014.8.4	青财地金字〔2014〕1230号	青海省财政厅、青海省发展和改革委员会关于鼓励社会资本参与基础设施建设和运营有关问题的通知	
6	宁夏	2015.4.27	宁政办发〔2015〕51 号	宁夏回族自治区人民政府办公厅转发自治区发展改革委关于加快推进实施国家和自治区重大工程建设意见的通知	
7	甘肃	2015.2.13	甘发改投资〔2015〕142号	甘肃省发展和改革委员会关于开展政府和社会资本合作的实施意见	
8		2015.2.16	甘政发〔2015〕23 号	甘肃省人民政府关于创新重点领域投融资机制鼓励社会投资的实施意见	
9	新疆	2015.1.29	新政发〔2015〕12 号	新疆维吾尔自治区人民政府关于加快城镇基础设施建设的实施意见	
10		2015.9.6	新政办发〔2015〕127 号	新疆维吾尔自治区人民政府办公厅关于在公共服务领域加快推行政府和社会资本合作模式的指导意见	

2.3 《基础设施和公用事业特许经营管理办法》解读

2.3.1 概述

开展基础设施和公用事业的特许经营，是一项重要的改革和制度创新，有利于扩大民间投资，激发社会活力，增加公共产品和服务供给。从 1984 年深圳沙角 B 电厂项目实行特许经营至今，我国开展基础设施和公用事业特许经营已有 30 多年。30 多年来，各地方推出了大量特许经营项目，国务院有关部门和有关省市先后制定了 60 余件地方性法规、规章或规范性文件。但在实践中，有关方面特别是市场主体也反映了一些亟待解决的问题，主要是国家层面缺乏统一的制度规范、民间投资权益保障机制不完善、行政审批程序繁琐等。这些问题影响了社会资本参与的积极性，制约着特许经营健康发展。

2015 年 5 月 5 日上午，国家发展改革委举行例行新闻发布会，介绍《基础设施和公用事业特许经营管理办法》有关情况。国家发展改革委秘书长李朴民同志，法规司司长李亢同志出席发布会，介绍了基础设施和公用事业特许经营有关情况，并就特许经营与 PPP 的关系、促进民间投资进入特许经营领域、保障公共服务质量和效率等问题，回答了与会记者的提问。60多家境内外新闻媒体70余名记者参加了本场发布会。

2015年1月19日，发展改革委就在其官网上发布此"管理办法"公开征求意见稿，随后根据意见反馈，继续征询了很多专家，包括清华大学一些专家的意见和建议。众所周知，《基础设施和公用事业特许经营管理办法》属于部门规章，比部委的文件和省市的各种条例的法律效力要高。《基础设施和公用事业特许经营管理办法》共包括8章60条，对基础设施和公用事业特许经营的适用范围、实施程序、政策支持等作了较为全面详细的规定。

2.3.2 主要内容

《基础设施和公用事业特许经营管理办法》（以下简称《办法》）主要内容包括以下5个方面：

（1）确定适用领域。《办法》明确规定，在能源、交通、水利、环保、市政等基础设施和公用事业领域开展特许经营。

（2）明确适用范围。《办法》规定，境内外法人或其他组织均可通过公开竞争，在一定期限和范围内参与投资、建设和运营基础设施和公用事业并获得收益。

（3）健全政策措施。《办法》强调，要完善特许经营价格和收费机制，政府可根据协议给予必要的财政补贴，并简化规划选址、用地、项目核准等手续。

（4）强化融资支持。《办法》提出，允许对特许经营项目开展预期收益质押贷款，鼓励以设立产业基金等形式入股提供项目资本金，支持项目公司成立私募基金，发行项目收益票据、资产支持票据、企业债、公司债等拓宽融资渠道。政策性、开发性金融机构可给予差异化信贷支持，贷款期限最长可达30年。

（5）严格履约监督。《办法》明确，要严格履行合同，实施联合惩戒，以保障特许经营者合法权益，稳定市场预期，吸引和扩大社会有效投资。

《办法》的发布，是引导规范基础设施和公用事业特许经营、推进政府和社会资本合作的重要举措，有利于保障民间资本投资权益，促进政府职能转变，提高公共服务质量效率，对稳增长、调结构、补短板、惠民生具有重要意义。国家发展改革委将会同有关部门抓好《办法》的贯彻实施，并适时对地方的贯彻实施情况开展督促和监督检查。

2.3.3 主要亮点和不足

《基础设施和公用事业特许经营管理办法》有很多亮点，也有很多需要进一步落地的内容。

第一，文件里提到的创新融资模式，非常好，然而也需要落地，解决与现有法律冲突的问题，需要制定更完善的细则。比如产业基金股权投资的期限与退出方式，如何更符合特许经营长期合作的需要？

第二，文件规定要简化规划选址、土地、项目核准等手续，说起来容易，做起来却难。

如土地问题，是特许经营项目里最复杂的问题。特许经营项目可否无偿使用划拨用地，是否特许经营项目用地主体是国有企业，就可按划拨方式供地？而特许经营项目用地主体为非国有企业，就需要办理土地有偿使用手续？特许经营项目是否属于以盈利为目的项目，2001年10月22日国土资源部发布的《划拨用地目录》是否适用？如果是出让土地，特许经营的招标，能否与土地使用权的招标拍卖挂牌程序统一？对此，需要土地等各个方面的法律法规进一步突破。

对于项目核准，首先需要明确，特许经营项目是属于政府投资还是企业投资？个人认为，如果是政府发起的特许经营项目，在选定社会资本之前，按照政府投资的程序来办理各种手续。一旦选定社会资本，设立项目公司之后，转化为企业投资。按照国务院2004年7月16日发布的《关于投资体制改革的决定》，企业投资有核准制和备案制。在"管理办法"下，如何简化项目核准机制，是不需要重复审批了，还是重新走项目的核准手续，不做实质性审查，这些都需要进一步的操作细则。

另外，如文件提到"完善特许经营价格或收费机制，政府可根据协议给予必要的财政补贴"，在具体一个项目操作如何给予？去年的国发62号文，对各种补贴和税收优惠政策全部进行了清理。对于特许经营项目，如何根据协议补贴？需要进一步的细化操作规则。

而严格履约监督内容，既强调了政府信用，又强调了对PPP项目进行监管，需要在执行中真正落实。

个人觉得，"管理办法"只是解决当前对特许经营法的急切需要。《基础设施和公用事业特许经营法》还在制定过程中，发展改革委牵头，国务院法制办和财政部任副组长，国务院各部门都进行了参与。

国家发展改革委认为对于PPP立法，以特许经营来概括各类主要PPP模式是可行的，并给出了三个理由：第一，具有成文法传统的绝大部分国家、地区都基于本地实际确定了不同的立法名称；第二，国际社会以特许经营统领PPP立法的做法值得借鉴；第三，以特许经营立法能够保证我国制度和实践的延续性。

诚然，国家发展改革委从自身PPP实践的角度给出了其对PPP立法方向的理解，但仅仅基于上述理由就以特许经营来等同或者约等于PPP，似乎还有待商榷。首先，仅仅以特许经营的方式来定义PPP，似乎会在客观上造成对现有以及将来出现的PPP模式或形式的遗漏；其次，国际社会固然有以特许经营统领PPP立法的做法，但不能忽视的是同时存在制定和颁布PPP一般法的国家，且数量不在少数；最后，以特许经营的方式立法似乎能在形式上保证我国制度和实践的延续性，而在实质上能否为PPP发展松绑以及提供良好的法律文件的导向性，在保证稳定性的同时确保效率和公平，似乎无法给出一个确切的答案。

财政部方面所主张的制定PPP一般法则是希望从整体上对PPP进行制度设计和规制，具体而言就是包含相对多的不同的PPP模式，而就这样的立法指导思想而言，一方面认识到了PPP模式的多样性、结构的复杂性、实施的综合性；另一方面，也正是由于前述的这些特征，有可能导致在制定出的这部PPP一般法中会有无法顾及的地方。

国家发展改革委主导的《基础设施和公用事业特许经营管理办法》第三条规定："本办法所称基础设施和公用事业特许经营，是指政府采用竞争方式依法授权中华人民共和国境内外的法人或者其他组织，通过协议明确权利义务和风险分担，约定其在一定期限和范围内投资建设运营基础设施和公用事业并获得收益，提供公共产品或者公共服务。"该条明确表明了特许经营的基本内涵和内容，而在财政部的《政府和社会资本合作法（征求意见稿）》第3条规定"本法所称政府和社会资本合作，是指政府和社会资本以合作协议的方式提供公共产品和服务的行为"。

我们可以看出，该定义仅仅强调了合作协议的方式，同时该征求意见稿全文并没有提及政府授权，对特许经营的相关问题也没有涉及，由此我们可以窥探出财政部对于PPP的立法意图是倾向于将其界定为平等主体之间的平等与互利合作关系，而非政府方作为行政管理部门对社会资本的单方面授权经营。这是与作为国家发展改革委PPP立法核心思想的特许经营不同的地方，同样这也是两部PPP立法的最为显著和重大的差异和区别所在。

在进行PPP立法的过程中，首要的是需要厘清PPP的基本概念、内涵以及法律属性，广泛考虑国外先进立法例，同时立足于本土法律资源，适当参考中国现在的基本国情选择适当的立法模式，尤其是要关注国家发展改革委和财政部两方对PPP核心概念和法律属性的理解和分歧，也许两部委的立法思想的统一才能够真正实现两法变一法。

而完善PPP的法律规制体系才是促进现阶段我国PPP进一步发展的充要条件，只有这样才能充分发挥其公共产品和公共服务供给模式的创新机制，提高公共产品和服务的效率。

第3章 PPP项目的各方主体及管理机构

3.1 PPP项目的参与方

3.1.1 概述

按照PPP的定义，PPP项目的参与方至少应包括政府和社会（私人机构）两方。但是，两方并不是只有两个参与的对象。例如，一个项目的政府方，可能包含两级以上的政府；同样，社会（私人机构）这方，也许有多个参与的对象，这些对象共同组成社会方这一主体。

实际上，要使一个PPP项目能正常运作，需要除政府与社会各方之外的多个第三方参与。例如，作为中介之一的招标代理方；作为第三方的咨询、保险、担保、法律和融资的各方；作为项目第三方的设计、勘察、施工、营运和租赁各方主体；由PPP项目建设所派生出来的各专业承包商和材料、设备供应商等。从广义的角度讲，还有对PPP项目进行指导和监管的行政机关等。在本书中，将PPP项目的各方主体按以下性质分为三类。第一类是监管、指导和协调机构；第二类是PPP项目的参与对象；第三类是中介类等第三方机构。图3-1列出了PPP项目的各相关主体方。

PPP项目模式运作中，利益主体包括政府、社会投资者、特许经营PPP项目公司、金融机构、咨询公司、承包商及供应商等。为了平衡政府部门、社会投资者、PPP项目公司、金融机构等利益主体的不同利益和要求，首先应明确各利益主体的职能。

3.1.2 PPP项目的监管与指导机构

对PPP项目实施的指导和监管包括宏观的法律制定和微观的项目监管。从监管的阶段划分，又包括项目的立项和特许经营者选择时期的准入监管以及项目建设运营时期的绩效监管（包括质量、价格、服务水平和财务等方面的监管）。

当前，世界各国对PPP项目的监管与指导遵从两种模式：第一种是没有相对独立的监管机关，由多个政府部门各司其职进行平行、多方监管。例如，在我国，由国家发展改革委、财政部和审计署以及会同各行业主管部门在国务院的统一领导下，来规划、协调、指导和监管PPP项目的实施，包括向全国人大提出法律层面的法律和向国务院提出的各种中长期

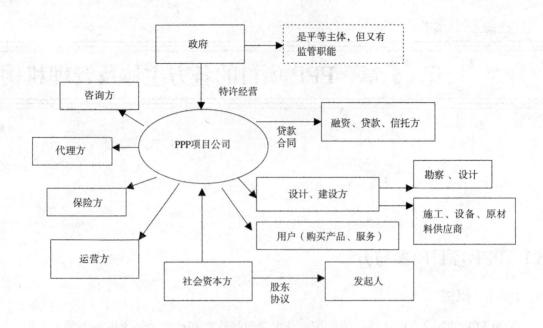

图 3-1 PPP 项目的各相关主体方

发展规划。第二种是设立单独的 PPP 独立监管机构，如我国香港的财政司效率促进组来统一负责 PPP 项目的各种法律法规和发展规划等，或者在综合行政部门中设立相对独立的监管机构的，如英国，由财政部负责所有 PFI（PPP）项目政策的制定等。

无论哪种模式，各国对 PPP 项目监管机构的主体是政府部门。但是，值得注意的是，政府可能还是具体的 PPP 项目的参与方，这时，作为项目监管方的政府部门与作为项目参与方的政府部门是不相同的，也就是说，政府不能同时充当运动员和裁判员的。一般而言，政府部门，作为 PPP 项目的监管机构，应具备如下特征：

独立性：可独立执行监管政策而不受利益相关方的干扰，特别是作为项目公司股东的政府的不必要干涉。

合法性：监管机构的设立、职权范围和基本政策都是通过法律法规确定的。

广泛性：监管机构的监管领域十分广泛，覆盖项目的各个方面。

专业性：独立监管机构成员一般由行业管理专家、技术专家、经济学家、法学家、用户代表等组成。

公正性：监管机构的独立性、专业性和权威性等，确保监管机构的公正监管。

PPP 项目中，政府和企业建立伙伴关系最重要。既然是伙伴关系，则双方应是平等的，但政府对 PPP 项目又必须有指导、协调和监管，那么，监管的核心应是法律和政策的监管，政府既负责制定各方都能接受的、公平公正的法律法规，又必须遵守这些由自己制定的法律法规。这既是市场经济下依法治国的需要，也对当前我国政府职能的转变提出了新的要求。笔者认为，政府部门既是运动员又是裁判员的角色在相当一段时期内将不可避免，也面临着某种方面的尴尬定位，那么，政府方面的监管角色，最好的体制是在法律法规的宏观监管下，成立相对集中的PPP统一协调和监管机构，负责PPP中长期规划的宏观事务和法律的执行实施，另由社会公众和专家组成的第三方监管机构来仲裁和裁判某个具体的PPP项目绩效。

1. 发展改革部门

2016年8月底，国家发展改革委颁发《关于切实做好传统基础设施领域政府和社会资本合作有关工作的通知》（下称《基础设施通知》），主要阐明国家发展改革委统筹负责基础设施领域的PPP推进工作。

《基础设施通知》则明确，各地发展改革部门要会同有关行业主管部门等，切实做好能源、交通运输、水利、环境保护、农业、林业以及重大市政工程等基础设施领域PPP推进工作。国家发展改革委还列出了传统基础设施领域推广PPP模式重点项目清单，涵盖上述七大领域、百余个项目。

2016年1月20日，国家发展改革委网站发布消息称，发展改革委与联合国欧洲经济委员会正式签署合作谅解备忘录，双方将在合作推广政府和社会资本合作（PPP）模式方面加强交流合作。这是中国政府机构与联合国有关机构首次签署PPP领域合作协议，标志着中国推广PPP模式进入了国际合作新阶段。此后，发展改革委将与联合国欧洲经济委员会在PPP理论研究、经验交流、业务培训、实际操作等方面开展全方位合作，包括支持设立PPP中国中心。在发展改革委支持下，清华大学、香港城市大学和欧洲经委会签署UNECE PPP中国中心的共建合作协议，三方将利用PPP中国中心这一综合性、全球化的合作平台，携手推动PPP的多维度研究，同时促进PPP模式在中国的应用。但是，这个PPP中心并不具备行政职能。

2015年底发展改革委召开座谈会，就立法草案听取亚行专家意见。目前《基础设施和公用事业特许经营法》已列入全国人大立法计划，立法节奏明显快于《中华人民共和国政府和社会资本合作法》。而国家发展改革委作为综合研究拟订经济和社会发展政策的职能部门，政府发起的投资主要由其负责，所以国家发展改革委也先后下发了多个关于PPP的政策文件。

2. 财政部

中国PPP模式始于2013年。当年7月，国务院总理李克强提出，利用特许经营、投资补助、政府购买服务等方式吸引民间资本参与经营性项目建设与运营。2013年11月，党的十八届三中全会进一步明确，允许社会资本通过特许经营等方式参与城市基础设施投资和运营。此后国务院大力倡导推行PPP模式，并明确财政部作为第一牵头人。2014年5月，财政部PPP工作领导小组成立，此后财政部发布了不少与PPP相关的政策文件，并公布了两批PPP示范项目。

2016年10月12日，财政部发布《关于在公共服务领域深入推进政府和社会资本合作工作的通知》（下称《公共服务通知》），旨在说清财政部门统筹负责在公共服务领域的PPP改革工作。

《公共服务通知》明确，财政部统筹推进公共服务领域深化PPP改革工作。各级财政部门要聚焦公共服务领域，要严格区分公共服务项目和产业发展项目，在能源、交通运输、市政工程、农业、林业、水利、环境保护、保障性安居工程、医疗卫生、养老、教育、科技、文化、体育、旅游等公共服务领域深化PPP改革工作。财政部和国家发展改革委是PPP模式的主推者，但此前两大部委分工不明晰，而上述两份通知则将PPP领域划分为公共服务和基础设施两大类，分别由财政部和国家发展改革委统筹负责。

在2014年12月，财政部就成立了政府和社会资本合作（PPP）中心，该中心主要承担PPP工作的政策研究、咨询培训、信息统计和国际交流等职责。

目前，发展改革委和财政部两部委并未就公共服务与基础设施有明确的界定，两部门所说的公共服务与基础设施均覆盖能源、交通运输、水利、环保、农业、林业、市政工程七大领域。实际上，基础设施离不开公共服务，公共服务也离不开基础设施，社会各界均不希望发展改革和财政部门分别管理一些行业的PPP，所有行业的PPP基本政策应该统一，由发展改革委或财政部出台都可以，行业之间的差别由行业主管部门去解决。

比如，2014年12月4日，财政部发布了《关于政府和社会资本合作示范项目实施有关问题的通知》（下称《通知》）和《政府和社会资本合作模式操作指南（试行）》（下称《操作指南》）。《通知》公布了财政部第一批30个PPP示范项目，《操作指南》从项目识别、准备、采购、执行、移交等方面规范了操作流程。

就在同一天，国家发展改革委在官网也公布了《关于开展政府和社会资本合作的指导意见》以及《政府和社会资本合作项目通用合同指南（2014版）》，并要求各地发展改革委2015年1月起按月报送PPP项目，建立发展改革委的PPP项目库。

在我国，财政部与发展改革委对PPP领域的话语权争夺一直引起了较多的关注。这是因为PPP项目的天然属性与我国的基本国情和中国特色所决定。

第一，PPP项目的天然属性，即"公共服务"和"基础设施"，实际上，很多PPP项目本身既是基础设施，又同时提供公共服务，如提供教育和医疗的教学楼和医院大楼就是这样。第二，按照我国的基本国情和中国特色，国家发展改革委主管和主导基础设施和中长期规划，财政部是国家的钱袋子，又负责公共财政资金的拨付和审核等。作为发展改革部门，在项目建设中是非常关键的，在财政资金作用上相当于会计部门；而作为国家财政资金出纳部门作用的财政部，也有着举足轻重的作用。2015年4月《南方周末》的报道指出，一边是有着7位正部级官员在任的"小国务院"，一边是强势部长领导的"钱袋子"，两个实权部门。因此，发展改革部门和财政部门主导和争夺PPP项目的话语权也就不足为怪了。那么，如果未来不进一步明确界定和划分"公共服务"和"基础设施"，还会给实际操作带来某些方面的困难。而以财政部、国家发展改革委等部委在PPP领域间如何分工更是迫切需要解决的问题，2016年7月，国务院常务会议厘清了相关部门在PPP领域分工职责后，作为主推PPP两部门——财政部和国家发展改革委的分工逐渐清晰，两者着力点分别是公共服务领域和基础设施领域。

实际上,发展改革部门和财政部门都对我国的 PPP 发展作出了重要贡献,推动了 PPP 项目的飞速发展。在国务院、发展改革委、财政部等部门的大力推广下,国内 PPP 项目呈现出"井喷"似的发展。截至 2015 年底,国家发展改革委共推出 2125 个 PPP 项目,总投资约 3.5 万亿元;财政部的两批 PPP 示范项目逾 230 个,总投资规模近 8400 亿元。

在过去,财政部门扮演的是"出纳"的角色,并不负责项目。对于财政部门的这种角色转变,业内人士认为,这与正在推进的财税体制改革不无关系。财政部正在向国际标准的财政转型,其下设的经建司三四年前开始启动各种示范项目,财政部慢慢从"出纳"向"管家"转变。另外一个原因是,2014 年,国务院一纸"43 号文"结束了地方政府传统的融资平台和融资模式。地方政府的偿债压力巨大,他们亟需找到新的融资模式。财政部力推 PPP 更多的是要解决地方债务问题,当然也不否认推动 PPP 有利于完善财政投入和管理方式、转变政府职能;而发展改革委推 PPP 是为了解决经济发展的问题。两个部委没有冲突,只不过各自追求的目标不一样。但是,我们也担心,如果部委之间职能界限划分不清楚,未来难免会出现部门设置重复、立法资源浪费甚至立法部门化。同时,也会造成各个地方无所适从。对于社会资本方来说,多头分管会带来无效的消耗,所以不论财政部或是发展改革委,乃至国家层面成立一个协调小组也罢,都应该特别明确职能界限。尤其是,对于 PPP 模式,多运用于大型项目,建设周期长,使用时间久,涉及的利益主体多元化,没有国家层面的法律和制度,很容易出现各种纠纷且难以有效解决。正是在此背景下,国务院将 PPP 立法权上收国务院法制办,并协调确定了两部委的分管领域,即发展改革委负责传统基础设施领域,财政部负责公共服务领域。

3. 各行业行政主管部门

各行业行政主管部门包含国家各部委和各级地方政府的各行业主管部门,如交通、水利、经信、能源、民政、建设、林业、铁道、银行等各部门。表 3-1 列出了 2016 年以来各部门出台的基础设施和公共服务领域部分重要政策。从表 3-1 可以看出,仅 2016 年以来,各部门所出台的政策和文件数量之多,非常罕见。

各部委 2016 年出台的部门重要的有关 PPP 政策   表 3-1

部门	内容	日期
财政部、住房城乡建设部	关于开展 2016 年中央财政支持地下综合管廊试点工作的通知	2016 年 2 月 16 日
住房城乡建设部	城市公园配套服务项目经营管理暂行办法	2016 年 2 月 25 日
财政部、交通运输部	关于推进交通运输领域政府购买服务的指导意见	2016 年 3 月 8 日
国家发展改革委、国务院扶贫办、国家能源局、国家开发银行、中国农业发展银行	关于实施光伏发电扶贫工作的意见	2016 年 4 月 5 日
国家卫生计生委、民政部	医养结合工作重点任务分解方案	2016 年 4 月 7 日

续表

部门	内容	日期
国家能源局	关于在能源领域积极推广政府和社会资本合作模式的通知	2016年4月13日
环境保护部	关于积极发挥环境保护作用促进供给侧结构性改革的指导意见	2016年4月14日
财政部、住房城乡建设部	关于进一步作好棚户区改造工作的通知	2016年4月19日
国务院办公厅	深化医药卫生体制改革2016年重点工作任务	2016年4月21日
国家发展改革委、国家体育总局、教育部等	关于印发全国足球场地设施建设规划（2016-2020）的通知	2016年5月9日
住房城乡建设部、国家能源局	关于推进电力管线纳入城市地下管廊的意见	2016年5月31日
国家发展改革委、交通运输部	关于推动交通提质增效提高供给服务能力的实施方案	2016年6月13日
国家发展改革委、交通运输部、中铁总	中长期铁路网规划	2016年7月13日
农业部、国家发展改革委、财政部等14部委	关于大力发展休闲农业的指导意见	2016年9月2日
住房城乡建设部、国土资源部	关于进一步完善城市停车场规划建设和用地政策的通知	2016年9月18日
发展改革委、住房城乡建设部	关于开展重大市政工程领域政府和社会资本合作（PPP）创新工作的通知	2016年9月28日
住房城乡建设部、发展改革委、财政部、国土资源部、中国人民银行	进一步鼓励和引导民间资本进入城市供水、燃气、供热、污水和垃圾处理行业的意见	2016年10月31日
发展改革委、林业总局	关于运用政府和社会资本合作模式推进林业建设的指导意见	2016年11月21日

3.1.3 PPP项目的政府方与社会资本方

PPP模式通常是指公共部门与私人部门为提供公共服务（主要是公用性基础设施建设）而通过正式的协议建立起来的一种长期合作伙伴关系，其中公共部门与私人部门互相取长补短，共担风险、共享收益。在PPP项目中一方是政府，一方是代表社会资本的私营机构。

1. 政府

政府部门（政府或者政府授权的部门）通常是PPP项目的发起人，它们在法律上既不拥有项目，也不经营项目，而是通过给予项目某些特许经营权和给予项目一定数额的从属性贷款或贷款担保作为项目建设、开发和融资安排的支持。政府需要对项目的可行性进行分析，并组织项目招标，对投标的私营企业进行综合权衡，确定最终的项目开发主体。

在PPP项目中，政府的角色和职能是多方位的。前面已经论述过，政府具备监管、规划和协调PPP的多项功能。作为国家机关的政府由民众选出，然后代表社会民众对社会实施管理职能，政府对社会管理的行为属于行政行为，行政主体在实施行政行为时具有单方意志性，不必与行政相对方协商或征得其同意，即可依法自主作出。同时，行政行为具有强制性，以国家强制力保障实施，行政相对方必须服从并配合行政行为，否则，行政主体有权给予制裁或强制执行。作为政府，为了实现行政管理目标，或维护社会公共利益，也可以与行政相对人经过协商而签订行政合同，行政主体对于行政合同的履行、变更或解除享有优益、监督权、指挥权、单方解除权。总之，行政合同签约的主体之间是不平等的，这与民事合同于平等主体之间经过协商意思表示一致而签订有本质的区别。

但在某一个具体的PPP项目中，政府和社会资本又是合作伙伴的关系，此时，政府和社会资本这一方是属于平等的合作关系。作为某个具体项目的合作双方或参与双方，只能是互相合作、互相平等、互相吸引和互相信任的关系。政府与社会资本，既是伙伴关系，也是利益共享与风险共担的合作关系。如果政府在PPP项目中，只想获取收益不想承担风险，相信没有任何社会资本愿意与政府进行合作。PPP具有三大特征，第一是伙伴关系，这是PPP最为首要的问题。政府购买商品和服务、给予授权、征收税费和收取罚款，这些事务的处理并不必然表明合作伙伴关系的真实存在和延续。PPP中私营部门与政府公共部门的伙伴关系与其他关系相比，独特之处就是项目目标一致。公共部门之所以和民营部门合作并形成伙伴关系，核心问题是存在一个共同的目标：在某个具体项目上，以最少的资源，实现最多最好的产品或服务的供给。形成伙伴关系，首先要落实到项目目标一致之上。但这还不够，为了能够保持这种伙伴关系的长久与发展，还需要伙伴之间相互为对方考虑问题，具备另外两个显著特征：利益共享和风险分担。

在某一个具体的PPP项目中，政府既是PPP项目的提供者，也是PPP项目的出资者。政府参与社会资本的方式，主要有投资补助、基金注资、担保补贴、贷款贴息等方式。因为当前我国PPP模式还处于试点项目阶段，采用政府与私人资本组成特殊目的公司（SPV）的方式是最常见的模式。但是，值得注意的是，合资设立SPV公司不是必须的。例如，《国务院关于加强地方政府性债务管理的意见》（43号文）关于推广使用PPP合作模式的条文也明确独资或合资均可，取决于双方如何约定。但由于现阶段上马的PPP项目大都属于试点项目，很多地方政府出于合规性的考虑，倾向于采用合资公司的形式也不难理解。

在具体的PPP项目实践中，政府常常会指定一家单位与选定的社会投资人成立合资公司，合资公司的股权结构也是五花八门。在新一轮PPP热潮中，如何合理设计合资公司股权结构、实现既能监管社会投资人又能约束政府权力的目的，也是近期热议的话题。一般认为，在PPP项目中设计股权结构时，对于政府是否持股应考虑以下四个方面的因素：即监管环境的情况、项目所处的环境、行业对社会资本的特殊限制和市场的接受程度。

（1）监管环境的情况

根据目前PPP政策的导向，政府持有项目公司股份，有些部门转变为运营者参与到项目实施中，这就能在项目过程中有效地约束社会资本的行为。同时，政府承担一定责任，减少社会资本在运作项目过程中的压力。以前的PPP项目中大多是社会资本成立项目公司独立运作项目，政府负责监管，虽然达到了简政、提高办事效率的目的，但是双方扯皮的现象也比较多，如投资人抱怨地方政府不及时付费，有的社会资本存在不诚信问题等。

当前，PPP模式推广已成为国家战略，各部委正致力于推进相关政策的制定，构建一个全面系统的PPP法律体系，指导并促进市场环境的健康、有效发展。如果问题都能通过不断出台的政策逐步解决，政府对内、对外的监管环境优化了，市场化的进程完善了，那么政府是否持股更多的是资金筹措能力的问题，而不是政策和法律等监管层面的问题了。

（2）项目所处的环境

在实践操作中，不少PPP项目会采用政府持股的方式，但是否控股则需要对项目所处环境进行综合考量。

第一是政府债务压力的问题。地方政府债务普遍存在，且有愈演愈烈的趋势，在新的PPP项目需要投入资本金时不得不考虑这个问题。因此，政府在资金合理配置的前提下，根据具体项目的投资接受能力来选择，资金充裕的可控股，资金不足则以参股方式为宜。

第二还是监管的问题。公用事业领域本就是政府职责的一部分，政府应在政策制定、管理控制、规范市场行为等方面发挥作用，让社会资本更多地发挥其技术和运营优势，才有利于企业发挥专长，提供更好的服务，实现资源更优化的配置。

（3）行业对社会资本的特殊限制

如果查阅亚洲开发银行编制的《公私合作（PPP）手册》会发现，全球范围内采用PPP模式的项目几乎覆盖所有的基础设施行业和新城开发项目。而我国《外商投资产业指导目录》（2015年修订）中规定，有些可采用PPP模式的行业必须中方控股，比如电网的建设、经营；城市人口50万以上的城市燃气、热力和供排水管网的建设、经营；铁路旅客运输公司；增值电信业务（外资比例不超过50%）、基础电信业务（外资比例不超过49%）等。随着越来越多的国外投资者关注并进入我国的基础设施行业，在特定行业的具体项目中，如果引入的是国际资本，出于合规性要求应考虑政府控股。

（4）市场的接受程度

出于对市场竞争状况的考虑，如果资本市场对于政府控股的方式不能接受，或者说投资人竞争不够充分，那么PPP项目实施效果可能就不够理想，对于政府来说项目条件的设定就要更谨慎。

一是公私双方对于项目的侧重点不同，社会资本具有逐利性，不能控股意味着难以合并财务报表；而政府更多地考虑公共利益，这种矛盾将长期存在于PPP模式发展的进程中。二是如果出现扯皮和纠纷，本身就处在弱势的社会资本没有决策权，在利益方面得不到保障。三是政府能否在PPP项目中把自己和社会投资主体放在平等地位，尊重市场化的合作方式，不能随意违约和通过行政手段去干预社会资本的合理利益。

综上所述，在PPP项目中，对于合资公司的股权结构设计并没有普适性的法则，各地政府需综合考量当地监管环境、筹集资金能力、投资人市场的接受程度以及具体项目所在行业特点等众多因素，做出合理的结构设计和权利义务安排。

在目前的PPP案例中，政府方在PPP项目中的持股比例有以下各种情况：第一种是象征性的持有股份如1%~5%；第二种是政府略微持股如20%左右；第三种是政府持股达到49%。

目前，政府方有没有合理的方法去判定出资比例呢？首先看当地政府有没有钱，如果没钱，主要从一票否决权和知情权的角度考虑股权，象征性占2%就可以。如果政府有点钱，就可以从几方面帮助政府设计科学的股权结构。一是考虑项目的自偿率。如果项目自偿率低，后期主要为政府付费，需要平衡前投后补的关系，前期投入少，意味着后期运营补助就高。建议政府当期有钱不妨多投一点，减轻后期压力，防范财政风险。股权结构设计上，如按照社会资本自有资金投资回报率测算，可以将政府投资补助分成两部分，一部分作为股权投资，一部分作为资本公积金投入项目，政府股权占49%，通过上述方式降低引入的社会资本自有资金，从而降低后期的运营补贴。这种方式通常用在投资规模达100亿元以上的项目。二是考虑引入多少社会资本从经济上对政府是合算的。举例说明，引入社会资本的投资回报率为8%，对于银行贷款有一个利率差，政府是亏的。但是引入社会资本可以降低运营成本和建设成本，对政府是赚的。一亏一赚之间有一个平衡点，这个平衡点是适宜引入社会资本的规模。超过这个平衡点，经济账上政府就亏了，小于这个平衡点，政府就赚了。所以，政府占多少股权，与地方政府财力、项目规模、项目自偿率等有密切关系。需要因事制宜给地方政府提供科学的决策参考。

前已论述，推行PPP项目，与当前我国各级地方的债务问题和经济结构调整是密切相关的。推行PPP项目，既能激发社会活力，提高社会投资的效率，也有利于缓解乃至解决地方债务问题。要优化政府投资方向，优先支持引入社会资本的项目。创新信贷服务，支持开展排污权、收费权、购买服务协议质（抵）押等担保贷款业务，探索利用工程供水、供热、发电、污水垃圾处理等预期收益质押贷款。采取信用担保、风险补偿、农业保险等方式，增强农业经营主体融资能力。发挥政策性金融作用，为重大工程提供长期稳定、低成本资金支持。发展股权和创业投资基金，鼓励民间资本发起设立产业投资基金，政府可通过认购基金份额等方式给予支持。支持重点领域建设项目开展股权和债券融资。这应当也是笔者一直强调的中国式移杠杆——即地方移中央、财政移货币、政府移居民、商行移投行、国内移国外的一个有机部分。PPP模式不仅仅是市场所理解的用于解决地方政府融资困境，关键还在于强化民资信心，提升投资效率，激发经济自身动力。

2. 社会资本或私营企业

在社会资本的参与主体方面，在国家发展改革委的《合同指南》中，社会资本主体为"符合条件的国有企业、民营企业、外商投资企业、混合所有制企业，或其他投资、经营主体"。而在财政部的《113号文》中，社会资本则指"已建立现代企业制度的境内外企业法人"，财政部主要是考虑是否会增加政府的债务，所以明确排除了政府融资平台和其他控股国有企业。

在PPP合同的订立过程和履行过程中，非政府一方的社会资本或者说私营机构，也可以在利益、风险分配、违约责任、补偿等问题上与政府进行协商，讨价还价，这与行政行为的单方意志性和强制性又有不同，体现出民事合同的特点。所以PPP合同既反映了政府与私营机构之间的民事合同关系，又有政府与私营机构之间的管理与被管理、监督与被监督的行政关系，属于兼具公法和私法性质的混合合同，双方当事人应同时受到公法和私法原则约束。

当然也确实有人认为，政府与私营机构签订的合同，并不属于政府行使社会管理职能的合同，应该属于民事合同。在政府与代表社会资本的私营机构签订道路建设、燃气、供水、供电、污水处理等合同时，这些服务本身不属于政府的社会管理职能，在政府负责道路建设、燃气、供水、供电、污水处理等市政基础设施服务时，其角色并不是社会管理者，政府把有关的服务交给私营机构所签订的此类合同也应该不属于行政合同。但由于市政建设等公共服务涉及社会公众利益，而政府也是民众选举出来为公共利益服务的，所以政府应该对市政基础设施的服务承担责任，代表公众履行管理义务，介入到市政基础设施服务中去，这样，以市政基础设施服务为基本内容的PPP合同就兼具民事合同和行政合同的双重特征。

私营企业和代表政府的股权投资机构合作成立PPP项目公司，投入的股本形成公司的权益资本。政府部门在选择私人投资机构的时候往往比较慎重，因为PPP项目的资金规模非常巨大，花费的时间长，需要私人投资机构具备雄厚的资金实力和良好的信誉。私营企业作为发起人，负责召集PPP项目公司成员。投标以前，各成员就联合成立项目公司达成一致，以合同形式确定各自的出资比例和出资形式，并推选成员中的几人组成项目领导小组负责PPP项目公司正式注册前的工作。

社会资本方通过PPP模式参与基础设施和公用事业建设及运营。这对社会资本方，尤其是民间基建投资者来讲，是难得的历史机遇，同时更是一种考验。PPP项目属于基础设施和公用事业，这种性质决定了它需要在社会资本收益和公共利益之间寻求一种平衡。而社会资本方对投资收益预期通常过高，举例来说一般达到12%甚至15%以上，但PPP项目投资收益大概只能达到10%。建议社会资本方降低收益预期，对于PPP项目来说收益的长期性、稳定性以及风险的可控性更为关键。PPP项目有长达10~30年的运营期，要靠后期运营的收益来弥补前期的投资。因此除了融资能力、项目策划能力、风险管控能力等，还要求社会资本方有强大的运营能力。运营能力不足会对整个项目收益产生致命影响。

比如，就笔者所调研的几个PPP项目，如中部某省的YLH高速公路，最早在2010年已通过招标的方式确定了社会投资方，但社会投资方后来财务出现危机，使该工程一开工就出现烂尾，后来引起该高速公路沿途数市的数十名人大代表联名上书，该省交通厅收回了投资方的合作权利，改为省财政全部投资，致使该高速公路推迟了数年才部分通车，全线通车时间推迟到2017年底，造成了较大的影响。再如，东部某省的GL高速公路，最初也是通过BOT模式选取新疆某大型企业集团，该集团在获取中标后即出现财务问题，后来该省交通厅只能重新招标选取社会合作方，使原本2012年必须动工的高速公路，推迟（预计）到2017年6月才动工。

PPP项目，尤其是大型与超大型的PPP项目，对社会资本来说，其人才体系的要求相当高。而人才体系的构建，这可能是一个长期的过程。目前比较通行的方法是与运营能力强的社会资本组成利益联合体来运营项目，或者由中标社会资本委托第三方来进行运营。这样一方面可以保证项目顺利运营，另一方面可以起到技术扩散的效应，提升社会整体的技术水平。对于社会资本来说，重点要解决的是如何使得资本与技术紧密结合，达到技术引进与管理提升双重发展。

但是,另一方面,在 PPP 问题上,社会资本方相对比较谨慎。有些社会资本方对地方政府的信誉问题心存疑虑,担心下一届政府负责人或政策变动后,对上届政府签署的协议不认同。这种情况确实也是存在的,有个别地方政府为招商引资和加快当地基础设施建设,甚至有投资饥渴症,会与社会资本方签订一些脱离实际的合同以吸引投资。而一旦项目建成后,政府难以履行合同义务,直接危害合作方的利益和地方政府的信誉。

3. 项目公司

PPP 项目公司是为 PPP 项目的建设以及运营而专门设立的公司,由政府和社会投资者联合组成。PPP 项目公司是 PPP 项目的实施者,从政府或授权机构获得建设和经营项目的特许权,负责项目从融资、设计、建设和运营直至项目最后的移交等全过程的运作。PPP 项目公司正式注册成立后,负责整个项目的运作。项目特许期结束,经营权或所有权转移时,PPP 项目公司清算并解散。在项目运作过程中,PPP 项目公司的职能主要包括投标与谈判、项目开发、运营和移交、确保项目的服务质量等。

3.1.4 PPP 项目的第三方

PPP 项目的第三方,是指除政府与社会投资方之外的第三方,关于政府监管方已单独论述。PPP 的第三方,包括咨询、代理、融资、建设、管理、法律等第三方。

1. 咨询机构

咨询机构,包括广义上的可研、评估和项目管理机构等,都属于咨询机构。咨询机构的作用,主要表现在以下几个方面:

首先,协助参与方了解 PPP。PPP 模式在运作过程中突显以下特征:一是涉及的部门(内部和外部)相对较多;二是涉及的知识领域相对广泛,产业、政策、投融资等都有所涉及;三是项目的整个过程复杂漫长,在国内缺少成功的经验可以借鉴。这就要求各个部门、发起单位和参与主体要对 PPP 有深入的认识和了解,因此专业咨询机构的引导作用不可或缺。

其次,促进 PPP 项目规范化实施。拿财政部第二批 PPP 示范项目评选来说,送审项目操作不合规范的现象普遍存在,而有咨询机构参与的项目,送审材料相对齐全和规范。依据政策解读、法律法规研究、项目实施方面有丰富的经验,PPP 咨询服务机构可以协助政府设计 PPP 模式运作的基本交易架构和商业模式,协助实施机构编制 PPP 实施方案,根据现有法律法规的要求,编制适合 PPP 项目的合作协议及相关合同。在高水平的专业服务支撑下,有效地提高了项目准备的质量。

此外很重要的一点是,咨询机构能够协调项目参与双方诉求,促成签约。专业咨询机构以相对客观的角色,便于充当地方政府与社会资本之间的沟通桥梁,平衡双方的利益冲突,促进项目顺利实施。由于 PPP 项目运作参与合作者众多、资金结构复杂、项目开发期较长、风险较大,因此在项目的全寿命期内都需要咨询公司的介入,指导项目的运作。咨询公司在 PPP 项目中的主要工作包括组织尽职调查、设计基础设施 PPP 项目方案,设计项目交易结构和招商程序，设定边界条件、遴选标准等，建立财务模型并进行商业预测分析，编制招商文件，组织实施招标或竞争性谈判等公开竞争性招商程序，参与商务谈判及协助签订项目特许经营协议等。具体职能如下：

（1）提供政策咨询。由于项目的运作涉及国家的产业政策、行业政策、税收、金融等各方面的政策，咨询公司可以帮助PPP项目公司了解这些政策，并按照政策的要求设计项目框架，规避项目的政策风险。

（2）协助确定融资方案。合理的融资方案是项目成功的重要因素。咨询公司可以充分发挥自身的专业优势，依据其掌握的市场信息和融资经验，帮助PPP项目公司设计适合项目特点的最佳的融资计划，确定合理的融资结构。

（3）协助制定风险管理方案。在PPP模式下，项目面临的风险众多，咨询公司能够对项目全生命期内风险作出较为准确专业的判断，制定合理的风险分配方案，使项目的风险管理合理有效。

（4）协助选择合作伙伴。项目的建设需要有众多的合作伙伴参与，包括设计单位、建设单位、监理单位等，咨询公司可以协助PPP项目公司选择信誉卓越、技术精专的合作伙伴，协助进行工程的合理安排，有效控制工程的进度、成本和质量。

（5）协助项目开发运营。咨询公司可以为PPP项目公司提供长期的市场分析和预测，设计规避市场风险的有效方案。项目开发运营过程中的相关报告、文件以及会议等也都在咨询公司的协助下完成。

除了上述的利害关系者以外，设计单位、保险公司、运营公司、建设单位、材料供应商等也都在PPP模式运作过程中发挥着重要的作用，他们与PPP公司和各合作方的协调和密切配合是项目成功的重要因素。

2. 融资方

社会资本方，如果本身的现金有限，则必然需要通过银行贷款、发行基金、发行信托、发行债券、增发股票等形式进行融资。在融资过程中，还会牵涉到融资租赁、担保、融资平台等更多的第三方。对于政府来说，除了前期少量的财政资金作为资本金投入外，也可能需要以土地抵押或某段已收费的高速公路的路权进行抵押来进行贷款或融资。关于PPP项目的融资主体、模式及应注意的问题，在后续的章节会专门论述，此处仅简单提及。

在PPP模式下，向项目提供贷款的银行主要是国际金融机构、商业银行、信托投资机构等。在PPP项目的资金中，来自私营企业以及政府的直接投资占的比例通常比较小，大部分的资金来自银行和金融机构，且贷款期限较长。为了保证项目贷款的顺利回收，贷款人通常要求PPP项目公司或其参与者提供履约保函或担保函，从而避免或减少由于开发或运营不善带来的损失。同时，贷款人为了保证贷款的安全性，通常要求PPP项目公司质押他们在银行的账户，如基本账户、营业收入账户、还款账户等。

3. 项目设计、建设、管理、运营机构

这些涉及的主体包括项目的勘察、设计机构；建设过程中施工承包商以及各设备、原材料供应商与监理机构等。在项目建成之后，则包含各专业的运营商等。

4. 其他主体

其他主体包括 PPP 项目的招标代理机构、律师事务所、会计师事务所、保险机构以及其他社会中介机构、社会组织等。在项目的相关风险中，金融风险不可以忽视。所谓的金融风险主要是指不同国家的货币外汇汇率和利率变化的风险。为防范这方面的风险，习惯上常常采用的措施是将项目收入货币与支出货币相匹配或在当地举债，也可能要求政府提供外汇担保，另外比较市场化的做法是利用掉期、远期合约、货币期权等金融衍生工具降低货币贬值风险等，此时，需要保险、担保、律师等机构进入 PPP 项目中。

主要有实施机构、社会资本方、项目公司、金融机构。实施机构是指政府或其指定的有关职能部门或事业单位可作为项目实施机构，负责项目准备、采购、监管和移交等工作。社会资本方是指作为社会资本的境内外企业、社会组织和中介机构承担公共服务涉及的设计、建设、投资、融资、运营和维护责任方，包含投资人、中介机构等。项目公司通常是政府经招程序确定了社会资本方后，向中标方发出中标通知书，并签署《PPP 项目协议》，社会资本方单独成立项目公司，或与政府联合成立项目公司，由成立后的项目公司再与政府签订《PPP 项目协议》的承继协议。金融机构是指包括银行、保险、信托、基金等。现在项目公司的融资渠道多是银行机构，还有一些其他主体，包括咨询机构、律师事务所、会计师事务所、承包商、专业运营商、原料供应商等。

3.1.5　PPP 项目参与各方的特征

表 3-2 总结了 PPP 项目参与各方的特征。从表 3-2 可以看出，一个 PPP 项目，有政府、社会资本方和众多的第三方，各方的角色和主要目标有一致的地方，也有不一致甚至根本对立的地方。

PPP 项目参与各方的特征　　　　表 3-2

参与方	扮演角色	主要目标
项目发起人	投资者或专业服务供应商	通过项目的投资活动和经营活动，获取投资利润和其他利益
项目公司/实体	直接实施者	直接负责项目投资和管理，承担项目债务责任和项目风险，是项目实施的法律主体
债务资金方	商业银行、信贷机构、金融机构、基金机构、其他参与方等	金融机构获得稳定回报；参与方通过债务资金获得关联收入
政府	批准项目、特许经营权、资金和政策支持	推进政府与社会机构的合作，改善公共服务，获得民众支持
财务顾问/咨询机构/律师/专家	咨询、顾问、代理机构、处理专业事务	确保项目顺利实施、科学决策
公众用户	项目论证、听证，是公共产品和服务的最终使用者	获得高品质、高效率服务，物有所值

3.2 PPP 项目的政府管理

在正常的 PPP 模式下，应该建立起政府与私人企业之间的良好合作关系。政府与私人企业都不能期望以牺牲对方利益的办法来谋求自身的高收益，只有在这个过程中双方都有利益空间，才能建立良好的长期合作关系。具体体现在制度设计上，就是在双方利益分配和风险分担等方面，双方的基本态度是着眼于长久利益，达成相互的谅解。

具体来说，在 PPP 模式下，政府地位具有双重性：一方面，政府是合同的一方当事人；另一方面，政府要为项目的运作提供稳定的政治和法律环境。

3.2.1 PPP 项目的政府机构职能

PPP 项目中，政府具有长期规划、短期协调和日常监管等职能。无论是中央政府还是地方政府，PPP 的项目储备可能与五年计划或某届政府的中心任务密切相关。政府对 PPP 项目的管理职能分为三个层级，即决策层、管理层和执行层。

根据我国 PPP 模式推广的具体情况，我们将 PPP 模式推广的政府管理机构分为三个层级，即决策层、管理层和执行层。各管理层级分担不同的职能，组成 PPP 模式推广的有机管理体系，形成有效的管理机制和流畅的业务流程。在该体系下，各层级能够有序、高效地完成 PPP 模式推广的相关体系建设，避免无序、混乱、盲目、短视、一窝蜂地上项目和做项目，降低了 PPP 模式推广中的诸多风险，有效地提高了 PPP 模式推广的速度，保障了 PPP 模式推广的成效。

各国在推行 PPP 模式的过程中，均具备了成熟的市场经济体制及相关法律环境，通过相应的政策、指南和合同法来指导 PPP 项目实施。政府部门应该努力创造适宜的政策法律环境，健全利益共享和风险分担等相关机制，加强项目运作的规范性并减少推行 PPP 模式的制度摩擦，降低私人部门的参与风险。从具体国情看，我国宜采取专门立法为主、单项立法为辅的模式来规制 PPP 模式。总体上来讲，应建立以宪法为首，以公用事业特许经营法的专门立法为主，以大中型项目单项立法作为补充，以地方法规、行业法、公司法、招投标法等法律法规相配套，以其他文件作指导的完善的法律体系。

1. 决策层级

PPP 模式推广要求有良好的法律法规和政策环境。政府作为法律法规和政策制定者、司法解释和执行者，承担着维护市场稳定和有序发展的重要角色。此职能的有效发挥将为 PPP 模式推广创造了良好的发展环境和优良的成长土壤。

PPP 项目的决策层，主要是国家层面的决策机构，如国务院及下属的发展改革委、财政部等，主要从国家整体的发展战略、财政规划、法律框架结构和技术管理标准的角度对 PPP 模式的开展进行规划和决策，如负责制定 PPP 基础设施建设的国内外发展战略；负责基础设施建设法律框架体系的制定和完善；负责 PPP 基础设施建设项目的国际业务拓展和技术管理输出；负责地方区域政府间或国家战略性 PPP 基础设施建设项目的筛选与审批；负责对地方 PPP 项目立法和基础设施建设对中央财政影响的审核与监管；负责制定和调整 PPP 模式推广的整体规划；负责指导和培训下级 PPP 项目管理机构等。

2. 监管层级

PPP 模式下的项目与传统基础设施建设项目之间的最大差异在于投资主体改变所带来的责任与义务的变化。传统模式下政府对基础设施的投资建设成为政府的主要考核指标和能力要求，然而 PPP 模式则强调政府通过公共产品和服务的采购来满足居民的需求。拥有项目资产的所有权已经不再是政府的主要目标，而如何通过更好地运用 PPP 模式，对基础设施项目进行运营监管，来达成政府服务公众的目的，将成为政府管理机构和部门的重要能力和考核指标。

监管层级的职能，负责本省、本市或当地基础设施建设发展战略的制定；负责与 PPP 基础设施建设相关法律法规提案的递交和委托修订；负责基础设施建设项目财政预算管理、基础设施建设项目筛选与审批、相关沟通和协调工作；负责监督和管理本省、本市或当地范围内的 PPP 执行机构、培训指导、总结推广和成果汇报等。

3. 执行层级

从 PPP 项目执行层面来看，政府执行层级机构至少需要具备人力资源管理、项目管理和公共关系处理这三方面的能力。一方面，政府执行层级机构要通过对政府机构内外部人力资源的有效管理来推动项目的进度，并要确保项目的实施能够充分取得人力资源保障；另一方面，需要对项目的开发费用进行合理控制，对项目的整体进度和质量监管也要进行很好的规划和设计，以确保成功招标并按计划实施项目与管理后期运营；最后，要通过对公共关系的管理来保障项目顺利开发、成功招标、按时按质实施、完成及运营。负责本行政区域内 PPP 项目的识别、开发和筛选；负责本行政区域内 PPP 项目的可行性研究；负责项目的具体招标工作；负责与项目合作伙伴的合同谈判、签署和执行；负责项目合同管理；负责项目后期服务的质量监管；负责项目实施过程中突发事件的应急处理。

我国目前关于 PPP 的政府管理仅限于地方政府或部委层面，虽然在一定程度上为 PPP 的发展提供了法律依据和政策支持，但远未达到完善的程度。

3.2.2 国内外对 PPP 项目的政府管理模式

英国、澳大利亚和我国香港对 PPP 项目没有专门的立法，采用的都为政策＋指南的管理方式，但是这三个国家或地区都有自己专门的 PPP 政府管理咨询机构：英国由财政部及其下的专属机构负责；澳大利亚分州制定政策，每个州都有 PPP 专属机构；我国香港则由政务司司长办公室下的效率促进组作为 PPP 专属机构。

1. 英国

为了解决对教育、医疗、住房、国防、废物处理等公共设施不断增长的需求，英国政府国家自然科学基金资助项目（70471004 和 70731160634）对 PFI（Private Finance

Initiative)/PPP模式做了大量的探索,并率先推动私营资本在公共领域方面的投资。在PFI/PPP方面,英国政府没有专门的法律,大多数是以政策(policy)和指南(guideline)的形式出现。2003年的《PFI:适应投资挑战》(PFI: Meeting Investment Challenge)是英国关于PFI/PPP项目最早的政策指南,对政府责任作了详细规定,包括基于物有所值(value money)的正确选择PFI方式,改进PFI方式采购方法,保证私人资金有效性和灵活性等。2006年的《PFI:加强长期合作》(PFI: Strengthening Long-term Partnerships)中肯定PFI在公共设施服务中的重要作用,并提出PFI的选择标准。2008的《基于长期价值的基础设施采购》(Infrastructure Procurement: Delivering Long-term Value)与以往政策相比,对PFI方式的必要性作出了新的阐述:不仅为了满足公众对基础设施的需求,同时也为了满足经济繁荣的需求,并且为适应英国日益繁杂的采购需求,该政策针对性地列出基础设施采购纲要,以实现对重要项目的有效监管和采购过程的物有所值。

英国采用财政部+财政部专设协助机构的管理模式。财政部负责所有PFI项目政策的制定,与此同时,国家审计署(The National Audit Office)和公共事业管理委员会(The Public Accounts Committee)负责对重要的PFI政策方面进行调查研究并且提出意见。财政部下合伙经营机关(Partnerships UK PLC)为所有的公共管理部门提供PFI专业管理,尤其是采购方面知识。财政部下公私营机构合作署(Public Private Partnership Programmer)通过建议及指南对地方政府提供PPP项目支持,并且帮助其制定标准化合同。

2. 澳大利亚

澳大利亚为了满足对学校、医院等公共设施日益增长的需求,进行了很多包括PPP模式在内的创新尝试。并且,澳大利亚PPP模式的实施是基于物有所值。澳大利亚也没有PPP专门的法律,并且其对PPP项目的指导分州进行。以维多利亚州为例,其对PPP主要分成四个方面:政策(policy)、指南(guideline)、建议注释(advisory notes)和技术注释(technical notes),其中最主要的2001年的《维多利亚合作伙伴政策》为政府参与PPP项目提供了一个大的理论框架;2003年的《合同管理政策》(Contract Management Policy)是在认识到合同管理在保证长期物有所值重要作用时,颁布的框架性政策措施建议;2007年的《政府公示政策》(Partnerships Victoria Policy)则要求政府相关部门需要及时告示各个PPP项目,包括项目的概况、组织方式、风险分担等商业属性,以满足社会大众的监督需求。

3. 我国香港特别行政区

香港为了更好地指导PPP项目在香港的实行,效率促进组(Efficiency Units)先后出台了《公私合营项目PPP指南》和《公私合营项目PPP指南2008》,其中,2008年版指南是香港政府适应国际和地方PPP项目的发展趋势后,对前一版进行修订得到的更具可操作性的版本。修改内容包括增加了公共部门参照值(Public Sector Comparator)的构建具体步骤、风险管理矩阵的构建实例以及保持政府公正性的具体原则及措施等条目。

4. 我国大陆

PPP项目的法律关系非常复杂,涉及许多领域的法律问题,有些问题在针对特许经营的法规中有统一规定，但更多的方面仍由该领域内我国现有的其他法规或行政法规来管制。采用部委下"通知"、作"政策"的方式来规范，其法律效力较低，而 PPP 的特殊性决定了要对项目公司、招投标、税收优惠等问题作出特别的法律规定，这就意味着 PPP 立法与一般法必然存在一些冲突。国务院各主管部门在各自管理范围内作出的规定，只能适用于一部分行业，且都是从自身管理的角度出发，法规文件各自为政，很多时候不能相互衔接，缺乏全局性和系统性。对于 PPP 项目的称呼，我国各种规定比较混乱，如"BOT"、"特许经营"、"法人招标"、"外商投资特许权"、"经营权转让"。虽然这与历史演进有一定关系，但这种混乱的立法在事实上构成了对于此类项目在我国发展的法律障碍。各地方政府颁布的法规之间存在较大的差别和冲突，各省市存在规定尺度不一的情况，会造成国内制度的不统一和不公平的现象发生。各地方政府颁布的条例或专营办法的法律位阶是地方行政法规，法律位阶较低，政府在其中规定的一些保证和担保也往往会超越中央立法的法规规范或者与之相冲突。

我国没有专门的制定 PPP 政策的机构，国务院、原外经贸部、原国家计委、住建部和交通运输部都有各自的与 PPP 相关的政策性文件。这种管理形式造成 PPP 管理系统混乱、PPP 规定可操作差等问题。建议我国参考英国 PPP 机构设置模式，由政府某一特定部门对 PPP 项目进行专属管理，负责制定与之相关的政策；此外，还应该在此部委下设立 PPP 项目采购、合同管理指导的经济咨询机构，利用现有行业部委下的具有相应专业知识（比如交通、污水处理等）的技术咨询机构，用以满足 PPP 模式在各行业的应用需求。

我国现行的 PPP 政府机构设置、PPP 法规、政府政策、指南的建立仍然存在较大的不足。比如：

（1）政府机构设置方面，一般认为应该参考英国 PPP 机构设置模式，由政府某一部委对 PPP 项目进行专属管理，负责制定与之相关的政策，并进行监管；此外，还应该在此部委下设立 PPP 项目采购、合同管理指导的经济咨询机构，以及利用现有行业部委下具有相应专业知识（比如交通、污水处理等）的技术咨询机构，用以满足 PPP 模式在各行各业的应用需求。

（2）项目评估方面，应该提出物有所值的概念和定量计算物有所值的方法，为 PPP 项目的选择提供可靠依据。

（3）私营机构选择方面，应提出包括实现生命周期物有所值和满足强制服务要求在内的招标标准，并且建立规范化的招标流程。

（4）合同管理方面，应该增强规定可操作性；对包括通货膨胀在内的金融风险制定评估规定及处理措施；对知识产权处理制定规定；以及对政府公正性制定规定。

（5）监管方面，应该在招投标阶段监管中提出专门的针对 PPP 模式的市场准入措施，在运营阶段监管中，增加规则的可操作性、利用现有行业部委的专业技术咨询机构进行监管、提供明确监管流程说明、出台全国性的监管方面的专门政策。

（6）争端处理方面，应该出台完善争端处理方法及步骤的政策，以及对《仲裁法》中关于 PPP 项目矛盾定义方面的法律解释。

3.3 PPP 项目的实施机构

3.3.1 概述

本章中 PPP 项目的管理机构,是指 PPP 项目的实施机构,即 PPP 项目的执行任务主体。项目实施机构是由政府或政府指定的相关机构担任,在政府授权范围内负责具体 PPP 项目的准备、采购、监管和移交等工作的主体;是平等参与具体 PPP 项目,与社会资本协商、谈判,建立合作关系的主体;是 PPP 项目中重要的参与主体。项目实施机构一般是在项目完成识别后,在进行项目准备阶段初期成立。按照发展改革委和财政部的有关规定,并不是所有的机构都可以成为 PPP 项目的管理机构。政府以及政府指定的有关职能部门和事业单位可以作为项目实施机构,但是,财政部和发展改革委的法规文件对实施机构担任主体的规定不一致。

国家发展改革委认为,行业运营公司或其他相关机构可以作为项目实施机构。国家发展改革委于 2014 年 12 月发布《国家发展改革委关于开展政府和社会资本合作的指导意见》,规定:"明确实施主体。按照地方政府的相关要求,明确相应的行业管理部门、事业单位、行业运营公司或其他相关机构,作为政府授权的项目实施机构,在授权范围内负责 PPP 项目的前期评估论证、实施方案编制、合作伙伴选择、项目合同签订、项目组织实施以及合作期满移交等工作"。

《基础设施和公用事业特许经营管理办法》规定,县级以上政府可以授权有关部门或单位作为实施机构。《基础设施和公用事业特许经营管理办法》由国家发展和改革委员会、财政部、住房和城乡建设部、交通运输部、水利部、中国人民银行六部委于 2015 年 4 月发布,是目前关于 PPP 项目实施机构的法律效力最高的规定,其十四条规定:"县级以上人民政府应当授权有关部门或单位作为实施机构负责特许经营项目有关实施工作,并明确具体授权范围。"按照通常理解,此处的"单位"不仅包含事业单位,还包括国有企业等其他相关单位。

但是,按照财政部的规定,只有政府、政府指定的有关职能部门和事业单位可以作为项目实施机构。2014 年 11 月财政部印发《政府和社会资本合作模式操作指南》第十条规定:政府或其指定的有关职能部门或事业单位可作为项目实施机构,负责项目准备、采购、监管和移交等工作。据此规定,有三类主体可以作为 PPP 项目实施机构:一是政府;二是政府指定的有关职能部门;三是政府指定的事业单位。

各地方的国有企业、政府平台公司、国有控股企业都在争抢成为 PPP 项目的实施机构。这些企业在 PPP 项目实践中积累了不少经验,有的国有企业还是 PPP 项目所在行业的龙头企业、行业运营公司,应该有能力担任 PPP 项目的实施机构。其次,国有企业、政府平台公司、国有控股企业在不能以社会资本的身份参与本级政府辖区内的 PPP 项目时,并不愿意放弃参与 PPP 项目,都在寻求不同的途径参与 PPP 项目,以获得利益。以项目实施机构的身份参与 PPP 项目,是上述企业参与 PPP 项目的途径之一。

有的地方政府则是取财政部、发展改革委关于实施机构主体规定的交集，认为只有政府、政府指定的有关职能部门和事业单位能作为实施机构。PPP模式是政府和社会资本合作，政府是PPP模式中不可缺少的参与方，按照通常的理解，政府是国家公共行政权力的象征、承载体和实际行为体，项目实施机构是具体PPP项目中的政府方，按照这一逻辑，国有企业、政府平台公司不能成为PPP模式中的项目实施机构。

有的地方政府取财政部、发展改革委关于实施机构主体规定的合集，认为政府、政府指定的有关职能部门和事业单位、行业运营公司或其他相关机构、有关部门或单位都可以担任PPP项目的实施机构。实施机构在PPP项目中的角色类似又不同于采购代理机构在政府采购中的角色，实施机构必须在政府授权下才能开展相应活动。因此，实施机构在PPP项目实施中仅仅为代表政府一方，只要有政府授权则可，不一定必须要政府本身参与。

根据国情，国有企业、政府平台公司在很多领域都享有一定的特别权力，大量基础设施项目都是由其牵头完成，其担任PPP项目实施机构也是可行的。而且，由于实施PPP项目利益不大而责任重大，政府部门和事业单位担任PPP项目实施机构的积极性不高，往往政府部门更愿意让国有企业、政府平台公司担任PPP项目实施机构。

因此，关于行业运营公司、其他机构和单位能否担任项目实施主体，各部委的规定不一致，实践中也不尽相同。在PPP管理的实践实务中，主要的争议集中于行业运营公司、其他相关机构、其他单位能否成为PPP项目的实施机构。同时，各地方政府在授权或指定实施机构时，操作也不一致。

3.3.2 PPP项目实施机构的职责

根据相关规定，实施机构的职责主要有：在政府授权范围内负责项目准备、项目采购、项目合同签订、项目监管和移交等工作。

在项目准备阶段，项目实施机构组织编制项目实施方案，并按程序报相关部门审核。

在项目采购阶段，项目实施机构负责PPP项目的采购工作。实施机构要按照PPP项目采购的程序进行资格预审，编制项目采购文件并发布，组织评审小组进行响应性文件评审，与候选社会资本进行项目合同确认谈判，中选社会资本签署确认谈判备忘录，与中选社会资本签署项目合同等。

在项目执行阶段，项目实施机构主要是起到监督和管理的作用。敦促社会资本按时足额出资设立项目公司或者按约定履行出资义务。在项目融资时，应做好监督管理工作，防止企业债务向政府债务转移。在项目进行建设和运营期间，项目实施机构应根据项目合同约定，监督社会资本或项目公司履行合同义务，定期监测项目产出绩效指标。在项目合同执行和管理过程中，项目实施机构应关注合同修订、违约责任和争议解决等工作。项目实施机构应每3～5年对项目进行中期评估，重点分析项目运行状况和项目合同的合规性、适应性和合理性；及时评估已发现问题的风险，制定应对措施，并报财政部门（政府和社会资本合作中心）备案。

项目移交时，项目实施机构或政府指定的其他机构代表政府收回项目合同约定的项目资产。采用有偿移交的，项目合同中应明确约定补偿方案；没有约定或约定不明的，项目实施机构应按照"恢复相同经济地位"原则拟订补偿方案，报政府审核同意后实施。项目实施机构或政府指定的其他机构应组建项目移交工作组，根据项目合同约定与社会资本或项目公司确认移交情形和补偿方式，制定资产评估和性能测试方案。

3.3.3　PPP项目私营部门的职责

PPP模式核心是公共部门和私营部门通过合作提供公共服务，并且强调建立一种长期合作伙伴关系，因此选择合适的私营部门对于PPP项目成功实施至关重要，而现有研究也发现选择一个合适的私营部门是PPP项目成功的关键。

值得注意的是，由于我国存在国有、集体、私营等多种经济主体，对于PPP的理解，还有一个重要问题需要澄清，即我国PPP中的"私"并不是单指私营经济主体；经济主体的外在形式只是资本性质的载体，所谓"公"与"私"的区别更应强调的是资本目的的"公"与"私"；在我国，"公"应该指追求社会公益性，"私"应该指追求经济利益，两者的根本区别不是经济主体性质之间的区别，而是追求公共利益与追求经济利益的区别；当前国有企业是国内PPP市场上最重要的主体，具有较高程度的逐利性，并非以追求公共利益为最高目的，因此可以认定为PPP中的"私营投资主体"，除非该国企是直接受签约方政府管辖操控的，但应限制国企在项目公司中的股份。

1. 设计

一般承接PPP项目的私人部门都是在此领域拥有丰富的经验和先进的管理水平的，所以在项目初期，有私人部门来对未来项目的发展作具体的规划和设计，为今后项目的高速运行奠定了基础。

2. 融资

私人部门的融资渠道及融资能力往往较强，所以由私人部门承担一定的融资任务，有助于减轻财政负担，同时有效利用社会资源，也有助于私人部门获得可观的收益。

3. 建设

私人部门拥有相关领域的专业技术和专业人才，由他们负责项目的具体建设，实现了资源配置效用最大化，能够建设优质、高效的社会公共物品及服务。

4. 运营

市场化的运营会提高管理的效率，所以，私人部门负责项目的具体运营能在很大程度上节约政府的资源，同时提升管理的效率，为公众提供更加完善的服务。

第 4 章　PPP 项目的管理

4.1　PPP 项目的主要内容与项目特性

4.1.1　PPP 的主要内容

按照财政部等六部委颁布的《基础设施和公用事业特许经营管理办法》(以下简称《办法》),PPP 特许经营项目实施方案,应当包括以下内容:

(1) 项目名称;
(2) 项目实施机构;
(3) 项目建设规模、投资总额、实施进度,以及提供公共产品或公共服务的标准等基本经济技术指标;
(4) 投资回报、价格及其测算;
(5) 可行性分析,即降低全生命周期成本和提高公共服务质量效率的分析估算等;
(6) 特许经营协议框架草案及特许经营期限;
(7) 特许经营者应当具备的条件及选择方式;
(8) 政府承诺和保障;
(9) 特许经营期限届满后资产处置方式;
(10) 应当明确的其他事项。

PPP 特许经营协议应当主要包括以下内容:

(1) 项目名称、内容;
(2) 特许经营方式、区域、范围和期限;
(3) 项目公司的经营范围、注册资本、股东出资方式、出资比例、股权转让等;
(4) 所提供产品或者服务的数量、质量和标准;
(5) 设施权属,以及相应的维护和更新改造;
(6) 监测评估;
(7) 投融资期限和方式;
(8) 收益取得方式,价格和收费标准的确定方法以及调整程序;

（9）履约担保；

（10）特许经营期内的风险分担；

（11）政府承诺和保障；

（12）应急预案和临时接管预案；

（13）特许经营期限届满后，项目及资产移交方式、程序和要求等；

（14）变更、提前终止及补偿；

（15）违约责任；

（16）争议解决方式；

（17）需要明确的其他事项。

PPP不仅是一种融资模式，更是一种新型的管理模式。PPP不仅具备管理的一般职能，如计划、组织、领导、控制，还具有其他管理模式所不具备的职能，如扩量融资、利用新技术以及特别值得强调的机制创新的职能。

推进PPP模式与工程项目管理模式创新是认真贯彻落实国务院《关于创新重点领域投融资机制鼓励社会投资的指导意见》的实际行动，对于进一步促进我国工程建设项目组织实施方式改革，积极引导建筑业企业以投资带动工程总承包，不断提升工程项目管理创新水平，具有重要意义。

4.1.2 PPP管理模式的特性

1. PPP具有多样性

早期人们习惯于将PPP与BOT、PFI、TOT、BOOT等形式并列，当成是一种项目的融资形式，但是，这种看法有其不足是显而易见的。PPP项目与BOT等项目一样，都是利用和民营部门的合作来完成公共部门的任务，因此说，PPP是他们诸多形式的总称。说PPP具有多样性还不止这些，目前世界各国以及多边金融国际机构对PPP的分类都不尽相同。如英国将PPP分为两大类别，一是由政府付费，也就是他们所说的纳税人付费的项目称为PFI；另一类是由使用者付费的项目，称为特许经营。世界银行将PPP分为五类，而亚洲发展银行分类更多。事实上，采用什么样的PPP形式是根据不同政策需求决定的，不同的政策需要不同的PPP形式，例如：对于新建的基础设施一般采用BOT的形式，而已经建设成的基础设施更多采用TOT的形式。因此说，不同的政策要求可以选择适合政策目标的PPP形式。

2. PPP具有复杂性

一个PPP项目涉及多方利益：首先是政府公共部门，它代表公众追求的是公平；其次是民营部门，它追求的是高效率和高收益；再次是公众希望得到更多物美价廉的公共产品和服务。如何将三者的利益协调一致是一个非常困难的事情。除此之外，还要涉及一个未来二三十年的运营过程，在这个长期的过程中，会发生什么情况谁也说不清楚，例如物价、汇率、经济周期、各种调控等都会对项目产生直接或间接影响。一个稍微复杂一点的PPP，其合同资料也许有上万页之多,可见一个 PPP 项目所涉及的问题之多了。基于 PPP 的复杂性,我们就有必要在一个项目采用 PPP 模式之前,做相当认真的准备工作,如果不能做好充分的准备工作而急忙上马的话,后面就会导致一系列的问题。

3.PPP 具有长期性

一个 PPP 项目一般需要二三十年或更长时间,如果仅仅有三五年的话可能实现不了采用 PPP 所要达到的目标。我们近几年所采用的 BT 就是这个情况,一般仅有 3～5 年时间让政府回购,对政府而言,没有实现当初采用 PPP 所要达到的结果,相反会更加加剧了财政负担导致政府债务的一个主要来源。试想如果将 BT 项目延长到二三十年,并将管理维护也由民营部门负责,民营部门一定会将项目质量建设的非常好,因为这将影响到后面几十年的维护成本,而每年政府在该项目的支出也会大幅度降低,从而减少财政支出压力。当然这种由财政完全支付的项目应当受到本地财政收支预算的约束,不能一味采用这种方式上项目,一旦规模过大,超过财政承受的能力,会给地方政府带来更大的风险。

4.1.3 PPP 管理的一般功能

PPP 项目管理的一般功能包括计划、组织、领导和控制。计划包括:定义组织目标;制定全局战略以实现这些目标;开发一个全面的分层计划体系以综合和协调各层非管理者指明了方向。当所有相关人员了解了组织的目标和为达到目标他们必须作出什么贡献时,他们就能开始协调他们的活动,互相合作,结成团队。如果没有计划,则会走许多弯路,从而使实现目标的过程失去效率。总之,有了计划可以减少重复性和浪费性的活动:在实施之前的协调过程中可以发现浪费和冗余,低效率的问题会暴露出来,进一步,当合理化的手段和追求的目标设定清楚时,通过计划可以减小不确定性,使管理者能够预见到行动的结果。

计划可分为正式计划和非正式计划。在 PPP 管理中,通常正式计划是由公共部门和民营部门共同制定并以契约方式认可的,通过计划可以清楚看到公共部门与民营部门的共同目标是什么,也可以清楚看到其后公共部门与民营部门各自的目标是什么。在公私合作过程中,每一个时期都有具体的目标,这些目标被郑重地写下来并使合作双方的全体成员都知道,就是说,让每一个参与管理的人都明确组织想要达到什么目标和怎么实现这些目标。

组织一般由组织结构、组织与职务、人力资源管理、变革与创新的管理等要素组成。组织结构是指组成组织的机构,可以用框图来表示,有些项目会以原来的组织机构为基础不再设立新的组织机构。在新设立的组织机构中,一般会有公共部门和民营部门双方人员共同组成,根据合同要求安排相应的管理职位。

控制可以定义为,监视各项活动以保证它们按计划进行并纠正各种重要偏差的过程。一个有效的控制系统可以保证各项行动完成的方向是朝着达到组织目标的。控制系统越是完善,管理者实现组织的目标就越是容易。

控制过程一般可分为三个步骤:第一是衡量实际绩效;第二是将实际绩效与标准进行

比较；第三是采取管理行动来纠正偏差或不适当的标准。在 PPP 管理过程中，控制职能表现得更为明显，无论是公共部门还是民营部门都在时刻衡量实际绩效。民营部门衡量实际产生的收益（投资回报）如何，而公共部门衡量的是社会公众的反映如何。在第二步，民营部门更多地在考虑实际产生的绩效与以往的其他项目进行比较；而公共部门则将实际取得的绩效与合作前进行比较。第三步是采取相应的管理行动纠正偏差。尽管计划可以制定出来，组织结构可以调整得非常有效，员工的积极性也可能调动起来，但是这仍然不能保证所有的行动都按计划意图执行，不能保证管理者追求的目标一定能达到。因此控制是非常重要的，因为它是管理职能环节中最后的一环。

4.1.4 PPP 项目管理机构的主要任务

项目管理机构的主要任务有八个方面，这八方面任务分别为：开发项目储备池、保障项目可行性、使项目获得市场认可、保障项目落地实施、管理项目合同、管控项目风险、解决项目过程中的争议或纠纷、实施合理有效的监管考核。

1. 开发项目储备池

政府 PPP 项目管理机构的任务是根据地方经济发展状况、社会发展需求、自然资源禀赋等开发出一系列项目，形成 PPP 项目池供进一步论证和选择。开发项目的基本要求是有效地将 PPP 项目开发与政府顶层设计紧密地联系起来，并能够解决或满足地方社会经济发展过程中的公共服务等需求，换句话说，PPP 项目最好能够符合地方战略发展意图或满足地方社会经济发展的迫切需求。

2. 保障项目可行性

在 PPP 项目管理中，第二项重要任务是进行全面充分的项目可行性研究。PPP 项目的可行性研究将决定着项目能否成功实施。可行性论证应该包括的关键内容有法律法规和政策可行性、对社会和环境的影响、技术可行性、商业和财务可行性等方面。因为 PPP 项目全生命周期长和复杂度高等特点，没有进行充分论证的项目在实施过程中可能存在着诸多或重大隐患。

3. 使项目获得市场认可

PPP 项目通常资金需求量大，复杂程度高，所以项目管理机构不仅要保证项目的可行性，而且还要与市场进行有效的沟通和交流。良性的沟通和交流是 PPP 项目执行中非常重要的工作，但通常被忽视。PPP 项目的落地实施需要社会资本和技术的支持。项目管理机构的工作焦点要将前期项目论证结果通过合适的方法和渠道，向市场公开发布，与市场进行良性互动。这样既保证了项目的公开与透明，同时也可以提升项目对社会资本的吸引力。从项目的识别与开发到正式招标，项目管理机构要邀请社会资本积极参与和支持，不断地获得市场反馈，进而修改和完善项目商业计划。一方面，项目管理机构通过与市场的不断沟通，可以保证项目的可行性和实用性；另一方面，项目管理机构通过沟通激发广泛的投资兴趣和热情，为项目的招标奠定坚实基础。

4. 保障项目落地实施

在完成上述基础工作后，项目管理机构的工作要转移到项目招标、合同谈判和最终协议的签署上来。为了保障项目落地实施，项目管理机构既要对整个招投标流程进行合理设计和优化，又要与潜在的意向投资者进行充分的信息沟通和交流，确保其理解项目招标说明书和项目合同的具体要求，以保障有效投标比率。保障一定的投标比率既可以为项目融资营造有利的竞争氛围，也可以在一定程度上迫使项目承包方加快项目融资和资金到位速度，或获得其他有利的条件。

5. 管理项目合同

在项目进入实施阶段后，项目管理机构的主要工作任务转向对项目合同执行情况的监督和管理，以保障项目最终输出满足公共服务需求，满足政府顶层设计意图，达成战略发展目标。项目的合同管理分为两个部分，即项目的施工建设阶段和项目服务递交阶段。在这两个阶段的合同管理过程中，PPP项目工作中心需要确保合同执行过程与协议本身不出现巨大的偏差，在必要的情况下，果断采取适宜的措施予以纠正。

6. 管控项目风险

项目风险的管控是政府PPP项目监管机构重中之重的任务。在项目开发和论证阶段，项目监管机构就要将项目实施和后期运营过程中潜在风险予以识别，并进行科学的分析和论证，制定相应的风险管控措施或设计风险管理体系，以保障项目的顺利实施和运营。除此之外，能否制定出合理的风险分配机制是项目对社会资本是否具有一定的吸引力，或能否获得较多社会资本青睐的先决条件。风险在政府公共部门和社会资本之间的合理分配将影响市场对风险的评估定价，直接影响着项目的财务可行性和融资成本，即对社会资本的吸引力。

7. 解决项目过程中的争议与纠纷

项目执行过程中出现争议与分歧在所难免。项目监管机构要将这种争议或分歧所带来的危害程度尽可能地降到可容忍和可接受的范围内，以保障项目整体规划、实施的质量、进度和绩效。在项目尚未正式开工前，争议的解决主要通过与利益相关方多频次、高质量的沟通来保障，使项目各方对项目的理解达成一致，减少项目后期分歧发生的概率；在项目执行后期，主要通过合同事先约定的条件和程序来疏导和管理项目的分歧，以保障项目执行的稳定和持续性。

8. 实施合理有效的监管考核

PPP项目采购的是公共服务，而非传统意义上的基础设施资产。项目最终所移交的资产质量和状态有效地保证了公共服务质量和水准才是PPP项目的目标所在。为了保障项目最终服务采购的质量、水准和运营效果，项目管理机构必须在项目整个周期中实施有效的监管与考核。在项目开发前期，项目管理机构必须对最终输出的服务质量和水准作出详尽的表述和清晰的定义，以保障监管和考核有据可依；在建设施工期间，监管重点要放在对项目进度和质量的监督与认证上；在项目服务正式递交阶段，项目管理机构要对项目服务方所提供服务的质量、水准和价格变化等进行持续监督和考核。对于项目服务方所提供服务质量、水准和价格变化等考核,项目管理机构可通过设置有效的绩效考核指标体系(KPI)来保障和制约项目输入和输出环节。这个环节的工作才是 PPP 项目的意义所在,其直接关系到 PPP 项目的成败。监管不到位可能给政府和地区带来重大社会和经济影响。

4.2 PPP 适用范围与运作方式

4.2.1 PPP 项目的适用范围

《特许经营法征求意见稿》(2014 年 12 月 3 日)主要针对政府和社会资本合作(PPP)的基础设施项目,采用"正面清单"的方式列出了允许进行特许经营的 24 个行业、公用事业和 10 个公共服务领域。适用的行业包含:

(1)煤炭、石油、天然气、电信、电力、新能源、农田、水利、生态环境治理、土地整治、矿山修复、城市园林、公用事业、工业园区。

(2)交通基础设施:铁路、公路、水运、港口、机场、通信、网络、信息等。

(3)市政基础设施:廉租房、公租房、经济适用房、保障房、供水、供电、供气、供热、污水处理、垃圾处理、电动汽车充电桩等。

(4)社会公用事业:医院、学校、养老院、监狱等。

此外,也适用于科技、教育、文化、旅游、卫生、体育和社会福利等公共服务领域,以及由省级以上政府确立的其他设施和公用事业。

另外,根据《基础设施和公用事业特许经营管理办法》,基础设施和公用事业特许经营可以采取以下方式:

(1)在一定期限内,政府授予特许经营者投资新建或改扩建、运营基础设施和公用事业,期限届满移交政府。

(2)在一定期限内,政府授予特许经营者投资新建或改扩建、拥有并运营基础设施和公用事业,期限届满移交政府。

(3)特许经营者投资新建或改扩建基础设施和公用事业并移交政府后,由政府授予其在一定期限内运营。

(4)国家规定的其他方式。

可见,PPP 项目主要适用于公益类项目,具有较宽泛的适用范围,交通市政基础设施、生态环保、社会事业、农业水利、文化旅游等多个领域均可以推行。可以为新建的项目,也可以是政府运营管理的已建成、需按市场化要求转换为企业运作的项目。而此类项目的共同特点为:投资体量大,投资回收期长,且投资利润率不高。

4.2.2 PPP 项目的运作方式

1. 经营性项目

经营性项目是指有明确收费基础,并且经营收费能够完全覆盖投资成本的项目。政府和社会资本在经营性项目中的合作方式通常为政府授予社会资本特许经营权。社会资本获得项目特许经营权，在经营期间，通过使用者付费方式收回投资回报。对于具有明确的收费基础，并且经营收费能够完全覆盖投资成本的项目，可通过政府授予特许经营权，采用BOT、BOOT 等模式推进。图 4-1 说明了 PPP 经营性项目的运作方式。

经营性项目，特许经营的期限一般不超过 30 年。特许经营期限应根据行业特点、项目生命周期、投资回报等因素综合考虑，最长不超过 30 年。对于投资规模大、回报周期长或在某些特殊地区的特许经营项目，经批准，特许经营期可在 30 年的基础上适当延长。

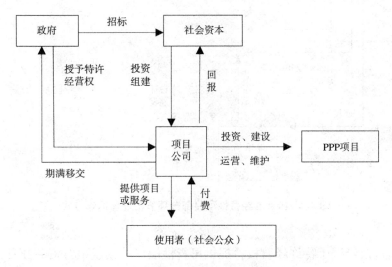

图 4-1　PPP 经营性项目运作模式

2. 准经营性项目

准经营性项目是指经营收费不足以覆盖投资成本，需政府补贴部分资金或资源的项目。准经营性项目，有收费机制，具有潜在的利润，但由于其建设和运营直接关系公众切身利益，其产品或服务的价格由代表公众利益的政府确定，具有不够明显的经济效益，市场运行的结果将不可避免地形成资金的缺口，往往无法收回成本。准经营性项目采用 PPP 模式，须考虑社会资本对投资回报要求的关注点，需解决社会资本的投资回报的来源和途径。对于经营收费不足以覆盖投资成本、需政府补贴部分资金或资源的项目，可通过政府授予特许经营权附加部分补贴或直接投资参股等措施，要建立投资、补贴与价格的协同机制，为投资者获得合理回报积极创造条件。

准经营性项目采用 PPP 模式，其运作方式主要有：

（1）将项目进行分割，部分环节市场化。出于减低投资规模或平衡运行成本方面的考虑，可将准经营性项目投资建设或运行环节进行分割，采用设计—建设—运营（DBO）、租赁—运营—移交（LOT）等方式运作。

准经营性项目"部分环节市场化"运作方式如图 4-2 所示。

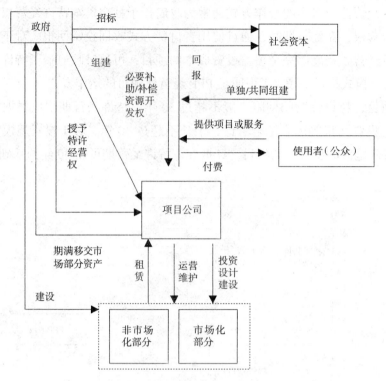

图 4-2　PPP 准经营性项目部分环节市场化运作方式

（2）可通过政府授予特许经营权，提供可行性缺口补助或组合资源开发，增加项目收益来源，采用建设—运营—移交（BOT）、建设—拥有—运营（BOO）等方式运作推进。

政府可行性缺口补助包含投资补助、价格补贴、无偿划拨土地、提供优惠贷款、贷款贴息、投资入股、放弃投资分红权、授予项目周边商业开发收益权等，为项目配置资源，提供补助，实现合理收益。

组合资源开发方式有：将准经营性项目与经营性项目捆绑开发、将准经营性项目与其他资源组合开发、按流域统一规划项目实施等。

准经营性项目"特许经营+可行性缺口补助/组合资源开发"运作方式如图 4-3 所示。

3. 非经营性项目

非经营性项目是缺乏使用者付费基础，主要依靠政府付费收回投资成本的项目。非经营性项目传统投资模式为 BT，由于 BT 模式大量增加政府债务，不符合投融资体制改革的要求而被禁止。目前，地方政府推出的 PPP 项目，主要是基础设施类项目，大多属于非经营性项目。

对于缺乏"使用者付费"基础、主要依靠"政府付费"回收投资成本的项目，可通过政府购买服务，采用委托运营等市场化模式推进。要合理确定购买内容，把有限的资金用在刀刃上，切实提高资金使用效益。

非经营性项目采用 PPP 模式，运作方式主要有：

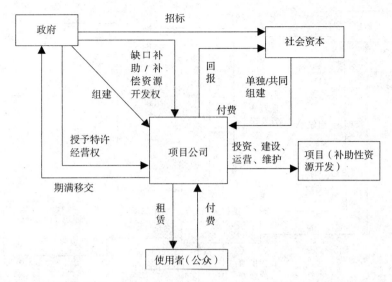

图 4-3　准经营性项目"特许经营 + 可行性缺口补助 / 组合资源开发"运作方式

（1）已存在的非经营性项目、政府有义务提供服务的，可以政府购买服务形式，采用委托运营、管理合同等运作方式，如图 4-4 所示。

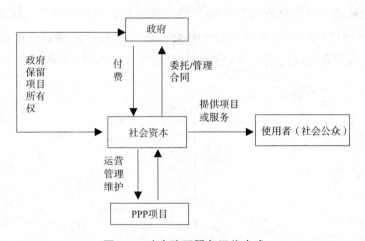

图 4-4　政府购买服务运作方式

（2）将非经营性项目转化为准经营性项目。将非经营性项目与其他经营性项目、准经营性项目进行捆绑，"以丰补歉"；同时结合增补相关资源开发权、政府授予特许经营权等方式，使非经营项目能获得一定程度的使用者付费（能部分覆盖投资），将非经营性项目转化为准经营性项目，采用建设—运营—移交（BOT）、建设—拥有—运营（BOO）、转让—运营—移交（TOT）、改建—运营—移交（ROT）等方式运作推进。"特许经营 + 可行性缺口补助"运作方式如图 4-5 所示。

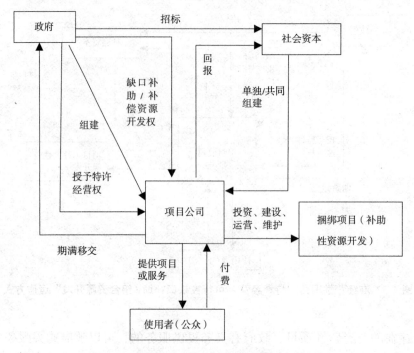

图 4-5 "特许经营 + 可行性缺口补助"运作方式

（3）对收益来源完全依靠政府付费的非经营性项目，可增加运营、维护、租赁等市场运营环节，创新政府付费方式，采用建设—移交—运营（BTO）、建设—租赁—移交（BLT）等方式运作。完全依靠政府付费的非经营性项目运作方式如图 4-6 所示。

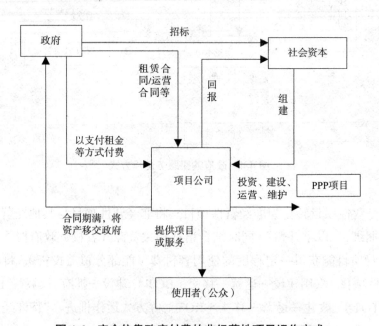

图 4-6 完全依靠政府付费的非经营性项目运作方式

4.3 PPP项目建设审批手续与操作流程

4.3.1 政府对PPP项目审批程序

2014年12月2日,国家发展改革委发布了(发改投资〔2014〕2724号)《国家发展改革委关于开展政府和社会资本合作的指导意见》。2015年6月1日,六部委颁发的《基础设施和公用事业特许经营管理办法》(以下简称《办法》)开始施行。在这些指导意见和管理办法中,都规定了PPP项目建设手续与审批流程。一般来说,PPP项目的建设手续与审批流程包括以下内容。

1. 项目提出部门提出特许经营项目实施方案

《办法》第九条规定,县级以上人民政府有关行业主管部门或政府授权部门(以下简称项目提出部门)可以根据经济社会发展需求,以及有关法人和其他组织提出的特许经营项目建议等,提出特许经营项目实施方案。

项目提出部门可以委托具有相应能力和经验的第三方机构,开展特许经营可行性评估,完善特许经营项目实施方案。需要政府提供可行性缺口补助或者开展物有所值评估的,由财政部门负责开展相关工作。

PPP特许经营可行性评估主要包括以下内容:

(1)特许经营项目全生命周期成本、技术路线和工程方案的合理性,可能的融资方式、融资规模、资金成本,所提供公共服务的质量效率、建设运营标准和监管要求等。

(2)相关领域市场发育程度,市场主体建设运营能力状况和参与意愿。

(3)用户付费项目公众支付意愿和能力评估。

PPP项目的实施方案完善以后,就可以出具特许经营可行性评估报告。

2. 政府各部门出具部门书面审查意见

PPP项目需要政府各部门出具书面审查意见。发展改革、财政、城乡规划、国土、环保、水利等有关部门对特许经营项目实施方案进行审查。经审查认为实施方案可行的,各部门应当根据职责分别出具书面审查意见。

特许经营者根据特许经营协议,需要依法办理规划选址、用地和项目核准或审批等手续的,有关部门在进行审核时,应当简化审核内容,优化办理流程,缩短办理时限,政府各部门对于本部门已经出具书面审查意见明确的事项,不能再作重复审查。

3. 政府审定特许经营项目实施方案

PPP项目提出部门综合各部门书面审查意见,报本级人民政府或其授权部门审定特许经营项目实施方案。

4. 政府授权实施机构实施特许经营项目

县级以上人民政府应当授权有关部门或单位作为实施机构负责特许经营项目有关实施工作,并明确具体授权范围。

5. 实施机构通过竞争方式选择特许经营者

PPP 项目实施机构根据经审定的特许经营项目实施方案，应当通过招标、竞争性谈判等竞争方式选择特许经营者。特许经营项目建设运营标准和监管要求明确，有关领域市场竞争比较充分的，应当通过招标方式选择特许经营者。

6. 签订初步协议 / 签订特许经营协议

PPP 项目实施机构应当与依法选定的特许经营者签订特许经营协议。需要成立项目公司的，实施机构应当与依法选定的投资人签订初步协议，约定其在规定期限内注册成立项目公司，并与项目公司签订特许经营协议。

2016 年 12 月，国家发展改革委则出台了《传统基础设施领域政府和社会资本合作（PPP）项目库管理办法（试行）》，推行 PPP 项目进入国家发展改革委的 PPP 项目库，进一步规范传统基础设施领域政府和社会资本合作（PPP）项目操作流程。项目库建设和管理遵循"统一建设、分级管理、资源共享、规范使用"的原则。国家发展改革委负责项目库的统一建设，各级发展改革委是本级项目库的管理部门，负责本级项目库的使用和管理工作，并会同行业主管部门做好项目的分类汇总、审核、跟踪推进等相关工作。国家信息中心受国家发展改革委投资司委托，承担项目库的日常运营及技术维护工作，负责项目库指标设定、修改等。

4.3.2 PPP 项目运作的基本流程

PPP 运作的基本流程如下：

（1）政府和私人部门按比例投入一定资本金筹建 PPP 项目公司。通常情况下，政府部门出资比例较小，而 PPP 项目的特点之一就是撬动更多的社会资金。同时，股本金占 PPP 项目所需全部投资额的比例较小，一般在 10% ~ 30%。

（2）通过银行等金融机构获得债权融资。PPP 项目的特点之一是高负债运行，一般而言，债权资金占 PPP 项目公司总资产的 70% 或以上。融资方式大多是通过银行贷款（含银团贷款）和发行债券。在最新的 PPP 实践中，信托、保险资金、养老资金等也有介入，极大地丰富了资金来源渠道。关于 PPP 项目的具体融资工具和融资方式，将在第 5 章单独论述。

（3）政府部门将特许经营权转让给 PPP 项目公司。特许经营期限根据项目类型不同而有所区别，一般而言在 20 ~ 30 年期间，项目类型以交通基础设施、医疗等为主。

（4）承建商与 PPP 项目公司签订建造合同，建造合同可能是 BT 或 EPC 总承包形式。供应商与 PPP 项目公司签订设备采购或供货合同。在这个环节，承建商可以通过垫资等方式、供应商可以通过经营租赁等方式给 PPP 项目提供中短期融资甚至是长期融资。

（5）PPP 项目公司向承建商、供应商支付相关费用。在大多数情况下，SPV 的发起方会同时作为项目承建商或供应商，因此对私人资本而言，可以从以下两方面获得收入：一是初始股权投资回报，即资金回报；二是建造合同收入或供货合同收入，即服务回报。

（6）运营商与 PPP 项目公司签订运营维护合同。

（7）PPP 项目公司向运营商支付相关费用，同样，运营商一方面可以获得资金回报，另一方面可以通过后期运营维护取得服务回报。

（8）保险公司与 PPP 项目公司就相关债券签订保险合同，如美国马萨诸塞州 3 号公路北段修缮扩建项目发行的 30 年免税债券就购买了保险，使得债券被惠誉和标准普尔评级为 AAA，从而降低了债券发行成本。

（9）对于 PPP 项目而言，投资回报一般包括三种模式：使用者付费、使用者付费+政府购买、政府购买。上述三种投资回报模式分别对应三种类型的项目，即经营性项目、准经营性项目和公益性项目。在经营性项目中，使用者付费可基本覆盖投资支出并提供合理回报。在准公益性项目中，由于其具有公益性质，单靠使用者付费可能不能完全弥补项目运行开支，因此需要政府部门通过政府购买方式提供一定的收入来源，即可行性缺口补助，如法国西班牙跨国铁路项目，政府购买占到总投资的比例高达 57%，政府购买成为该项目成功的重要因素。此外，在项目运营期间，特别是在项目收益达不到预期时，政府也会根据约定支付一定补助，即政府承担最低需求风险，而在公益性项目中，政府购买将作为唯一收入来源用以弥补投资成本。

（10）项目公司向股权资本和债权资本分配收益。在有的 PPP 项目中，后期由于运营等方面的问题可能会出现债务重组而改变原有资本结构的情况（即再融资），在这种情况下，项目收益的分配应作相应调整，如英国赛文河第二大桥项目。

4.4 PPP 项目的操作流程

一般认为，政府与社会资本合作（PPP）项目操作分为 5 个阶段：项目识别、项目准备、项目采购、项目执行和项目移交。每个阶段又可分为若干个步骤（图 4-7）。

4.4.1 项目识别阶段

识别阶段是 PPP 项目的起始阶段，这一阶段更多的是判断，即判断一个项目是否适合采用 PPP 模式。

这种判断从 PPP 项目的计划到论证，从财政部门、行业主管到社会资本，都需要判断项目本身与 PPP 模式的契合度。如果两者间的契合度比较低，那就没必要再花太多精力去硬套 PPP 模式。

识别时，首先要通过总结近期相关领域 PPP 项目的实施情况，判断该行业发展趋势；其次要对项目识别阶段的一些定义、概念中易于产生分歧之处进行解惑，避免错误理解和使用 PPP 模式；最后落实到执行层面，当一个项目经过初步判断具有使用 PPP 模式的条件和基础后，那接下来应当由谁来推动相关工作，使项目顺利进入准备阶段？这也是本阶段需要明确的重要问题之一。

1. 项目发起

政府和社会资本合作项目由政府或社会资本发起，以政府发起为主。

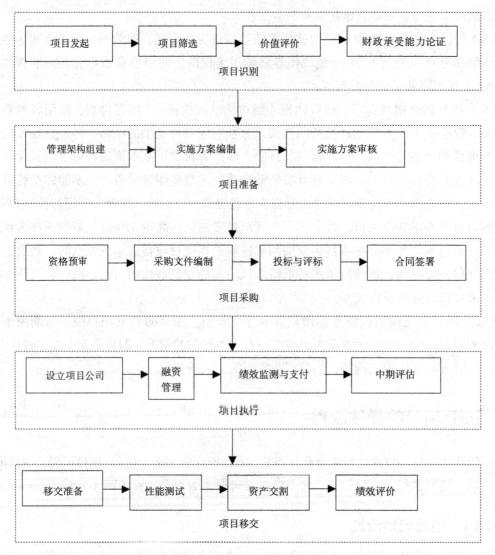

图 4-7 PPP 项目的操作流程

（1）政府发起。政府和社会资本合作中心应负责向交通、住建、环保、能源、教育、医疗、体育健身和文化设施等行业主管部门征集潜在政府和社会资本合作项目。行业主管部门可从国民经济和社会发展规划及行业专项规划中的新建、改建项目或存量公共资产中遴选潜在项目。

（2）社会资本发起。社会资本应以项目建议书的方式向政府和社会资本合作中心推荐潜在政府和社会资本合作项目。

2. 项目筛选

政府和社会资本合作项目由政府或社会资本发起，以政府发起为主。财政部门（政府和社会资本合作中心）会同行业主管部门，对潜在政府和社会资本合作项目进行评估筛选，确定备选项目。财政部门（政府和社会资本合作中心）应根据筛选结果制定项目年度和中期开发计划。

对于列入年度开发计划的项目,项目发起方应按财政部门(政府和社会资本合作中心)的要求提交相关资料。新建、改建项目应提交可行性研究报告、项目产出说明和初步实施方案;存量项目应提交存量公共资产的历史资料、项目产出说明和初步实施方案。

投资规模较大、需求长期稳定、价格调整机制灵活、市场化程度较高的基础设施及公共服务类项目,适宜采用PPP模式。

3. 项目评价

财政部门(政府和社会资本合作中心)会同行业主管部门,从定性和定量两方面开展物有所值评价工作。定量评价工作由各地根据实际情况开展。

定性评价重点关注项目采用政府和社会资本合作模式与采用政府传统采购模式相比能否增加供给、优化风险分配、提高运营效率、促进创新和公平竞争等。

定量评价主要通过对政府和社会资本合作项目全生命周期内政府支出成本现值与公共部门比较值进行比较,计算项目的物有所值量值,判断政府和社会资本合作模式是否降低项目全生命周期成本。

4. 财政承受能力论证

为确保财政中长期可持续性,财政部门应根据项目全生命周期内的财政支出、政府债务等因素,对部分政府付费或政府补贴的项目,开展财政承受能力论证,每年政府付费或政府补贴等财政支出不得超出当年财政收入的一定比例。如图4-8所示,财政承受能力论证流程来自财政部的网站。

4.4.2 PPP项目准备

在项目准备阶段,需要进行实施方案编制、物有所值评价和财政承受能力论证等,其中,物有所值评价是为了解决项目"能不能"采用PPP模式完成的问题,而财政承受能力论证则主要是为了限制政府盲目上项目,减轻政府负债。财政部《关于进一步做好政府和社会资本合作项目示范工作的通知》(财金〔2015〕57号)发布后,全国各省各县市为争取自己的项目进入PPP示范项目库,通常都会聘请PPP专业咨询公司开展项目准备阶段的咨询工作,其中主要的咨询服务内容即为实施方案、物有所值评价和财政承受能力论证等编制工作。采购阶段采购方式通常由所在地财政部门最终确定。批准了实施方案,就相当于批准了项目的采购方式。

1. 组织实施机构

按照地方政府的相关要求,明确相应的行业管理部门、事业单位、行业运营公司或其他相关机构,作为政府授权的项目实施机构,在授权范围内负责PPP项目的前期评估论证、实施方案编制、合作伙伴选择、项目合同签订、项目组织实施以及合作期满移交等工作。考虑到PPP运作的专业性,通常情况下需要聘请PPP咨询服务机构。

项目组织实施通常会建立项目领导小组和工作小组,领导小组负责重大问题的决策、

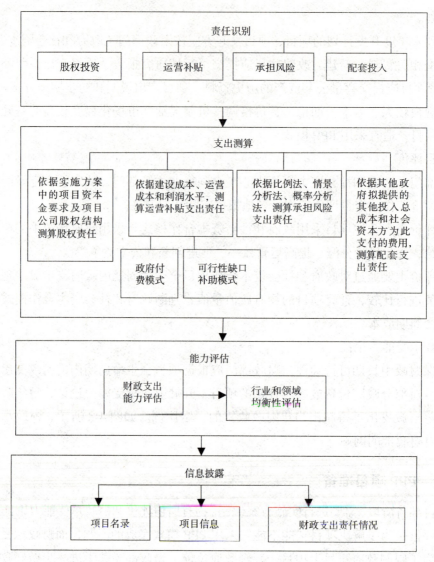

图 4-8 财政承受能力论证流程

与政府高层沟通、总体工作的指导等,项目小组负责项目公司的具体开展,以 PPP 咨询服务机构为主组成。项目实施机构需要制定工作计划,包含工作阶段、具体工作内容、实施主体、预计完成时间等内容。

2. 尽职调查

(1) 项目内部调查。项目实施机构拟订调研提纲,应至少从法律和政策、经济和财务、项目自身三个方面把握,主要包括政府项目的批文和授权书,国家、省和地方对项目关于土地、税收等方面的优惠政策、特许经营和收费的相关规定等;社会经济发展现状及总体发展规划、与项目有关的市政基础设施建设情况、建设规划、现有管理体制、现有收费情况及结算和调整机制等;项目可行性研究报告、环境影响评价报告、初步设计、已形成的相关资产、配套设施的建设情况、项目用地的征地情况等。

（2）外部投资人调查。根据项目基本情况、行业现状、发展规划等，与潜在投资人进行联系沟通，获得潜在投资人的投资意愿信息，并对各类投资人的投资偏好、资金实力、运营能力、项目诉求等因素进行分析研究，与潜在合适的投资人进行沟通，组织调研及考察。

3. 实施方案编制

实施方案，类似于PPP招标文件。通过前期的调查研究及分析论证，完成项目招商实施方案编制。招商实施方案主要内容：

（1）项目概况。项目概况主要包括基本情况、经济技术指标和项目公司股权情况等。

（2）风险分配基本框架。按照风险分配优化、风险收益对等和风险可控等原则，综合考虑政府风险管理能力、项目回报机制和市场风险管理能力等要素，在政府和社会资本间合理分配项目风险。

（3）PPP运作模式。PPP运作模式主要包括委托运营、管理合同、建设—运营—移交、建设—拥有—运营、转让—运营—移交和改建—运营—移交等。选择适合的模式至关重要。

（4）交易结构。交易结构主要包括项目投融资结构、回报机制和相关配套安排。项目投融资结构主要说明项目资本性支出的资金来源、性质和用途，项目资产的形成和转移等。

项目回报机制主要说明社会资本取得投资回报的资金来源，包括使用者付费、可行性缺口补助和政府付费等支付方式。

（5）合同体系。合同体系主要包括项目合同、股东合同、融资合同、工程承包合同、运营服务合同、原料供应合同、产品采购合同和保险合同等。项目合同是其中最核心的法律文件。

（6）监管架构。监管架构主要包括授权关系和监管方式。授权关系主要是政府对项目实施机构的授权，以及政府直接或通过项目实施机构对社会资本的授权；监管方式主要包括履约管理、行政监管和公众监督等。

（7）采购方式选择。采购方式包括公开招标、竞争性谈判、邀请招标、竞争性磋商和单一来源采购。项目实施机构应根据项目采购需求特点，依法选择适当采购方式。

4. 实施方案审核

为提高工作效率，财政部门应当会同相关部门及外部专家建立PPP项目的评审机制，从项目建设的必要性及合规性、PPP模式的适用性、财政承受能力以及价格的合理性等方面，对项目实施方案进行评估，确保"物有所值"。评估通过的由项目实施机构报政府审核，审核通过的按照实施方案推进。

4.4.3 PPP项目采购

1. 项目预审

项目实施机构应根据项目需要准备资格预审文件，发布资格预审公告，邀请社会资本和与其合作的金融机构参与资格预审，验证项目能否获得社会资本响应和实现充分竞争，并将资格预审的评审报告提交财政部门（政府和社会资本合作中心）备案。

项目有 3 家以上社会资本通过资格预审的，项目实施机构可以继续开展采购文件准备工作；项目通过资格预审的社会资本不足 3 家的，项目实施机构应在实施方案调整后重新组织资格预审；项目经重新资格预审合格社会资本仍不够 3 家的，可依法调整实施方案选择的采购方式。

资格预审公告应包括项目授权主体、项目实施机构和项目名称、采购需求、对社会资本的资格要求、是否允许联合体参与采购活动、拟确定参与竞争的合格社会资本的家数和确定方法，以及社会资本提交资格预审申请文件的时间和地点。提交资格预审申请文件的时间自公告发布之日起不得少于 15 个工作日。

2. 项目采购文件编制

项目采购文件应包括采购邀请、竞争者须知（包括密封、签署、盖章要求等）、竞争者应提供的资格、资信及业绩证明文件、采购方式、政府对项目实施机构的授权、实施方案的批复和项目相关审批文件、采购程序、响应文件编制要求、提交响应文件截止时间、开启时间及地点、强制担保的保证金交纳数额和形式、评审方法、评审标准、政府采购政策要求、项目合同草案及其他法律文本等。

3. 响应文件评审

项目 PPP 运作需建立方案评审小组。评审小组由项目实施机构代表和评审专家共 5 人以上单数组成，其中评审专家人数不得少于评审小组成员总数的 2/3。评审专家可以由项目实施机构自行选定，但评审专家中应至少包含 1 名财务专家和 1 名法律专家。项目实施机构代表不得以评审专家身份参加项目的评审。

4. 谈判与合同签署

项目实施机构应成立专门的采购结果确认谈判工作组。按照候选社会资本的排名，依次与候选社会资本及与其合作的金融机构就合同中可变的细节问题进行合同签署前的确认谈判，率先达成一致的即为中选者。确认谈判不得涉及合同中不可谈判的核心条款，不得与排序在前但已终止谈判的社会资本进行再次谈判。

确认谈判完成后，项目实施机构应与中选社会资本签署确认谈判备忘录，并将采购结果和根据采购文件、响应文件、补遗文件和确认谈判备忘录拟订的合同文本进行公示，公示期不得少于 5 个工作日。

公示期满无异议的项目合同，应在政府审核同意后，由项目实施机构与中选社会资本签署。需要为项目设立专门项目公司的，待项目公司成立后，由项目公司与项目实施机构重新签署项目合同，或签署关于承继项目合同的补充合同。

关于 PPP 项目的招标，将在后续的章节中专门论述。

4.4.4 PPP 项目执行阶段

项目执行阶段是指通过采购阶段选定社会资本后，PPP 项目协议正式签署完成后的阶段，这一阶段标志着 PPP 项目进入实质运行阶段。

在实践中，很多业内人士认为，项目执行阶段的核心是项目实施管理，如果把PPP项目采购视为一场婚姻的话，那么对于PPP项目而言，更重要的是如何经营好这段婚姻。因此，项目执行阶段实施管理是保证项目后期稳定运营的有效途径，稳定运营才是判断PPP项目成功与否的关键。在漫长的"婚姻"中，我们无法预期会发生的全部问题，但我们需要做到的是让PPP项目漫长生命周期中的一切核心问题均有章可循。

1. 项目公司设立

社会资本可依法设立项目公司。政府可指定相关机构依法参股项目公司。项目实施机构和财政部门（政府和社会资本合作中心）应监督社会资本按照采购文件和项目合同约定，按时足额出资设立项目公司。

2. 项目融资管理

项目融资由社会资本或项目公司负责。社会资本或项目公司应及时开展融资方案设计、机构接洽、合同签订和融资交割等工作。财政部门（政府和社会资本合作中心）和项目实施机构应做好监督管理工作，防止企业债务向政府转移。

3. 绩效监测与支付

社会资本项目实施机构应根据项目合同约定，监督社会资本或项目公司履行合同义务，定期监测项目产出绩效指标，编制季报和年报，并报财政部门（政府和社会资本合作中心）备案。项目合同中涉及的政府支付义务，财政部门应结合中长期财政规划统筹考虑，纳入同级政府预算，按照预算管理相关规定执行。项目实施机构应根据项目合同约定的产出说明，按照实际绩效直接或通知财政部门向社会资本或项目公司及时足额支付。

4. 中期评估

项目实施机构应每3～5年对项目进行中期评估，重点分析项目运行状况和项目合同的合规性、适应性和合理性；及时评估已发现问题的风险，制定应对措施，并报财政部门（政府和社会资本合作中心）备案。

4.4.5 PPP项目移交阶段

根据对PPP项目运作理解程度的不同，业界对于"移交"形式定义的理解还存在一定差异，字面上容易理解为PPP项目执行完毕（特许经营期满）后项目资产的移交。

财政部《政府和社会资本合作模式操作指南（试行）》（财金〔2014〕113号文）中明确指出了"移交形式包括期满终止移交和提前终止移交两个阶段"。除113号文规定外，若PPP项目采取TOT（Transfer—Operate—Transfer，移交—运营—移交）运作模式，项目开始前的第一T也应属于移交阶段的范围。即PPP项目移交阶段的移交范围包括"期前启动移交"、"提前终止移交"和"期满终止移交"。而从移交方式上看，又包括了"无偿移交"和"有偿移交"两种。

项目移交时，项目实施机构或政府指定的其他机构代表政府收回项目合同约定的项目资产。项目合同中应明确约定移交形式、补偿方式、移交内容和移交标准。移交形式包括期满终止移交和提前终止移交；补偿方式包括无偿移交和有偿移交；移交内容包括项目资产、人员、文档和知识产权等；移交标准包括设备完好率和最短可使用年限等指标。

项目实施机构或政府指定的其他机构应组建项目移交工作组，根据项目合同约定与社会资本或项目公司确认移交情形和补偿方式，制定资产评估和性能测试方案。

社会资本或项目公司应将满足性能测试要求的项目资产、知识产权和技术法律文件，连同资产清单移交给项目实施机构或政府指定的其他机构，办妥法律过户和管理权移交手续。社会资本或项目公司应配合做好项目运营平稳过渡相关工作。

项目移交完成后，财政部门（政府和社会资本合作中心）应组织有关部门对项目产出、成本效益、监管成效、可持续性、政府和社会资本合作模式应用等进行绩效评价，并按相关规定公开评价结果。

4.5 PPP 项目的管理要求与信息管理

4.5.1 PPP 项目的管理要求与监管趋势

从国家层面讲，对 PPP 项目的管理将会越来越严格，越来越规范。伪 PPP 项目将无处可藏。2016 年 12 月 20 日，财政部印发了关于《财政部驻各地财政监察专员办事处实施地方政府债务监管暂行办法》（财预〔2016〕175 号文）（以下简称《暂行办法》）。2016 年 12 月，国家发展改革委则出台了《传统基础设施领域政府和社会资本合作（PPP）项目库管理办法（试行）》。

目前，有的地方假借 PPP 搞变相融资、政府回购、明股实债、固定回报等问题突出，这既影响了 PPP 模式的规范推广，也增加了地方政府的债务风险和隐患。为了避免此类债务风险和隐患，《暂行办法》明确财政部将在各地方政府特设财政部监察专员办事处，从各地方政府层面"开刀"，显示出我国规范 PPP 模式的决心。

可以预见，这些措施将有效改变假 PPP 项目不断出现的状况，削弱 PPP 作为地方政府"新融资工具"的冲动，强化示范项目引领真 PPP 项目的作用。

1. 明确监管重点，掐断伪 PPP 源头

不管是发展改革委还是财政部的相关办法，都从源头上进行了监管，针对 PPP 项目可能存在的薄弱环节和风险之处，围绕政府债务管理、违法违规融资担保行为等各个方面，对于地方政府的城投公司和融资平台等进行了重点监管，从源头上掐断伪 PPP 项目，进一步加强相关法律制度建设。一是制定一部总法规范。建议对 PPP 进行专门立法，保证针对性、规范性和权威性。内容应结合《公司法》《合同法》以及《国家财政法规》制定出 PPP 的基本原则和行为规范；二是针对 PPP 各环节制定规范性指引或指南。

2. 建立专门管理机构，加强对 PPP 的管理和指导

明确了监管方式和对象，延伸了监管范围。在 PPP 监管机构的设置上，从实际出发，

在地方政府相应部门设置机构开展试点工作，待试点取得成功后，将其逐渐发展为一个独立部门，该部门应作为地方发展 PPP 的专属管理机构。这样逐渐深化的政府机构改革可以有效减少行政体制改革阻力。在管理机构设置的基础上明晰各项职责的分配工作，特别是应明确政策制定、项目审批、资金分配、项目监管以及技术培训等职能的部门归属。对 PPP 项目的管理和指导，可以延伸到相关政府部门、事业单位、融资平台公司和金融机构等单位。

3. 对 PPP 项目违法违规融资行为零容忍

PPP 项目融资由社会资本或项目公司负责，新的监管坚持"发现一起，查处一起，曝光一起"，及时制止地方政府和融资平台公司违法违规融资行为。财政部专员办开展地方政府债务日常监督发现违法违规线索，必须在 5 个工作日内启动核查或检查工作。同时，要求强化问责，对查实的问题依法依规进行处理，或依法提出处理意见报财政部处理。

4.5.2 PPP 项目公司的管理要求

对 PPP 项目公司来说，如何对 PPP 项目进行科学有效的管理，直接决定了 PPP 项目的成效。政府加强监管的同时，也要大力发展完善金融体系，为 PPP 项目提供必要的资金支持。这是因为基础设施项目资本密集度高，PPP 模式可以吸引私人部门的股权和债务融资，开辟新的资金来源。在国家层面建立专门的基础设施融资机构有助于促进本国长期融资市场的发展。监管部门一方面要认识到形势的变化和现实需求，允许政府为项目提供中长期资金支持，另一方面要对财政资金支持的具体形式、规模和条件做出详细、明确的规范。对于 PPP 项目公司来说，应从以下几个方面入手，抓好 PPP 项目管理：

1. 筛选和设计良好的 PPP 项目，做好项目的前期准备工作

一是选取可行的 PPP 项目，设计一个贯穿始终的筛选程序以找出具有可行性的 PPP 项目是至关重要的第一步；二是做好充分的项目准备，项目经过筛选确定可以采取 PPP 模式后，在对外招标之前，需要在技术、法律、财务、经济、环境和社会等问题上做好充分准备，以评估能够吸引私人投资者的最佳方案，鼓励合格的投资者投入必要的时间和资源对项目进行评估并准备高质量的投标；三是公开、透明的竞争性招标和磋商，公开、透明的竞争性招标有助于获得最物有所值的项目设计方案。

2. 力争实现 PPP 项目风险和利益合理分担目标

一是明确风险的合理分担的有效办法，PPP 创造性地整合了参与合作各方的技能和资源，有助于各方共担风险和责任，私人部门可以发挥其在建设、管理和运营方面的经验和专业能力，政府则能够专注于政策、规划和监管；二是妥善解决利益相关方的关系，PPP 模式主要应用于大型基础设施项目，涉及包括职工、公众、社区、其他利益集团等多方面的利益相关者，涉及开支缩减、收费增加或者居民搬迁的项目可能面临较多的来自政治和社会领域的挑战。

要建立 PPP 项目的风险分担和定价调价机制：一是建立风险分担机制，在 PPP 项目可

行性研究和座谈讨论时，政府部门应分析项目潜在的风险，根据双方的权利和义务关系，合理制定风险分担方式，如社会资本方承担基础设施建造、特许经营、核心技术等，政府承担政策、资源、协调等；二是建立定价调价机制，政府部门既要保障社会资本的基本收益，又要保证政府资金的绩效较高，其核心便是调价机制，既要通过下调定价防止暴利，又要通过上调、补贴的方式确保项目运转。

3. 加强协议签订管理

一是整合各单位部门专业人才及政府购买服务的专业团队，组成PPP项目论证小组，对项目协议条款进行逐条论证，对项目成本（包括建设成本、资金成本、直接业务成本）、投资回收期等确定要精心测算，合理控制合作方年化利润不超过8%；二是项目实施应按照政府投资项目相关规定执行，严格控制建设单位管理费；三是协议明确工程项目最终由财政或审计部门竣工财务决算审定为准，除此之外单方面或共同委托第三方审定应视为无效。

4. 实施全过程监管和跟踪审计

一是建立生命周期管理机制，PPP项目大多时间跨度长，应在项目的全过程实施必要的监管和审计，建立覆盖可行性研究、合同签订、采购过程、基础设施建设和项目运营等方面的管理机制，避免利益输送和腐败行为；二是建立特殊环节的跟踪审计。例如涉及拆迁的重要环节，可以依托中介机构进行拆迁跟踪审计。据宁波市拆迁跟踪审计项目情况显示，实施拆迁环节的审计，其最大的作用是能够规范并提高拆迁效率，不仅能够对拆迁实施单位有监督作用，而且还能够积累拆迁经验。通过跟踪其他PPP项目，使相关人员能够精通拆迁有关政策，能熟练地向拆迁户解读拆迁的有关政策，从而有力地推进工作进展，此外，通过事中规范有关拆迁资料，也能加快PPP项目竣工后的财务决算。

关于PPP项目的风险分析和风险管理，将在后续的章节专门论述，此处从略。

4.5.3 PPP项目的信息管理

蓬勃发展的PPP给建设工程的纠纷解决带来了一些新课题。建筑市场中违法建筑、明招暗定、阴阳合同、转包、违法分包等现象并不罕见。随着国家PPP模式推行，建立PPP项目的信息平台、信息管理和信心共享机制已经刻不容缓。PPP改革作为一项重要的供给侧结构性改革措施，正在发挥积极的牵引作用。为了更好地对全国PPP项目进行全生命周期监管，建立统一、规范、透明的PPP大市场，财政部于2015年3月组织搭建了全国PPP综合信息平台，对2013年以来全国所有PPP项目实现线上监管、动态数据分析、案例分享等。

目前，国家发展改革委和财政部均已建立了PPP信息中心。自2016年4月起，财政部PPP中心授权《中国经济周刊》独家首发PPP综合信息平台项目库季报。

2016年12月，财政部建立了PPP项目监管专员办，并且规定应当建立信息共享机制。专员办发现跨地区的违法违规线索，应当向相关地区专员办及时反馈。专员办应当综合运用调研、核查、检查等手段，建立常态化的地方政府债务监督机制，必要时可延伸至相关政府部门、事业单位、融资平台公司、金融机构等单位。财政部除了积极配合国务院法制办推进PPP条例的起草与出台之外，还将推动PPP配套政策制定，以落实税收、土地、价格、融资等扶持政策，推动以奖代补政策尽快落实到位。对PPP项目进行信息化管理将是财政部下一步的工作重点。此外，财政部还将加强项目规范，着力改变各地假PPP层出不穷的现状。

据了解，财政部即将出台《PPP项目信息公开暂行管理办法》、《PPP物有所值评价指引（修订版）》。这些都是推动PPP信息化管理的重要举措。

PPP的核心是利用政府和社会资本各自的优势，实现物有所值、利益共享、风险分担以及全生命周期管理。并通过平滑财政支出，拓宽政府经济发展空间，此外，还将实现绩效财政，并引入公众监督，实行公开透明管理。

除了微观层面的物有所值，PPP的意义更在于是"一次体制机制变革"，既涉及宏观层面的国家治理现代化，又关乎中观层面的财政体制改革，还涉及行政体制、投融资体制改革等。

第5章 PPP项目的融资

5.1 概述

5.1.1 正确认识PPP项目的融资功能

PPP项目，本来不是一种融资模式而是一种管理模式，但是，在中国，PPP项目和地方债务和融资平台紧密挂钩，甚至有地方政府和项目公司有这么一种认识，认为PPP项目就是一种融资模式，只有融资情况良好的PPP项目才能成功运作，乃至成功启动，这反映了社会对PPP项目的误解，也是当前中国债务问题的无奈反映。事实上，当下政府力推的PPP模式，并非以前的项目融资，而是一种管理模式，融资只是PPP项目过程中的一个环节。

PPP作为一种新型的管理模式，它不仅仅具备了管理的一般职能，除此之外，它还兼有融资、利用新技术和机制创新的职能，这是一般管理所不具备的。在PPP初起之时，人们就是把PPP当做一种融资的形式。随着对PPP认识的不断深入，对PPP的管理模式概念有必要加以强调并使人们所认知。

PPP模式是对整个项目生命周期提出的一种新的融资模式，它是政府部门、盈利性企业和非盈利性企业基于某个项目而形成的以"双赢"或"多赢"为目的的相互合作关系形式。

融资职能是人们对PPP最早的认识，直到现在还有相当多的人认为PPP是一种融资模式。PPP兴起之初，其主要目的也就是为基础设施融资，具体形式较多地表现为公路建设、铁路建设的融资。政府在建设公路、铁路等基础设施时，往往由于资金不足，让民营部门进行投资，民营部门通过收费的形式收回投资。正是这种融资的职能，使得人们对PPP有了极大的兴趣和热情，随后这种PPP的融资职能被不断地运用到基础设施的各个方面，如自来水提供、污水处理、隧道建设、公共卫生与医疗、基础教育等。政府公共部门在不同的领域，通过民营资本来为社会提供公共产品和服务，可以弥补政府向社会提供公共产品和服务过程中资金的不足。

BOT是众多PPP管理具体模式中融资功能表现最为明显的一个，政府公共部门通常让民营部门利用自己的资金建设基础设施（如高速公路），然后让民营部门经营，并从中获得收益，经过一定的时间再转移给政府部门。政府在此过程中可能不需要投资一分钱，却为社会提供出原来本应该自己提供的基础设施和服务，同时经过一定的时期后，还拥有了该基础设施。由此可见，PPP融资功能是多么的重要和使用广泛。

5.1.2 PPP项目的机制创新

机制创新，是在经济社会生活中促进机制转换、制度创新和资源配置效益提升。中国改革开放以来，经济社会飞速发展乃至实现现代化，机制创新和改革开放是最大的推动力量。在当下中国经济结构调整和产业升级换代中，以及转变经济增长方式，转换政府职能，同样具有特别重要的意义和作用，甚至可以认为是战略性的特定职能。

政府职能的转变必须实现体制机制的创新。经济机制转换包含两层意思：一是公共部门由传统的计划向市场转换；二是私人部门由市场逐利向计划靠拢。这种"双转换"可以形成一种新型的激励机制，进而达到制度创新的推进、改革的深化和资源配置效益的提升。我们知道，PPP本质是公私合作，从而形成了优于计划和市场单独作用的新型管理体制和运行机制。计划往往更注重表面上的平均，从而损失了效率，而市场通常更注重效率，但也必须依靠制度和法治才能保证市场的公平。PPP管理模式注重的是均平、公平与效率的有机结合，在尽可能小地损失效率的情况下实现社会发展中的公平，同时在尽可能小地损失公平的情况下提高经济资源特别是公共部门资源的使用效益和综合效率。

机制创新的职能，也突出了PPP管理模式的后发优势并打开了其发挥潜力的空间，它可以有效避免前人所走的单独用计划手段和公立机制提供公共产品或服务的低效弯路，同时克服市场经济下容易出现的公共投入激励机制不足和私人部门的冷漠与"袖手旁观"，为公共产品和服务的提供、公共基础设施建设和其支撑的社会"又好又快"发展，提供带有明显"后发优势"特征的创新机制，进而加快中国作为新兴市场经济国家的现代化"赶超"进程。

PPP本质上是要借助社会资本的资金与竞争（特别是创新），来改善公共产品的供给效率，其注重产出标准而不是实现过程，是一种激励相容的制度安排；然而，公私双方通常具有截然不同的利益诉求，政府部门关注公众需求满足，而社会资本强调利润获取。因此，保证社会资本适当盈利是避免其关系专用性投资不足、提高其竞争与创新积极性的关键，并最终实现政府部门、社会资本和公众的"多方共赢"，促使PPP项目成功。

PPP模式有利于缓解政府资金压力。PPP模式引入社会资本参与城市基础设施建设和运营，政府由传统的全部投资模式转换成参股、补贴或购买服务等方式，减少了投资规模，降低了融资成本。政府可以用较少的启动资金，撬起投资较大的项目，达到"四两拨千斤"的效果。

PPP模式有利于降低项目风险。PPP模式的三大特征之一就是"风险共担"，它在项目之初就考虑双方风险的最优应对、最佳分担，从而达到提高经营管理效率、降低建设运营成本的目的。研究表明，与传统的融资模式相比，PPP模式通过"让专业的人做专业的事"，平均为政府部门节约17%的费用，并且建设工程均能按时完成。

PPP 模式有利于提升自身项目管理水平。PPP 模式由政府部门和社会资本成立项目公司，作为项目建设、管理的主体，企业盈利性的根本特点决定其更倾向于采用（融资、建设、管理、运营等方面）先进的理念和经验来降低成本、提高经营管理效率。同时，无形中也提高了政府工作人员的技术和管理水平。

5.2 PPP 项目的盈利模式

5.2.1 概述

PPP 项目中，利用新技术包含两个意思：一个是生产方面的技术；另一个是管理方法的技术。之所以说利用新技术是 PPP 管理模式的一个职能，是因为通过 PPP 管理模式在为公共部门提供融资的同时，也为公共部门带来了民营企业、机构基于其活力而开发的新的生产技术和管理技术，从而可能会大大提高公共产品和服务提供的效率和水平，从而在不增加公众税负的基础上，凭借"使用者付费"机制，以私人部门之手，更大限度地满足了社会公众的需要。

它首先必须选择一个由公共部门和私营部门共同组建的特别项目公司，政府部门通过招标方式选择民营企业或个人参与到项目中来，并以特许经营合同的形式授予项目公司有一定年限的经营权（一般是 20～30 年），允许项目公司通过经营该项目而取得相关利益作为回报。民营企业或个人的特许经营期满后，无偿还给政府项目的全部设施。

5.2.2 PPP 项目盈利模式创新的必要性

在传统思维方式下，PPP 只是政府进行基础设施建设或开展公共事业的一种新型的融资方式，借此减轻其财政压力。社会资本通过收购股权或收购资产、投融资建设、经营管理或（和）按需求提供服务的方式投入 PPP 项目，而政府部门则以让渡收费权、支付可行性缺口补助或（和）政府付费的方式给予社会资本合理的回报。此时，公私双方关注的焦点即社会资本的投资回报率或目标收益率：过低的投资回报率或目标收益率不利于社会资本积极性的发挥，甚至将迫使其退出基础设施和公用事业领域；而较高的投资回报率或目标收益率将会给政府带来沉重的财政负担。PPP 项目的公私双方过度关注"投入—回报"之间的关系，甚至在确定投资回报率或目标收益率上表现出对抗关系，违背了 PPP 伙伴关系的初衷。

据审计署数据显示，截至 2013 年 6 月底，我国各级政府负有偿还责任的债务约 20.7 万亿元，如何监控和化解债务风险备受外界关注。2014 年，我国政府开始在全国范围内大力推行政府和社会资本合作（PPP），并密集发布 PPP 的相关文件，其中"国务院关于加强地方政府性债务管理的意见"（国发〔2014〕43 号，以下简称国务院 43 号文）的基本思想为"修明渠、堵暗道"，即堵住"地方政府的融资平台公司"这一暗道，修了政府债券与 PPP 两条明渠；然而，国务院 43 号文在鼓励运用 PPP 模式化解地方债的同时还明确指出，

"地方政府要加强对有债务的统计分析和风险防控,做好相关监管工作"。由此可见,对于那些需要政府付费或者给予适当补贴的 PPP 项目(即非经营性和准经营性公共项目)而言,无论是政府部门还是社会资本,仅仅盯着这一项目既有的收益和财政补贴是不够的,更需要通过 PPP 项目盈利模式创新"将蛋糕做大",政府可以因此避免 PPP 项目引起的新发生或有债务超出规定范围的情形,社会资本也因此可以在投资回报率或目标收益率上减轻与政府部门的对抗,从而更顺利地实现其盈利。

PPP 的成功实施需要以伙伴关系思维为基础,公私双方必须摒弃对抗思维,互相尊重且积极主动地参与到项目中去。因此,如何在提高公共产品或服务供给效率的同时保证社会资本适当盈利,必须是公私双方共同面对、协力解决的问题。

PPP 项目盈利模式的创新,是在确定投资回报率或目标收益率之前不得不考虑的问题。在现实生活中,交易行为背后隐藏着价值交换,存在一定的价值交换范式或机制,而盈利模式这一概念即为了解释这种价值交换范式或机制;收益和成本决定了组织的经济价值,利润或盈利水平则是企业经济价值的直接体现,因此,盈利模式通常是指按照利益相关者划分的收入结构、成本结构以及相应的目标利润。

5.2.3 PPP 项目的成本降低方式

成本是社会资本进行投资建设、特许运营所必须耗费资源的货币表现,因此,成本结构优化既可以是减轻社会资本的一次性建设投入、通过规模经济降低单位产品成本,也可以是其通过技术和管理创新减少日常运营成本。

1. 集成融资模式,分摊建设投资

对于建设期投资规模较大、运营期收费不足的公共项目,可将其进行适当的分割,只对其中部分工程(与运营成本及效率密切相关的)采取 PPP 模式或对不同部分采取不同的 PPP 模式细分,从而减轻社会资本对该项目的一次性建设投入,提高其可盈利性。例如:

北京市政府采取公私合作方式建设地铁 4 号线。该项目总投资 153 亿元。分为相对独立的两部分。A 部分主要是土建工程,由北京市政府出资 107 亿元建设;B 部分(投资额约为 46 亿元)交由香港地铁有限公司(香港特区政府控股的上市公司)、北京首都创业集团有限公司(当地国企)和北京基础设施投资有限公司(当地国企)共同组建的京港地铁公司(SPV)来负责融资建设(即 BOT 模式)。根据双方协议,北京市政府授予京港公司 30 年的项目特许经营权,京港公司通过票款收入、商业经营和财政补贴回收投资,获取收益。

自项目投入运行以来,整体运营情况良好。一方面,极大地缓解了政府当期财政压力,据估算,运营期间北京市政府将减少财政支出约 100 亿元。另一方面,通过引入香港地铁公司先进管理经验,地铁运营质量和服务水平逐步提升,投资效益逐步显现。实践证明,PPP 方式是拓宽融资渠道、提高经营管理效率、降低建设运营成本的有效方式。

2. 打包运作形成规模效应,降低单位产品成本

在 PPP 项目中,社会资本需要进行一定规模的建设投资,或者购买项目一定期限的产

权或经营权，那么，若公共产品或服务的需求量过小则 PPP 项目的产能过剩，导致社会资本的盈利性差或者需要政府对差额部分进行财政补贴。可见，确保 PPP 项目适当规模的需求，从而降低单位产品的成本是 PPP 项目盈利的一种思路。

以各省公布的首批 PPP 项目清单中普遍受到青睐的污水处理项目为例，规模越大对投资者越有吸引力，而规模小的项目基本不具备投资者对市场化经营的收益要求。因此，对于普遍存在规模小且分布零散特点的乡镇污水项目，国内的通常做法即打包运作、"一厂一价"，如深圳龙岗 10 座污水处理厂打包转让项目、海南 16 座污水处理厂打成两个"项目包"委托运营项目、江阴 4 污水处理厂打包招商项目等。

又如江西省工业园区污水打包 BOT 项目：2010 年 8 月，江西省政府颁布了鄱阳湖生态经济区的规划，把工业园区污水处理设施建设列为十大节能减排工程之首，要求在 2015 年建成 102 个工业园区的污水处理项目；2011 年 5 月，江西省政府与中国节能环保集团签署全面的战略合作框架（规划日处理量 237 万吨，总投资 146 亿元），由江西省城投（出资 20%）与中国节能环保集团（出资 80%）组建的中国节能江西公司（SPV），负责江西省 102 个工业园区的污水和固废处理、环保节能，工作范围包括投资建设、运营管理，特许期限 30 年，由政府来进行付费。

3. 进行管理或技术创新，降低运营成本

采用 PPP 不仅是为了解决公共部门的财政紧张，更重要的是借助社会资本的专业和创新，来提高公共产品的供给效率。因此，社会资本为了拓展其盈利空间，应在特许经营过程中充分发挥其主动创新积极性，通过管理或技术创新不断降低其运营成本。

例如：在湖南省长沙市东部近郊的长沙县，牛角冲社区与长沙绿动循环再生资源有限公司合作推出"绿色循环积分计划"，居民们在长沙绿动循环再生资源有限公司注册后，将领取到各自的专属二维码，居民们将家中可回收垃圾打包后贴上二维码投放到社区的专用回收桶后，公司会将垃圾运往循环分拣中心通过扫描二维码确定居民信息，根据垃圾的种类数量换算成积分录入用户账户，居民的二维码垃圾积分达到一定数量后可兑换生活用品或抵用小区的物业费。集中回收后再由 PPP 项目社会资本进行垃圾分类是一项耗时、耗力的事，而对于形成并投放生活垃圾的居民而言，垃圾分类却是举手之劳、轻而易举的事，长沙绿动循环再生资源有限公司通过二维码社区垃圾回收模式这一管理创新，充分调动了广大居民的积极性，大幅压缩了其进行垃圾分类的成本，进而极大拓展了其盈利空间。

5.2.4 PPP 项目常见的盈利方式

PPP 模式在全球范围广泛应用。在欧盟国家尤其是英国，PPP 适用的领域涉及一般公共服务、国防、公共秩序、交通运输、燃料和能源、环境、卫生、娱乐和文化、教育等。但在大多数国家，PPP 适用的范围主要集中在基础设施领域，包括收费公路、轻轨系统、地铁、铁路、桥梁、隧道、机场设施、电厂、电信设施、学校建筑、医院、监狱、污水处理和垃圾处理等方面。从区域角度而言，欧洲的 PPP 市场最为发达。分国别看，英国、澳大利亚、美国、西班牙、德国、法国等发达国家 PPP 项目的规模和管理水平处于领先地位。

因采用 PPP 模式建设的项目一般都具有较强的公益性，盈利能力比较差，项目除了正常的运营收入外，多数还是需要政府给予事前或事后的补贴，特别是项目运行不达预期，政府更需要给予支持，以保证参与的私营部门有合理的回报。

PPP 项目的盈利多与某种程度的财政补贴挂钩。主要表现为：

（1）除运营收入之外，政府承诺一定的补贴，特别是在项目收益不达预期时。

这是在 PPP 模式中最常见的盈利模式。譬如，马来西亚南北高速公路项目，收入主要来自车辆过路费，但是政府向项目公司提供最低公路收费的收入担保，即在任何情况下如果公路流量不足，公路的使用费收入低于合约中规定水平，政府将向项目公司支付差额部分，这样在一定程度上减少了项目公司的风险，保证了其盈利水平。

法西高铁项目公司收入主要来自法西两国国营铁路运营公司机车通行的过路费，项目的收费模式在特许权协议中已有规定，且在运营的前三年，必须以低廉的线路使用费来吸引客户，以便培育运量，增加后期营业收入，但由于延迟完工，造成项目流量未能达成预期，使项目公司收益降低。根据特许权协议，西班牙政府给予相应的补偿，包括特许期延长 3 年至为 53 年，并且在 2012 年之前分期拨付补偿金 1.08 亿欧元等。

（2）盈利来自于项目收入以及政府特许的其他相关延伸业务。

最典型的是香港地铁公司，其经营收入主要来自地铁乘客的车费，根据条例，地铁公司有权决定票价。此外，政府还赋予香港地铁公司沿线的地产开发权。香港地铁公司充分利用地铁沿线房地产升值的优势，把发展房地产与发展地铁结合起来，建设大型住宅、写字楼和商场等，获取了巨大收入利润。

（3）盈利完全来自于政府的补贴。

譬如南非的豪登快铁项目，其所有的运营收入均进入政府财政，政府按照 PPP 建设合约规定的价格每年支付项目公司 Bombela 保本运量所对应的收入（每年固定为 3.6 亿兰特）。这个固定费用目前高于政府所获得的运营收入，Bombela 每年获得上述固定费用后用于日常的运营和维护工作。Bombela 有义务按照合同规定做好日常的运营管理工作，但对客流量的多少基本不承担责任。此外，项目的电力成本由政府负担，大大降低了 Bombela 的运营风险。

一般说来，PPP 项目的盈利应根据其项目特点和功能进行分析，下述的分类可以进行参考：

（1）城市轨道交通、城市综合交通枢纽、铁路、港口/码头、水库、环境治理等项目捆绑土地、旅游、矿产等资源开发项目。

（2）医疗、教育、养老服务设施、场馆类、机场航站楼等项目捆绑餐饮、物业、绿化等配套服务。

（3）公厕与垃圾投放设施、路灯节能、城市公共停车场站、城市公汽交通、高速公路等项目捆绑广告等副产品，保障性安居工程捆绑商品房这一副产品，海水淡化捆绑工业制盐这一副产品等。

（4）投资规模相对较小、供特定人群使用或会对特定人群留下印象的项目，若该特定人群为某一商品的潜在客户，则生产该商品的企业可投资并冠名该项目。

（5）城市轨道交通等投资规模大、专业复杂的工程，可根据专业进行分割并分别选择适当的融资模式。

（6）规模小且分布零散的能源站（供热/冷）、（生活、工业）污水处理、（生活、餐厨）垃圾处理项目。

（7）城市供水、能源站（供热/冷）、污水处理、垃圾处理等PPP发展相对成熟的领域。

（8）既可以是同类公共产品中盈亏状况不同的项目捆绑，如捆绑交通流量不同的高速公路路段，也可以是具有特定联系的异类公共产品中盈亏状况不同的项目捆绑，如海水淡化与发电捆绑。

（9）污水处理、垃圾处理、隧道、桥梁等具有流量特征的项目，以及新能源汽车充电等市场不稳定的项目。

确定PPP项目收益水平后，就要考虑项目收入从哪里来的问题。项目收入是实现项目回报的基础。不同的项目有不同的项目收入渠道。经营性项目如自来水、电厂、燃气等依靠使用者付费基本上能产生回报。准经营性项目如地铁、公交，收入来源一部分是使用者付费，一部分是政府补贴。非经营性项目比如环境治理、水利工程等，这些项目找不到明确的付费者，这种情况可以理解为政府为公众购买服务，所以由政府来付费。

其他收入来源有两个类别：一是与项目运营密切相关的其他权益配置（多种经营权益），如：地铁项目中的广告等商业开发业务、水库项目中的旅游开发、污水、固废处理产出物的市场开发利用；二是项目范围外其他资源配置。涉及政府和社会资本在更广空间范围上的合作，情况较为复杂，不专门讨论。如：城市轨道交通项目配置上盖物业、土地资源开发；抽水蓄能电站建设配套风电场资源开发；环境治理项目配置商业地产开发等。

PPP项目通常涉及的是民生类项目，按照目前要求，对这类项目都是听证定价。与投资人谈的叫可行性价格，是根据总投资加上应有的投资回报后算出来的，在这个价格上，这个项目才可行，所以叫可行性价格，往往与政府定价不匹配。政府定价加上市场调节还不够，还要加上其他收入，这就是政府的补贴收入。要通过这些方面的因素做好可行性定价，在合同里做好政府补贴的相应约定。

5.3 国际PPP项目的融资

5.3.1 概述

PPP项目可能的融资渠道多样化。从海外经验看，PPP项目的融资方式包括银行贷款、出口信贷、资本市场（权益融资和债券）、国际银团贷款、租赁公司及项目其他参与方等。一般来看，银行贷款和资本市场为主要融资方式。PPP项目可能的融资方式见表5-1。

PPP 项目可能的融资渠道　　表 5-1

序号	融资渠道	融资特点
1	国内/国际商业银行贷款	最基本最重要的债务形式，决策过程复杂但附带限制条件多
2	出口信贷	一般以贷款或提供担保两种形式，利率低，不承担建设风险，需配套其他贷款，效率比较低
3	资本市场	操作快捷、条件灵活、风险承受能力强，不承担建设风险，需配套其他贷款，效率比较低
4	国际银团贷款（辛迪加贷款）	数额大、期限长、灵活、风险小，但条件苛刻
5	国际金融机构/代理机构	低利率，但手续繁琐，过程长
6	外国政府援助贷款	低息甚至无息
7	租赁公司	以租赁方式为项目设备筹集资金
8	项目所在国政府贷款	低息
9	项目其他参与方	发起人/承包商/供应商提供的贷款

5.3.2 国际 PPP 项目常见的融资方式

1. 股权 + 债权的模式

国际 PPP 项目的融资基本上采取股权 + 债权的模式。

从具体融资工具看，国际 PPP 项目可以通过股东提供股权融资，包括政府和私人部门出资，最新实践中 PPP 基金也逐步参与进来。PPP 项目具有高负债运营的特点，资本金比例一般在 10%～30%。PPP 基金的主要作用是通过撬动资源和运用专业技能寻找优质 PPP 项目，在培养市场过程中起到催化作用。从国际 PPP 基金的实际操作看，主要分为政府发起的 PPP 基金和市场发起的 PPP 基金两大类。政府发起的基金包括加拿大 P3 基金、印度基础设施建设金融有限公司（提供长期的商业贷款，最多可提供资本成本的 20% 贷款，还提供咨询服务和试点担保计划）、玛格丽特 2020 基金（为欧洲气候变化、能源安全等其他基础设施投资项目提供股本和准股本金）、JISSICA 基金（为欧洲市政 PPP 项目提供贷款、股本和担保）等。市场发起的基金包括气候变化 PPP 基金（向亚行的发展成员国内气候与环境相关领域的项目提供股本、贷款及基金）、菲律宾基础设施投资联盟（为菲律宾核心基础设施融资提供股本和准股本）。

PPP 项目融资多以债务融资为主，权益资本金为少数。具体到每个项目，融资结构会存在较大的差异，但总体看项目公司一般出很少部分的权益资本金，其余的多数是通过债务融资，包括银行贷款、发行企业债券、资产证券化及信托等各种方式。一般来说，PPP 模式中政府会对项目债务可能有一定的隐形支持，项目公司可以更加容易以较低成本拿到借款。但也分三种情况：

（1）项目公司自有资金一般都较少，大部分还是需要通过债务融资获得资金。

以数据较全的 6 个 PPP 案例为例，项目公司平均自有资金占比仅为 30%，其余 70% 需要通过债务融资。其中，在澳大利亚悉尼港海底隧道项目中，项目公司自有资金占比还不到 10%。

（2）融资方式目前主要是以银行的长期借款为主。

在 6 个案例中，银行长期借款占比总融资额的比重超过 80%，贷款期限一般都在 10 年以上。其他融资方式还包括发行企业债券，譬如澳大利亚悉尼港海底隧道项目发行 30 年期 4.86 亿澳元的企业债券，还有少部分通过信托融资。

（3）PPP 模式融资成本相对来说都比较低。

一般来说，PPP 模式中政府会对项目债务有一定的隐形支持，项目公司可以更加容易的以较低成本拿到借款。6 个案例中 10 年期以上的借款成本仅接近或略高于 10 年期国债，比一般的商业银行借款利率都要低。譬如，马来西亚南北高速公路的 15 年银行贷款利率为 8%，同当时的国债收益率相当，显著低于一般的银行商业贷款；澳大利亚悉尼港海底隧道项目发行的 30 年期的企业债券，票利率仅为 6%，甚至显著低于当时 12% 的 10 年期国债收益率。

2. 资本市场融资

美国在运用收益证券方面是最好的国家之一。项目收益债是美国公共基础设施债务融资的主要渠道，是仅次于国债和公司债券的第三大债券市场。通常有政府拨款、地方税收收入或者租赁付款作担保，可以免缴美国联邦收入所得税（和一些地方税），直接降低融资成本达 2 个百分点。

在 PPP 项目的债券融资中，由于债券存续期较长，可能会采用通货膨胀指数化债券来规避通胀风险。通胀指数债券是指债券的本金或利息根据某种物价变量定期进行调整的债券工具。如澳大利亚皇家妇女医院项目中，债务融资为 2.93 亿美元（穆迪评级为 Aa2），其中就包括 1.45 亿美元的 28 年期指数化年金债券（Indexed Annuity Bonds，IABs，通胀指数化债券的一种）。

3. 商业贷款

国际 PPP 项目也可以通过商业贷款（包括银团贷款）、资本市场、国家或区域性开发银行等方式获得债务融资。其中,资本市场的具体形式主要为地方政府债券、项目收益债券、公司债券以及资产证券化产品等。在最新的 PPP 项目实践中，为了隔离政府风险，政府一般不直接承担债券的偿还责任，但会通过提供政府补贴、帮助申请 PPP 基金等方式对 PPP 项目融资提供支持。

5.4 PPP 项目的融资渠道与融资模式

PPP 项目本身一定是公益类项目，包括有经营性项目（由使用者付费的项目），也有准经营性和公益性项目。公益类项目的性质决定了其项目回报率低于社会资本追逐的利润率的缺点。对于政府来说，PPP 可以为其解决融资、债务、运营管理等难题；从社会整体来说，可以提高社会资源有效配置；但对于社会资本来说，如此巨大的资金投入，如何才能在漫长的运营期内收回投资成本并且有合理的利润？如何降低社会资本投资的风险性呢？

5.4.1　PPP项目的投资与融资结构设计要考虑的因素

PPP模式是一种优化的项目融资与实施模式,以各参与方的"双赢"或"多赢"作为合作的基本理念。PPP模式的本质是政府部门通过给予私营部门一定期限特许的经营权和收益权来减少自身资金支出,并且加快基础设施建设项目的建设以及更加有效率的运营。PPP项目投资和融资结构设计要考虑的因素很多,综合分析,必须注意以下几个方面:

1. 项目投资目标、功能及投资范围

PPP项目分单项工程、单个工程或项目包组。比如地铁的机电、土建、轨道分属单项工程;一条地铁线路可理解为单个工程;加上地铁配套、沿线开发可理解为一个项目包。PPP项目不同,投资的目标和功能要求就不同,这就决定了投资范围的差别。不同的城市和地区,其PPP项目的投资目标、功能和范围即使相同,其投资利润率、投资回收期和盈利的水平也相差甚远。

2. 各单项工程的经济属性

经济属性就是单项工程资产建造利润的空间和单项工程资产的可经营性。有的单项工程不能独立发挥经营性,如地铁的土建、机电,必须与相同工程配合形成一个整体才能发挥作用或发挥功能。

3. 政府的利益诉求

政府的利益诉求即政府所要考虑的或所追求的方面,如:

(1) 财政支付责任和约束;

(2) 社会经济效益;

(3) 社会影响、维稳;

(4) 政治考量因素,比较复杂微妙。

4. 社会资本方的利益诉求

(1) 施工方:希望施工方有一定的利润,不出资、不担保,尽量不承担资金风险,即使出资,也希望尽快回收垫资。

(2) 运营商:希望获取运营收入和利润,尽量不承担资金风险,不垫资、不担保。

(3) 投资方:希望获取投资收益和资金安全,提高资金效率,放大杠杆、尽早退出。

(4) 融资方:希望资金回报和安全,收益和风险相匹配。

5. 项目回报及项目收益分配方式

项目收益分配指收益在政府与社会资本之间的分配以及社会资本之间的分配。PPP项目的投资目标、功能、单位、资产的经济属性决定了项目的回报方式,如政府付费、使用者付费或两者兼有。

5.4.2　PPP项目的融资程序

PPP项目的融资程序如下:

(1) 政府部门首先针对PPP所建设项目允许发起人成立有特殊目的公司,政府给予其支持政策。政府部门或地方政府通过政府采购的形式与中标单位组建的特殊目的公司签订特许合同（特殊目的公司一般是由中标的建筑公司、服务经营公司或对项目进行投资的第三方组成的股份有限公司），由特殊目的公司负责筹资、建设及经营。

（2）特殊目的公司负责项目的融资（包括权益和债务）、建设以及后续的开发运营。政府通常与提供贷款的金融机构达成一个直接协议，这个协议不是对项目进行担保的协议，而是一个向借贷机构承诺将按与特殊目的公司签订的合同支付有关费用的协定，这个协议使特殊目的公司能比较顺利地获得金融机构的贷款。

（3）项目建成后，政府部门特许企业进行开发和运营。政府部门通常与提供借款的金融机构达成一个承诺将按与签订的合同支付相关费用，这样可以使项目公司更加顺利地拿到借款。采用这种融资形式的实质是政府通过给予私营公司长期的特许经营权和收益权来加快基础设施建设及有效运营。

5.4.3　PPP 项目的融资渠道

PPP 可能的融资渠道多样化，包括银行贷款、出口信贷、资本市场、国际银团贷款、租赁公司及项目其他参与方等。银行贷款和资本市场为主要融资方式。此外，从广泛意义上讲，EPC 总承包商可以通过 BT 等形式、设备承包商可以通过经营租赁等形式对 PPP 项目提供融资便利。融资合同另一方是贷款方，贷款可以算是最主要、最基本的一种融资方式，除了贷款之外，还有债券、股权基金、资产证券化等常见融资方式。

1. 项目贷款

项目贷款是指用于借款人固定资产投资的本外币贷款，适用 PPP 项目建设阶段融资需求。有着贷款期限较长、贷款金额较大、融资成本较低和流程相对简便的特点和优势。PPP 项目的贷款方通常有商业银行、出口信贷机构、多边金融机构（如世界银行、亚洲开发银行等）以及非银行金融机构（如信托公司）等。根据项目规模和融资需求的不同，融资方可以是一两家金融机构，也可以是由多家银行或机构组成的银团。PPP 项目融资金额较大，融资期限较长，适合于采用银团的方式进行项目融资。根据中国银行业协会要求，单一客户或单一项目融资超过 10 亿元，原则上通过银团方式提供融资；若融资金额超过 30 亿元，则必须通过银团方式提供融资。

2. 债券

此处的债券，特指通过银行间发行的债券。根据现行债券规则，满足发行条件的 PPP 项目公司可以在银行间交易市场发行永（可）续票据、中期票据、短期融资债券等债券融资，可以在交易商协会注册后发行项目收益票据，也可以经国家发改委核准发行企业债和项目收益债。债券发行基本交易结构如图 5-1 所示。

本文以中期票据、项目收益票据为例进行介绍。

（1）中期票据

公司发行中期票据通过公开市场进行融资，募集资金用途可用于置换银行贷款、补充

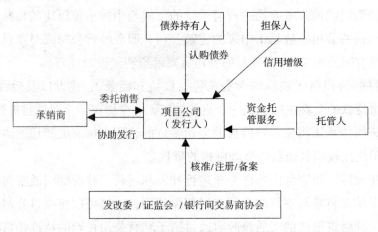

图 5-1 债券发行基本交易结构

经营资金缺口及项目建设。中期票据的注册额度计算方式与短期融资券一致。中期票据发债期限一年以上。针对PPP项目公司发行中期票据，其基本要求有：主体信用评级一般AA-以上，是存续超过3年的非金融企业；社会资本方申请发债须资质良好。

（2）项目收益票据

项目收益票据是指非金融企业（以下简称企业）在银行间债券市场发行的，募集资金用于项目建设且以项目产生的经营性现金流为主要偿债来源的债务融资工具。鼓励以项目公司作为发行主体，也能通过集团公司发行。项目收益票据的期限涵盖项目全生命周期，期限与项目现金流匹配，发行期限灵活。募集资金可以项目建设和用于偿还前期形成的项目贷款。

针对PPP项目的项目收益票据，要提醒注意的是如以项目公司注册发行，一般须设置项目现金流不足以覆盖债券本息的应对措施，包括第三方差额补足条款等；如以集团公司注册发行，募集资金需投入项目建设使用，需建立有效的资金使用监管机制。另外，在项目准备阶段应就项目运作方式、项目回报机制等进行设计，确保项目的现金流能覆盖项目收益票据的本息。

3. 基金

（1）政府成立引导基金

该种情形是指省级政府层面出资成立引导基金，再以此吸引金融机构资金，合作成立产业基金母基金，母基金再根据审核后的项目设立子基金，由地方财政做劣后级，母基金做优先级，地方政府做劣后，承担主要风险。

（2）社会资本发起投资基金

该种情形是指有建设运营能力的社会资本发起成立股权投资基金，社会资本一般都具有建设运营的资质和能力，在与政府达成框架协议后，通过联合银行等金融机构成立有限合伙基金，对接项目。社会资本与金融机构合资成立基金管理公司，金融机构作为优先级，社会资本作为劣后级，成立有限合伙形式的投资基金，以股权的形式投资项目公司。

4. 资产证券化

首先，须特别指出，按照《资产证券化业务基础资产负面清单指引》，以地方政府为直接或间接债务人的基础资产本不可作为资产证券化的基础资产，但该指引又作出特别规定即：地方政府按照事先公开的收益约定规则，在政府与社会资本合作模式（PPP）下应当支付或承担的财政补贴，可以作为企业资产证券化基础资产。满足条件的 PPP 项目公司的应收款、收益权等均可以通过企业资产证券化融资。具体由 PPP 项目公司作为发起人（原始权益人），将 PPP 项目下未来可预测的能够产生稳定现金流的基础资产进行组合，形成基础资产包，向构建的特殊目的机构（SPV）进场真实出售，以基础资产产生的现金流在证券市场向投资者发行资产支持证券，将认购资金用于项目公司建设运营。交易后，一方面，项目公司通过出售基础资产获得现金流、提前实现投资回报变现；另一方面，认购证券的投资人，将通过 PPP 项目基础资产产生的现金流逐期获得投资收益。

5. 债券/资本市场融资

这种债券，是指上市公司可以在证券交易所公开或非公开发行公司债。这种方式可以使得借款人直接从个人和机构处获得借款，而无需通过银行这一中间方，一般来说，这种方式的优点包括利率低、还款期长以及流动性强，而其缺点在于，牵扯到背书、承销、信托、债券评级等多个环节及资质要求等，导致审批多、耗时长、程序复杂、灵活性差、风险高。一般来看，在项目初期不会采用这种融资方式，但一般当项目经过建设期而项目风险已经在较大程度上降低后，对于项目再融资还是可以采用这一方式。

6. 股权出资

一般来说，作为 PPP 项目公司的股东，其特别的优势在于能够获得项目运营收益，通过参与或掌握公司的整体运营，而掌控其收益大小，多劳多得。除此之外，如果股东同时为项目公司的服务提供商或货物供应商，其还能以此获得更有利的商业机会。但相较于其他债权类的出资人，其劣势在于，股东对于公司财产收益分配的优先权最弱，其只有等债权人的债权获得满足时才能获得其股权投资的收益。总的来说，利用股权投资，风险最大的同时收益也最大。常见的股东是项目参与方、当地投资者、政府、特许权获得方、机构投资者、双边或者多边组织等。

对于债权人来说，降低其投资风险的方式一般有三种：

（1）获得银行或者第三方的担保。

（2）尽量选择预付一定比例或者按比例分阶段支付投资款项以为自己留有资本缓冲。

（3）选择突破有限责任公司的责任限制而向股东追索公司债务，而达到该目的一般只要得到股东的特别承诺即可，其本质无外乎是第三方担保。这种情况主要出现在项目的某个环节风险过高而难以获得投资时，股东作为项目公司的所有人更愿意再针对这一环节承担额外的担保责任。

7. 债权出资

与股权出资相比，借款人的优势重点体现在利益的优先分配早于股东获得受偿，而劣势在于收益有限。一般来看，债务偿还往往以固定或者浮动利率为基准、由债务人按周期支付。除此之外，对于选择借款人时，需要特别注意的是以下几个问题：

（1）多边组织和出口信贷机构：通过这个渠道获得的一揽子贷款可以避免一定的政治风险、获得东道国政府在贷款偿还方面所给予的优惠政策，但由于这种贷款的限制和要求比较严格，一般往往难以获得。

（2）商业银行：对于长期贷款来说，商业银行是常见的选择。相较于通过发放债券，商业银行贷款的优势在于其给予了借款人一定的协商余地，在项目周期长、未来风险难以预计的情况下，给予债务人更大的调整空间；设备提供商、融资租赁出租人等：为了获得商业机会、对销售其产品更为有利，有些项目的设备或服务提供商也会同意提供借款；融资租赁出租人与设备提供商在这一点上类似，即为了对出租其产品更有利而愿意提供更有竞争力的融资条件。

（3）银团联合贷款：银团里每个银行所提供的贷款都是独立的，其都有着独立的权利和义务，因而基本不会为其他银行做背书。代理银行作为中间方，则在此代表银团向借款人提出条件、核实借款人是否最终达成要求、领取银团的借款并计算利率等，这种方式因为结构复杂而往往适用额度更大的项目。

值得注意的是，如果社会资本是上市公司，债券、债权和股权是可以转换的，如公司可转债就是这样。发行的债券如无法偿付，经和债权人协商，可以转为债权人占上市公司的股份或股票。

5.4.4 PPP 项目的融资监管

针对在监督、问责环节管理相对较为薄弱的问题，财政部于 2016 年 12 月 22 日印发《财政部驻各地财政监察专员办事处实施地方政府债务监督暂行办法》（下称《暂行办法》），依托财政部驻各地财政监察专员办事处（以下简称专员办）实施地方政府债务监督，强化监督、问责，力求对违法违规行为"发现一起、查处一起、问责一起"，防范地方政府债务风险。

虽然新预算法、43 号文及随后颁布的一系列管理文件实施以来，对地方债务的管理成效显著，但同时，部分地区还存在落实地方政府债务管理责任不力、违法违规融资担保现象时有发生、一些政府和社会资本合作项目不规范等问题。

《暂行办法》明确专员办监督重点为地方政府债务管理及地方违法违规融资担保两方面，监督内容全面覆盖，主要包括债务限额管理监督、预算编制监督、预算调整监督、预算执行监督、风险化解和应急处置监督，以及地方政府和融资平台公司融资行为监督。

《暂行办法》要求，对地方违法违规行为，专员办应当"发现一起、查处一起"，在发现或收到违法违规线索后，于 5 个工作日内启动核查或检查工作。同时，要求强化问责，对查实的问题依法依规进行处理，或依法提出处理意见报财政部处理。

对地方政府融资行为的监督方面，重点监督内容包括：

（1）地方政府是否通过发行地方政府债券以外的方式违法举借政府债务。

（2）地方政府是否违法违规提供担保，特别是不得以机关事业单位及社会团体的国有资产为其他单位或企业融资进行抵押或质押，不得以教育设施、医疗卫生设施和其他社会公益设施进行抵押融资，不得规以政府债务对应的资产重复融资。

（3）地方政府及其所属部门参与政府与社会资本合作（PPP）项目，参与设立创业投资引导基金、产业投资引导基金等各类基金时，是否采用承诺回购、固定收益、损失兜底等方式，违法违规实行"明股暗债"、利益输送。

对融资平台公司融资行为的监督方面，重点监督内容包括：对地方政府对融资平台公司注资行为监督，不得将储备土地作为资产注入融资平台公司，不得将公益性资产作为资本注入融资平台公司，不得承诺将储备土地预期出让收入作为融资平台公司偿债资金来源；对融资平台公司融资决策监督，不允许政府及其所属部门以文件、会议纪要、领导批示等任何形式要求或决定企业为政府举债或变相为政府举债；对融资平台公司抵质押融资监督，只承担公益性项目建设或运营的融资平台公司，不得以财政性资金、政府国有资产抵（质）押或作为偿债来源进行各种形式的融资。

5.5 PPP 项目投融资方案设计案例

5.5.1 案例 1

1. 项目概况

该 PPP 项目的投资估算为近期总投资约 1.85 亿元（不包括管网），远期总投资约 4.42 亿元。建设业主为园区建设发展有限公司，是由园区政府设立的投资公司，负责具体实施本项目的特许经营事宜。

建设内容为某市污水集中处理厂、中水回用系统。建设目标为按照"适度超前、一次规划、分期建设"的原则，近期（2012年）建设规模为处理污水 2.5 万吨/日、远期（2020年）10 万吨/日的城市生活污水处理厂。污水来源为项目所在工业园区部分企业的工业废水、生活污水、建筑污水、初期雨水和地下水渗入等。

2. PPP 项目融资结构设计

结构一：由投资人与园区建设发展公司共同投资，成立特许经营公司。首先是园区管委会授予特许经营公司特许经营权，然后由特许经营公司和排污企业签署污水处理的协议，由园区环保部门来监管污水厂的运营情况。

这种模式是投资人提出来的。投资人为什么要把园区建设发展公司捆绑在一起呢？这是因为，投资人觉得，此 PPP 项目如果将来由特许经营公司向该开发区的企业直接收取污水处理费，投资者就会与排污的企业直接发生合同交易，这样给双方留下了一个空间，这个空间就是排污企业有可能省掉自己的污水预处理系统。按照环评的要求，一个企业的污水要能排出去，要有预处理系统，把污水处理到国家环保部要求的排入下水道的标准，然后污水处理厂再进行后续处理，也就意味着每一个企业都要建立一套污水预处理系统。如果排污企业不想建这个预处理系统，就想直接把污水排出去，这时怎么办？这个项目就留了这样一个空间，排污企业可以与污水处理厂协商，当特许经营公司觉得排污企业超标排放没关系，特许经营公司能够处理，只是肯定会向排污企业另外收费。这时特许经营公司就得到了一个超出政府给他的市场空间，而对排污企业来说可以省掉预处理的环节。

特许经营公司和排污企业都会对彼此的排污成本进行核算。对于特许经营公司来说，如果排污企业支付给特许经营公司的钱够污水处理的成本，特许经营公司肯定愿意处理排污企业没有进行预处理过的污水。而对排污企业来说，如果超标排放付给特许经营公司的钱要低于自己建污水预处理系统的钱，对于排污企业也很合算。所以这个PPP项目，特许经营公司和污水处理厂直接签污水处理协议，有这样一个盈利的空间在该PPP协议里面，这种情况特许经营公司是支持的。

但是这种情况带来的负面情况是，投资人担心到时排污企业不付费怎么办？所以特许经营公司想把园区建设发展公司捆绑上，因为企业是园区的企业，到时谈收费、谈合同有便利。所以投资人推荐这种模式。

从表面看这个模式可能没有问题，但是这里存在一个最大的问题。那就是园区建设发展公司是污水处理特许经营公司的股东之一，园区管委会是授予特许经营权的政府方，如果他们是独立的主体，这个结构没问题。但问题是，在我们国家的园区管理体系里面，园区管委会和园区建设发展公司往往是一套人马两块牌子，严格来说他是一个主体。这样就存在问题，当特许经营公司处理污水不达标而直接排放时，园区管委会最怕这样的事情：一旦污水处理不达标，会对管委会追究责任，如果管委会与特许经营公司只有监管关系，管委会不是污水处理排放不达标的第一责任主体，第一责任主体是社会投资方的特许经营公司。但是，如果管委会在里面有股权，管委会可能就脱不了干系，就要负直接责任。这是管委会最怕的一个问题。另外当排污企业与特许经营公司发生合同纠纷时，本来作为地方行政管理部门的管委会是可以协调他们之间关系的，但由于管委会在特许经营公司里面占有股权，说话就不那么硬气了。把这两个问题指出来之后，政府方也发现这个结构不太好。所以咨询公司给该PPP项目换了一种结构，就是把园区建设发展公司剔出去，只有园区管委会。

结构二：投资人担心收不回来钱的问题。管委会于是出台了一个《污水处理暂行管理办法》，这个办法作为园区对外招商引资的条件，让所有来园区投资的企业先知晓，要求拟进入该园区的所有排污企业都要遵守这个办法，从而减轻企业不付污水处理费等一些问题。

该PPP项目的经验与启示是：需要慎重决策政府资金参与和支持PPP项目的方式。

一是政府资金以单独承担项目建设内容的方式可使项目其他部分具备PPP运作条件，不存在角色错位。

二是政府少量入股PPP公司，通过公司治理结构安排有利于发挥政府监管作用。但在政府监管不断规范完善、提倡政企分开的大形势下，政府为监管目的而入股PPP公司的合理性值得进一步推敲。

三是实践中个别 PPP 项目中政府资金完全以市场资金行为入股并占据较大份额，无项目利益分配（分红）方面的让渡或劣后安排，政府资金对项目支持目标偏移，形成"自己补自己"或与社会资本争利的嫌疑。这在 PPP 项目运作中需特别予以重视。

3.PPP 投资回报模式设计

PPP 投资回报模式设计是 PPP 项目中的重中之重，一个成功的 PPP 项目有两个关键因素：一是要有合理的项目投融资结构；二是要精心设计 PPP 项目的投资回报模式。与 PPP 项目回报模式相关的内容，一方面应包括 PPP 合作模式、投资责任、成本责任；另一方面还包括回报水平、项目收入和风险机制。风险机制已经讲过，重点讲项目收入，项目收入与产品和服务的量和服务价格相关。

1）确定 PPP 项目回报水平的必要性

首先要确定 PPP 项目合理回报水平。这是建立 PPP 项目投资吸引力的关键，也是 PPP 项目成功的基础。如果 PPP 项目的收益率太低，对社会资本是没有吸引力的。PPP 项目一定要有一个合理的回报水平，这是吸引投资人的关键。

其次，要科学预计或设计 PPP 项目的合理回报水平，必须在项目前期进行充分的调研和论证。国际上，如果是 VSM（项目的物有所值评价），到底是 PPP 模式还是传统模式哪个更好，一个重要的指标就是 PPP 项目是要有回报的，没有回报就没有办法做相应的论证。所以 PPP 项目回报率是高还是低，会影响到这个项目物有所值评价的论证。如果这个 PPP 项目回报水平是中等的（比如 8%），则用 PPP 模式是合适的。但是，如果该项目的投资收益率比较高（比如 12%），则采用 PPP 模式就不合适了。所以设定一个合理的投资收益率也是做好 PPP 前期论证的一个依据。

第三，PPP 项目的预期投资收益率是政府和社会资本进行项目价格谈判、确定政府补贴水平、相关利益分成机制设计的基础。比如，政府方总是按照 6% 去设计条件，投资方老是按照 12% 去设计条件，那么双方的合同谈判是很难的。

第四，要为 PPP 项目风险处理方案（如价格调整）提供依据和目标。要达成一个合理的回报水平，不同的项目有不同的指标。

2）"投资 + 运营"型 PPP 项目的回报水平

一是通常采用财务内部收益率（IRR）指标衡量项目回报水平，适用于基础设施 BOT、TOT、BOO 等项目。二是站在政府管理角度，PPP 项目回报水平宜采用全投资 IRR（税后）指标，即这个项目建设的总投资是固定的，按照总投资来确定项目的收益率，该指标体现了股权资金和债权资金的综合收益率。三是通常我们会把债权融资的责任交给投资方，所以债权融资利率的高与低，会影响到投资方的收益。此时，需要投资方自己根据各种条件综合判断，比如投资方信用不好，银行给该投资方的贷款利率就要上浮 30%，那么上浮的部分需要投资方自己去承担。如果有一家投资方有很好的融资渠道，可能会低于银行的基准利率。这时，投资方的财务成本是不一样的。

那么，PPP 项目的投资收益率这个指标设在多少合适呢？笔者认为，这个指标并不是固定的。投资方还有两种概念，两种做法。一种是考虑这个地区的一些其他风险，包括政府方信用风险和将来社会经济发展水平等风险，不同的地区可能有不同的要求。但是通过控制好风险，这个趋势可能降下来，让投资方觉得投到这个地方风险很低，相应的在进行内部决策的时候，能降低回报率的要求。同时，对于不同的投资人和不同的项目设计，最后的回报率不是一个定数。还有一个变动因素，是整个社会资金成本的变动趋势，最近国家连续几次降低基准利率，并且最近在企业发债过程中国家给了大量支持，要求承购方降低利率，大家都看出来我国在高融资利率下带来的不良影响，给实体经济带来冲击，所以现在整个国家的宏观调控是要降低利息，在整个社会资金成本都降低的情况下，未来 5%、6%，甚至 4% 作为收益率是完成有可能的。

所以收益率不是一定的，但是最后和投资方谈的时候，一定要综合各种各样因素，最后要定下来收益率，作为将来各种谈判和调价的基础。

3）委托运营类 PPP 项目回报水平

一是适用于社会资本不参与投资，只提供运营服务的 PPP 项目，如委托运营项目。二是通常采用成本利润率方式确定回报水平。项目回报 = 合理成本 + 税收 + 合理利润，有两个关键点：一个是合理利润怎么来定。通常以成本为基数，乘以 5%。5% 同样不是一个准则，可能要考虑到行业的平均情况，还有企业的战略考虑，是否有竞争，如果有竞争，通过竞争可能发现较低的回报要求。通过以上确定成本利润率。

二是确定合理的成本利润率以后，一定要把它算成一个价格，就是不要在合同里去给它承诺保证这个项目的成本利润率是 5%，这样又和 PPP 项目的初衷不一致了。PPP 项目的初衷是要让社会投资方去发挥效率，尽量控制好成本，从而实现政府方、公众方和投资方三方的利益最大化。但如果在合同里写了收益率 5%，我们知道收益率的基数是成本，成本越大收益越大，那么我们去运营这个公司就没有降低成本的动力了，所以合同里承诺的一定是价格。在这种情况下，通过好的管理可以获得更好的收益。

5.5.2 案例 2

1.PPP 项目概况与背景

北京地铁 16 号线项目是以 PPP 模式建设的。北京地铁 16 号线票价当时实行的是 2 元/人次（现在为分段计价）的单一票制。此外，还有一些非票务收益，包括特许授权范围内的地铁广告、零售、通信等商业开发，但不含地下空间开发利用。

根据北京既有线路商业开发情况，前 10 年按每年非票务收益 1 亿元计算，这里有一个小的风险，如果每年达不到 1 亿元怎么办？当时投资方分析，因为北京地铁 4 号线运营后，北京市政府做了项目后评价。做后评价的好处是能够掌握投资方的信息，发现 2010 年地铁 4 号线做的实施效果评价，光 4 号线一条线的广告收益是 1 亿元。当时 4 号线一条线的收益相当于其他五条线的收益，其他五条线是由北京市地铁运营公司运营。4 号线是京港公司运营的，一年的广告收入是 1 亿元。所以 16 号线咨询公司还按照 1 亿元来计算。

但是，投资方认为，4 号线一年 1 亿元的广告收益有它的特殊性，它所经过的站点比较好，所以它的广告收益比较高，16 号线可能没这么好的条件。经过这次谈判，政府方认为，16 号线的线路比 4 号线长，最后双方妥协，投资方认可了 1 亿元。这里确实是有风险的，将来收益达不到 1 亿元，这个风险全部由投资方承担，如果超过 1 亿元，政府要分成，但这也因为设定为 1 亿元还是相对有基础的。

还有票款收益计量的问题，北京市地铁有一套清算系统，非票务收益需要通过审计来审核，因为涉及分配。剩下的部分就是补贴收入，按约定票价和实际收入的差额进行补贴，所以这块是收入计量和价格。

2. 回报模式

北京地铁 16 号线的收入为：

预测补贴收入 = 约定票价 × 预测客流 – 预测非票款收入，这些是在协议谈判过程中政府和投资方共同认可的。在实际操作过程中，有实际的非票收入，实际的可能会超过预测的，超出部分有一个非票务收益的分成，客流收入也会与实际客流收入有区别，那么超过的部分也有客流分成，这两个分成都是指政府方的分成，政府方分成要冲抵票价补贴，那么直接的票价补贴要比预测的票价补贴低一些。

关于"约定票价"，从形成到变化有一个过程。在论证阶段，内部收益率不高于 8%，考虑约定非票务收益，按预测客流计算出约定票价。这个票价是在做财政承受能力评价和 PPP 项目物有所值评价时候用的，比如约定票价是 6 块钱，实际票价是 2 块钱，那么这 4 块钱是财政需要补贴的，财政根据预测客流量要计算这个项目每年要补多少钱，这是在论证阶段用的。在谈判阶段，6 块钱可能会降低，基于投资方竞争性报价，他要考虑竞争，比如 8% 的收益，为了拿到这个项目，他可能 7.8% 就可以做，甚至通过成本的控制，按照设置平均的成本因素，比如每个人的工资，社会平均是 8000 块钱，这个特许经营公司可能说我的工资控制得比较好，7500 块钱就可以。投资方在充分考虑这些空间以后，会拿出一个有竞争力的报价出来，这个价格有可能低于我们最初估算的票价。我们要把这个报价写到投资合同里面。这个价格也不是一成不变的，在 3 年期间里，物价发生变化后，可以通过既定的价格变动公式调整价格，从而抵扣物价变化带来的影响，使收益率维持在当初投标时预定的水平。

关于预测客流和协议客流，最早在可研阶段有一个客流的预测，在做方案论证时用的是可研数。在谈判阶段，为了更好地应对风险，双方会共同委托一个客流顾问，对客流重新预测，这就是协议客流。在运营阶段，如果实际客流和协议客流发生变动，超过部分怎么分成，不足部分怎么保底，这些共同形成了整个项目的回报模式。

第 6 章　PPP 项目的风险及防范

风险因素是一种不确定性因素，是损失的可能性或概率性事由。由于 PPP 模式投资规模大持续时间长，涉及政府和社会资本不同的特点，密切相关社会公共利益，因此 PPP 模式也存在比较复杂的风险因素，能否有效控制 PPP 模式的风险是一个重点难点问题。

6.1　概述

6.1.1　风险的定义及性质

风险是一个非常常用、宽泛的词汇，对于风险的定义，无论是业界还是理论界、国内还是国外，目前还没有达成一致的认识，并没有一个统一的界定，可以说这是一个"没有共识的共识"。

国内外与风险相关的教科书，如金融学、投资学、银行管理、保险、审计等，大多在承认风险缺乏统一定义之后提出各自的风险定义版本。管理经济学中的风险，是根据概率和概率分布的概念来进行的，指一种特定的决策所带来的结果与期望的结果之间变动性的大小。系统工程学中的风险，是指用于度量在技术性能、成本进度方面达到某种目的的不确定性。而在指挥决策学中，风险被理解为在不确定性的决策过程中，所面临的无法保证决策方案实施后一定能达到所期望效果的危险。还有医疗风险、安全风险、质量风险、战争风险、被偷风险、地震风险等。长期以来人们通常将可能出现的，影响目标实现的"威胁"等不利事件统称为"风险"，是一种未来的可能发生的不确定性事件对目标产生的影响。即"可能发生的事件对预期目标的影响"，影响程度越大，风险也就越大；反之风险就越小。

综合分析这些定义版本，目前国内外对风险的解释或界定主要有以下一些观点：

（1）风险是结果的不确定性。

（2）风险是损失发生的可能性，或可能发生的损失。

（3）风险是结果对期望的偏离。

（4）风险是导致损失的变化。

（5）风险是受伤害或损失的危险。

上述对风险的解释可以说都从不同的角度揭示了风险的某些内在特性。这些解释主要涉及不确定性、损失、可能性、波动性（即对期望的偏离）和危险等概念。

风险是客观存在的，而且在时机、条件成熟时才会发生"风险事件"，对目标带来影响。且这种影响程度也具有不确定性。

2009年11月15日，国际标准化组织（ISO）召开会议，有130多个国家代表参加，对经过4年多讨论，四易其稿的"风险"概念进行投票表决，正式发布了ISO31000：2009标准《风险管理—原则与指南》等三个标准，国际标准化组织对"风险"定义明确指出"风险"是"不确定性对目标的影响"，是对风险主体目标的影响。该定义是人类对"风险"这一古老概念的最新认识和理解的总结与概括。对这一最新、最权威的"风险"定义，可从以下五方面加深理解：

（1）影响是指偏离预期目标的差异，影响可以是正面的也可能是负面的，前者称为"机会"，后者称为"威胁"，从而颠覆了风险全是负面性影响的传统观念。

（2）目标包括多方面和多层面。多方面如财务、健康、安全、环境等；多层面如战略、组织、项目、产品和过程等。

（3）风险具有潜在特征，在风险没有充分暴露出来时，对它难以肯定与否定，包括事件、发生可能性及后果，或三者结合。

（4）风险通常用事件后果和事件发生可能性结合来表示。即风险等于事件影响后果与事件发生可能性的乘积。

（5）不确定性是指与事件的后果及发生可能性有关的信息及完整状态缺乏了解。对事件是否发生及事件后果如何？不能肯定或否定。只能用概率来反映认识的程度。

本书并不提出新的风险定义版本，而是通过对这些概念与风险概念的关系的分析来进一步了解风险的本质和内在特性。

风险与不确定性（Uncertainty）的关系是理论界关于风险概念界定的争论焦点之一。一种观点认为，风险就是一种不确定性，与不确定性没有本质的区别。持有这种观点的人将不确定性直观地理解为事件发生的最终结果的多种可能状态，即确定性的反意，尽管这些可能状态的数量及其可能程度可以（也许不可以）根据经验知识或历史数据事前进行估计，但事件的最终结果呈现出何种状态是不能事前准确预知的。这种将风险等同于不确定性的定义与将风险等同于变化的定义是一致的。另外一种观点认为，尽管风险与不确定性有着密切的联系，但两者有着本质的区别，不能将两者简单地混为一谈。风险是指决策者面临的这样一种状态，即能够事先知道事件最终可能呈现的可能状态，并且可以根据经验知识或历史数据比较准确地预知每种可能状态出现的可能性的大小，即知道整个事件发生的概率分布。

6.1.2 PPP项目的风险

什么是PPP项目的风险？风险是指在某一特定环境下，在某一特定时间段内，某种损失发生的可能性，是实施者所期望达到的目标与实际出现的结果之间的距离或偏离。在PPP项目中，各方都有一个或多个期待的目标或利益：对政府方而言，需要通过PPP项目的实施而获得高效、稳定、长期的公共产品和公共服务，以提供给社会公众，履行服务社会的政府职能；对于社会资本而言（此处指广义的除政府以外的其他任何通过PPP项目实现自己商业利益的参与方，包括投资人、施工方、材料供应方、资金提供方、中介等）则在通过参与传统的政府公共服务和公共产品领域，获得长期持续的商业机会，进而获得投资回报。无论是政府，还是社会资本，均存在着一个随着PPP项目推进而目标不能实现的可能，比如因项目征地受阻审批不及时，导致项目迟迟无法按照预期推荐，甚至形成连锁纠纷；项目管理不善、成本控制不力，社会资本方投资回收无望；项目一方或双方违约和不可抗力等造成任何一方不能实现预期目标，都属于PPP项目中的风险。

对任何一个PPP融资的项目来讲，风险存在于项目设计、建设、运营管理的全过程，由于是公共项目，政府是风险的最后承担者。因为政府担任最后放款人角色，因此政府会对每个PPP融资项目进行社会效益、经济效益及生态效益分析。

6.2 PPP项目的风险分类

PPP风险可以分为以下几类：即来自政府方面、市场方面、项目方面和不可抗力方面四个方面。其中前三类的风险是最重要和最主要的风险，也是PPP项目必须要反复考虑的风险因素。

6.2.1 政府方面的风险

第一，政府强行干预PPP项目的风险。来自政府层面的风险是社会资本或投资方比较在意和担心的。政府层面的风险很多。当前，我国各级政府发展经济依然以招商引资和GDP数字为重。在当前经济下行的背景下，出口和消费都比较疲软的情况下，各级政府对投资的焦虑和渴求更加明显。

很多地方政府，发展经济不是靠诚信和政策兑现，而是靠政府或部门负责人挂帅。在招商引资之前，一切都好说，一旦PPP项目落地进入实施阶段，就对投资实行关门打狗之势。PPP项目落地之后，各种乱检查、乱收费、乱刁难随之而来，把PPP项目和投资者当成唐僧肉。另外就是各种索拿卡要和强势部门的干预，如局长、处长、科长等安排亲戚、朋友、同学进入PPP项目任职，或要求提供设备、原材料等。投资人来了，他希望有自己决策的空间，特别是在项目的关键技术、设备选型等环节。PPP项目中，很多是基建项目，一些强势部门如建设、环保、发改、公安等，如果插手工程的某些环节，而投资者又不敢得罪或拒绝，这样的项目一般会失败或降低盈利。

第二，政府违约失信的风险。这也是投资方很担心的问题。政府不守信用，说明这个地方的投资软环境存在不少问题。当前，我国各级政府都是党政一把手负责制。所谓一朝天子一朝臣，这样，党政一把手在某地的任职往往三五年一届，甚至不到几个月又调走了，下任党政一把手往往不认可前任的承诺。政府信用是社会问题，不是项目管理的问题。当然，政府信用问题也有可能是双方的问题，一个良好信誉的政府离不开法治社会和社会的开放，建设法治政府和诚信政府是社会的目标，是依法治国的重要考量。就短期来讲，PPP项目要防范政府失去信用的风险，还没有比较好的方法。

第三，公众反对的风险。公众反对，甚至围攻政府和游行示威，近年来所谓的群体事件和公共事件越来越多。最典型的公众反对PPP项目的，是一些有一定污染的项目。如各地公众反对建立的垃圾焚烧厂、污水处理厂等。公众反对某些PPP项目，有一些有一定道理，担心有污染，但有些纯粹是与公众的认知和知识有关，对政府失去信任，对项目充满了恐惧。公众是否反对某些PPP项目，与政府对该PPP项目立项的宣传和前期细致工作有关。如果项目立项过程，特别是环评过程得到公众充分理解以后，那么项目开工以后这方面的风险会降低。反过来说，如果前期环评征求公众意见的过程没有去做，在项目开工进场时遭到反对，会拖延工期，拖延工期就会导致成本增加，这是项目需要防范的地方。

第四，税收调整的风险。税收调整包含两个方面的意思：一是国家的税收政策变化，如所得税、增值税、营业税等方面的变化；二是地方政府的费用减免等优惠政策的变化。这部分相对比较简单，它的控制措施也相对简单，因为税收政策比较明朗，税收的变化给项目带来的影响也比较明确，只要双方调整协议就可以了。

第五，决策、审批延误的风险。PPP项目，从发改立项到国土、规划、环评、可研、收费、消防、卫生等环节，需要报批的手续非常之多，其中决策、审批存在延误。这是PPP风险的重要来源。一旦决策、审批耽搁，国内外经济环境可能发生了较大的变化，PPP项目的风险就会增大很多，比如土地获取、征收方面的风险。一要看土地、用地的手续是不是合规；第二要看征地拆迁工作是否做得干净利落，有没有留下隐患和纠纷，如果有后患影响，即使顺利开工也会给项目带来风险。

典型的因为决策与审批延误的PPP例子是"××市第十水厂的建设"。××市准备要建第十水厂，并且用的是BOT方式，运用的是国际招标的形式。当时，各方对××市原水水质的标准争议比较大，谈判过程拖了一年多，项目操作了两三年才真正和投资人签约。投资人签约以后，国家发改委审批立项，按照程序，投资人就开始报可行性研究，××市发改委批准可行性研究。在可行性研究审批过程中，有专家提出，××市不缺水厂，对项目的必要性提出了质疑。当时的大背景是，这个项目最早提出来的时候，××市确实是缺水的，但经过几年后，××市一些大型的工业企业往外搬迁，用水量是呈下降趋势，所以有专家对这个项目打问号，可行性研究审批没有通过。这样又拖了好几年，这个时候对于投资方来说就是灾难性的事情，办公场所、人员工资等前期已经投入了几千万，最后国际投资方提出退出，这就是典型的决策、审批延误拖黄项目的案例。

第六，环保不达标的风险。对一个PPP项目来说，目前在项目筹建阶段，环保的一些要求是明晰的，但是随着我们对环保越来越重视，很可能在未来项目建设过程中环保的要求会提高，反过来会造成某个项目又不符合环保要求。这种风险，轻则造成PPP项目的设计变更，从而造成初投资和运行费用增加，重则会导致整个PPP项目的下马，更极端的例子是公众反对甚至围堵政府，征地拆迁都已部分完成，造成整个PPP项目停工乃至永久终止。为了防止因为政府方面征地、环保等方面原因造成PPP项目终止，最好在合同里约定PPP项目终止的补偿。也就是说，当发生这样的事情时，要相应协商一些政府补贴机制等，因为这个风险不应该由投资方承担。

第七，法律法规和政策变更的风险。这方面的风险，主要是国家的法律法规发生了变化。如用地政策发生了变化；如军民合作开发的项目，军队的用地不能用做商业用途；如高速公路等收费年限和收费标准的变化等。某些PPP项目，按现行的法律法规规定可以进行，或许以后不允许这样做。或者PPP项目符合以前的法律法规，现在对以前的法律法规进行修改和完善，不符合当前的要求。这些情况导致PPP项目流产还是比较常见的。也就是说，因为法律法规变化导致的风险，在PPP合同中不得不体现，如何规避风险，进行责任分摊，是PPP合同中必须考虑的问题。典型的规避法律变更引起的风险，可以这么约定，即如果法律法规变化导致PPP的项目的影响很小，就由投资方承担；如果超过了某个极限，就由政府来承担风险。

以上来自政府层面的风险，按照谁有能力控制就由谁来承担的原则，则这些风险一般来说应由政府承担。表6-1列出了政府方面的风险对PPP项目的影响。

PPP项目来自政府方面的风险影响　　　　　　　　　　表6-1

序号	风险因素	风险后果	影响对象
1	政府干预	项目效率降低	私营投资者
2	政府信用	支付延误甚至终止	私营投资者
3	公众反对	工期延误，严重时导致项目终止	私营投资者
4	税收调整	改变项目税收条件	私营投资者/地方政府
5	决策、审批延误	项目周期过长，增加项目前期成本	私营投资者
6	环保风险	设计变更、投资或运营费增加	私营投资者
7	法律变更	可能引起项目投资或成本增加	私营投资者/地方政府

6.2.2　市场方面的风险

市场层面的风险，是指市场因素的变化所导致的风险。如财政、金融、经济、市场需求和供给等方面的因素所发生的变化，导致PPP项目的成本急剧上升或盈利下降所导致的风险。市场层面的风险包括利率风险、汇率风险、通货膨胀、融资成本、项目供给和需求等方面的风险。

针对利率风险、汇率风险、通货膨胀的风险，基本都会设计一个由社会投资方和政府方共同承担的风险转移原则，如果没有这套原则就会直接影响到社会投资方的收益。

融资也是有风险的。PPP项目，融资是非常常见的，而融资是有成本的。PPP项目，仅仅靠自有资金是建立不起来的，还需要得到银行方一些资金的支持。这里首先是融资成本的问题，同时还有融资能否实现的问题，目前控制融资风险最好的办法是在PPP合同谈判期间，在实施过程中就将金融机构拉进来，让金融机构提早了解这个项目，同时也提早了解金融机构的要求，通过这样一种操作，使得项目融资风险降低，使得签约以后就能够拿到贷款。

项目唯一性和可替代性，也是PPP项目所碰到的市场风险之一。典型的如××市的××山隧道，属于引进我国香港地区资本的PPP项目，车辆通过按次收费。后来××市经济飞速发展，车辆暴增，因为该隧道收费，社会资本投资收益可观，但也引起该市东部经常性的大塞车。××市考虑未到收费截止期，就和社会资本协商回购该隧道，但港资方不同意，于是××市干脆在该隧道旁边另外建一条不收费的更畅通的隧道，导致该隧道车流剧减，最终香港投资方主动同意政府回购，不过，在该PPP项目中，香港资本早已赚得钵满盆满了。

市场需求变化也是PPP项目必须考虑的市场风险之一。项目唯一性和市场需求变化都是社会投资方比较关心的环节，它会影响到项目的收入。政府方对这类项目的管理，如果可以是唯一性的，则政府的态度非常重要。比如一个区域的污水处理厂，在一定水量范围内，确实是只能建一个，除非水量增加，以保证项目需求。因此，要对市场需求的变化做好合理的预见和协商，比较好的方式是政府和社会资本各自妥协协商。表6-2列出了市场方面的风险对PPP项目的影响。

PPP项目来自市场方面的风险影响　　　　　　　　　　　　　表6-2

序号	风险因素	风险后果	影响对象
1	利率风险	融资成本增加	私营投资者
2	外汇风险	货币兑换成本增加或禁止兑换	私营投资者
3	通货膨胀	成本增加	私营投资者
4	融资风险	融资成本增加，甚至融资失败	私营投资者
5	项目唯一性	市场竞争激烈，导致项目收入减少	私营投资者
6	市场需求变化	项目收入减少或增加	私营投资者
7	第三方延误/违约	工期延误，也可能引起成本增加	私营投资者

6.2.3　项目本身的风险

项目本身的风险，包括不能按时完工的风险、原材料或设备供应不足引起的风险、技术进步或替代引起的风险、成本超支的风险、工程变更的风险、收费变更的风险、第三方延误/违约的风险、招标竞争不充分引起的风险等。

因为一个项目不可能只独立在政府和社会投资方之间，社会投资方还会与外部发生一些合同关系，通常会通过合同管理的方式来做好第三方风险的管控。比如费用支付风险。

任何PPP项目都会遇到这样的风险，可以通过与政府方和外部第三方签订的合同做好分配，将项目的风险降到最低。

绝大多数PPP项目，都有项目移交的时间节点或收费截止时间。如某些BOT项目，一般的经营期为30年，则30年运营期结束后要移交给政府方的项目，这样的项目如果后期维护不周，将来交过来的是不能用的项目，对政府方是很大的一个风险，所以在合同里要对项目移交的标准做好要求，来控制好项目移交的风险。

对某些PPP项目来说，社会投资方或股东变化也会引起风险。地方政府在招商时，会要求投资人具备一定的财务能力、技术力量、管理经验、项目经验等，投资方要有足够的能力来实施好这个项目。但现在有一种社会现象叫挂靠，特别是地方政府有些个人，或者是有些小企业，一看这些要求达不到，就去找一个央企或外省的企业，打着他们的名头来做这个项目，拿到协议以后再作变更，把壳退掉。这种情况就违背了当初地方政府招商引资的初衷，甚至造成了很多PPP项目成了烂尾工程。因此，对于政府来说，要防止项目转包、分包，要防止资不抵债的企业来参与PPP项目的投资。当前，很多地方政府所提出来的PPP项目要求是央企才有资格参与，其原因就是如此。

招标竞争不充分所引起的风险，在PPP项目中也不罕见。很多PPP项目要求资金大，周期长，往往和地方政府的招商引资政绩息息相关。有时，即使是进行招标，因为地方偏、投资人少、地方政府的相关人员腐败等，必然导致招标竞争不充分，基本上招标是走过场或单一来源。要想控制招标竞争不充分的风险，一是不要太急，项目要早一点提出来，别等到快要开工了再来做，对外宣传的时间短，了解你的投资方就少。二是尽管有可能政府的财力不够，但我们与其被动接受投资方资源补偿等一些要求，不如政府方先跟咨询机构把这些条件做好，做出一个大多数投资方都能接受的条件，再去招标，通俗讲就是将项目包装好，这样会适当控制招标竞争不充分的风险。

项目测算不当也会引起风险。这个风险对双方都存在，对投资人也是一样。即对市场估计不足，特别是经济过热和信贷、货币政策宽松的时候，国家或地方政府鼓励基建投资，然后因为经济过热后国家又推行宏观调控。对项目的测算，体现了投资者的稳健经营能力和投资风格。如果经营者能力不足会给PPP项目带来潜在的风险。一个几亿、几十亿的PPP项目，对经营者的能力要求是很高的。对地方政府来说，对这种风险的防范是在谈判阶段考察好将派到项目的主要人员的经验和水平，从而防范好经营者能力不足的风险。

投资者财务监管不力所引起的风险也属于项目本身所引起的风险。社会投资方多种多样，当然绝大多数是想踏踏实实长期经营项目的，但不能排除一些投资方有某种短期行为或捞一把就走的目的。比如，某个PPP项目，当地政府非常渴望招商引资，对项目的启动资金，只需要20%的资本金，其余80%通过银行贷款。对某个想赚快钱的投资人来说，他的想法是只要收回自己的20%本金就可以了，至于后面情况怎么样，能否收回剩下的80%的银行贷款，投资人他不考虑。当我们遇到有这种想法的投资人的时候，财务监管就非常重要，这可能涉及项目是否能够真正按照进度建好，尤其是银行方，有的项目还没有建完，贷款已经全部花光，最后就会出现银行坏账，甚至绑架银行陪葬，而投资人赚了钱之后，也许已经移民国外了。最后剩个烂摊子，这是非常可怕的情况。

配套基础设施不足也会导致 PPP 项目发生风险。一个项目需要水、电、气、路、通信等各方面的配套设施进行完善可以达到建设的条件。如果不具备六通一平甚至九通一平的配套基础设施条件，也许这个 PPP 项目会烂尾。比如北方某县的一个供水管线的 PPP 项目，在谈判过程中投资方要求一定要把临时用水用电的问题解决了。甚至在谈判时政府方说负责协调，投资方说不可以，要把协调改成落实，合同里这两个字带来的是将来双方责任的区别。因此投资方应非常关注基础设施配套问题，政府方也应该有所担当。

此外，PPP 合同文本不完善也会带来风险。PPP 项目实施好坏与否，与合同文本是否完善息息相关。如果合同文本比较完善，把各种价格变动、各种监管因素都考虑进去，则 PPP 项目的风险会减少很多。所以，完善的合同文本是 PPP 项目能够成功实施的保障，它能防范将来的各种纠纷，对各种影响 PPP 项目的各种市场、政策、法律因素，都能够有很好的解决途径。表 6-3 列出了项目本身的风险对 PPP 项目的影响。

PPP 项目来自项目本身的风险影响　　　　　　　　　　　　表 6-3

序号	风险因素	风险后果	影响对象
1	土地获取风险	前期成本增加、开工延误	私营投资者
2	完工风险	建设成本增加、工期延误	私营投资者
3	供应风险	工期延误或影响项目运行	私营投资者
4	技术风险	技术改进成本增加，运营中断	私营投资者
5	运营成本超支	运营成本增加	私营投资者
6	工程变更	建设成本增加，有可能导致工期延误	私营投资者
7	收费变更	对项目收费增加，项目成本增加	私营投资者
8	费用支付风险	政府或用户不按时支付费用	私营投资者
9	项目移交风险	项目设施维护不周，移交后影响使用	地方政府
10	私营投资者变动	影响项目稳定性	私营投资者/地方政府
11	招标竞争不充分	中标价格不合理	地方政府/公众
12	项目测算不当	项目收入低于预期，严重时影响项目公司生存	私营投资者
13	经营者能力不足	运营建设，运营达不到预期效果	地方政府/公众
14	财务监管不力	项目财务状况恶化	地方政府/银行
15	配套基础设施风险	工期延误，影响项目运营	私营投资者
16	合同文本不完善	合同出现纠纷	私营投资者/地方政府

6.2.4 不可抗力的风险

所谓不可抗力，是指不可预料的、不可抵抗的风险。例如地震、洪水或海啸这样的天灾。无论是自然因素的不可抗力，还是社会因素、军事因素造成的不可抗力，都会极大地影响项目的实施,甚至造成项目的完全失败。不可抗力风险包括:自然灾害(如地震、洪水、台风等)、病疫等事件因自然因素导致的不可抗力和战争、暴乱、罢工、社会动荡等事件导致的不可抗力。

不可抗力风险是任何项目都可能会遇到的,而且它的风险分配有自然规律,也就是说大家比较认可的规律,通常在发生不可抗力事件时,双方各自承担风险,各自承担相应的损失,彼此都不承担相应的违约责任。

6.3 PPP 项目的风险识别与风险分担

6.3.1 PPP 项目的风险识别

PPP 模式周期长、投资大、成本高、风险多且风险后果损失大,风险的辨识与合理分配是成功运用 PPP 模式的关键。风险识别是 PPP 项目风险管理的关键,也是对 PPP 项目进行风险管理的难点所在。风险识别是风险管理的第一步。PPP 项目的风险识别有全员性、全期性、动态性、信息性和综合性。但是,每一个 PPP 项目的风险识别和管理都是独特的,需要根据具体项目进行具体分析。一般而言,PPP 项目所面临的风险可能来自国家政策层面、行业层面、企业层面以及项目层面,而每一个层面所涉及的风险又可细分为很多项。

PPP 项目风险具有多样性和阶段性,并且风险期长,在项目建设和运营初期风险尤为突出。其识别依据有项目建议书、可行性研究报告、历史项目信息等、PPP 项目研究报告等。

PPP 项目风险识别方法主要有头脑风暴法、德尔菲法、核对表法、事故树分析等。

(1)头脑风暴法:是由全体项目成员提出主张的集思广益的方法,多用于各参与主体内部的风险识别。

(2)德尔菲法:本质上是一种普遍运用在 PPP 风险识别的反馈匿名函询法。得到的结果较好,但对专家的要求较高,要求专家有丰富的 PPP 项目的经验。

(3)核对表法:核对表也称为检查表,基于编制的风险识别核对表,一般按风险来源排列,内容可以有项目产品说明书、历史项目成败的原因、项目可用资源等。

(4)事故树分析:常用于可靠性工程中,能识别风险因素并计算其发生概率。

进行风险管理方案设计时,我们往往会借用书本上的一些一般性的风险管理框架或者其他项目的风险管理框架,对于 PPP 项目而言,这样做是很危险的行为。因为不仅每一个 PPP 项目的风险都是独特的,而且其风险识别也比我们想象中的要困难,有时可能会因为忽略了看似无足轻重的一个风险事件,而造成巨大的损失,让人措手不及。

6.3.2 PPP 项目的风险分担

将项目风险在各方之间进行合理分配,可以有效降低项目总体风险程度,确保项目成功实施。风险分担方式包括分别承担(等同于风险分配)和共同承担(双方按一定比例分摊)。

风险分配的基本原则:

一是风险由对其最有控制力的一方承担。PPP 的风险分配原则是让最有能力承担风险的一方承担风险。根据财政部《关于推广运用政府和社会资本合作模式有关问题的通知》(财金〔2014〕76号)规定,PPP 项目的风险分配按照"风险由最适宜的一方来承担"。只有这样,各方才会想方设法去控制风险,从而降低风险发生的概率和风险发生的成本。

PPP 为什么选择这样的分配原则而不是一般的分配原则呢?这是因为 PPP 是政府与社会资本的合作而不是竞争。最伟大的经济学家之一马歇尔在他的《经济学原理》中曾说:竞争可以是建设性的,也可以是破坏性的,即便是建设的时候,也没有合作有利。经济学中博弈论囚徒困境的模型也告诉我们,合作有利于竞争,如果都选择自己的利益最大化,最终结果是对双方不利的,而只有考虑对方的利益的时候才能实现双方利益最大化。因此,合作有利于竞争。

可是,如何实现这种合作而不是竞争呢,博弈论同样告诉我们,纳什均衡的结果是对双方不利的,也就是说,虽然说分配原则上是让最有能力承担风险的一方来承担,如何来实现这个分配目标呢?唯一的办法是通过合同来约束,如果没有合同的约束,没有任何一方愿意承担更多的风险。

二是承担的风险程度与所获得收益相匹配。风险和收益相对等能够有效调动风险承担方的积极性。一般人都会认为政府承担风险的能力会更强,其实不然。政府可能对部分风险有较强的承担能力,而对另外的风险,或许民营企业的承担能力会更强些。例如市场风险或运营风险,则一般由民营企业来承担会更好些。民营企业对市场的敏感性要比政府高得多,民营企业会根据市场微小的变化来调整运营的策略,而政府在这方面就会弱很多,主要是政府对市场的敏感度不够。相反,政府对政策所导致的风险承担能力会大大高于民营企业。例如某个领域收费项目年限的调整政策的变化,如果让民营企业去承担风险,则民营企业不具备行政管理的职能,无法应对社会公众,无法出台有强制性的政策文件,则承担风险的能力或远小于政府部门。

PPP 项目的风险分配主要在平衡双方合同谈判地位的基础上,通过合理约定的方式进行,在风险分配时应遵循风险与收益对等的原则。合同条款中应既关注合同主体对于风险管理成本和风险损失的承担,又尊重其获得与风险相匹配的收益水平、收益机会的权利。例如,某一方承担了项目需求不足的风险,则其就应该有权获得项目需求激增时获得高额收益的权利;社会资本承担了项目超概算的风险,则相应地,成本节支的收益也应由其获得。

三是承担的风险要有上限。无论是政府方还是投资方,都不可能因为这一个项目的某一方面风险使得整个工作受到影响,特别是投资方,不可能因为投的一个项目导致最后血本无归,这是不可能的,所以各方承担风险要有上限。在 PPP 项目长达数十年的运行过程中,一些风险可能会出现政府和社会资本都无法预料的变化,导致风险发生概率上升或风险发生时损失增加。为保证双方合作关系的长期稳定,在项目协议中,应按项目参与方的财务实力、技术能力、管理能力等因素设定风险损失承担上限,不能由某一方单独承担超过其承受能力的风险。否则,社会资本可能无法保证项目合同义务的履行,公共产品、公共服务的提供效率不会降低,甚至直接导致合同履行不能,最终导致项目失败。

基于上述原则,为解决风险分配这一贯穿 PPP 项目生命周期的核心问题,节约政府和社会资本方风险分配方案谈判时间,降低交易成本,实践中经常将风险分配标准化流程引入 PPP 项目的风险分配中。

按照风险分担的原则,综合考虑政府风险管理能力、项目回报机制和市场风险管理能力等要素,项目风险需要在政府和社会资本之间进行合同的分配,而这一分配原则要体现在 PPP 项目方案及后续的 PPP 项目合同之中,作为双方分配合同权利义务的原则。

按照风险分配的上述基本原则,一般情况下,可以参考以下的核心风险分配框架:

(1)融资、设计、建设、运营维护等风险主要由项目公司承担。

(2)征地拆迁、政策、法律变更等风险主要由政府承担。

(3)不可抗力风险等由政府和项目公司合理共担。

表 6-4 列出了 PPP 项目中部分风险的分担主体。

PPP 项目的部分风险承担主体　　　　　　　　　　表 6-4

序号	风险种类	风险承担主体
1	组织机构风险	项目公司
2	征地拆迁风险	政府
3	施工技术风险	项目公司
4	工程风险	项目公司
5	投资估算风险	项目风险
6	资金财务风险	项目公司
7	市场风险	项目公司
8	法律政策风险	政府
9	不可抗力风险	政府和项目公司

通过风险分担实现两个功能:

第一,风险分配的结果可以减少风险发生的概率、风险发生后造成的损失以及风险管理成本。

第二,各方有能力控制分配给自己的风险,并为项目的成功而有效地工作。一般说来,项目设计、建设、财务、运营维护等商业风险原则上由社会资本承担,政策、法律和最低需求风险等由政府承担。政府须承担监管(政治)、保护公共利益(社会)的风险,在政府负责向用户直接收费的情况下,还需承担购买服务/或取或付(财务)的风险。投资人须承担建设、运营、技术、产品和服务质量的风险以及股本投入和融资风险。融资机构:须承担贷款回收的风险。

6.4 PPP 项目的风险防范

根据国发 60 号文的要求，对 PPP 项目应充分论证，完善合同设计，健全纠纷解决和风险防范机制。建立独立、透明、可问责、专业化的 PPP 项目监管体系，形成由政府监管部门、投资者、社会公众、专家、媒体等共同参与的监督机制。

6.4.1 风险防范的原则

PPP 模式风险防范应把握几个原则：第一是风险识别，没有项目风险识别则没有项目风险控制；第二是风险论证及评估，风险论证及评估是风险对策的决策依据；第三是风险承担原则，合理的风险承担原则是 PPP 模式的重要特征；第四是风险防范措施，风险防范措施是否科学到位关系到项目的成败；第五是风险与收益及回报挂钩，在承担风险的同时应获得相应的回报；第六是风险防范监督机制，必须从技术、组织、计划实施、内外参与、法律责任等方面建立健全风险防范监督机制。

6.4.2 PPP 项目风险应对策略

企业对 PPP 项目风险识别和应对措施，主要集中和体现在前期和中标初期，这时识别风险和采取应对措施事半功倍。PPP 项目风险的应对策略主要包括：风险回避、风险自留、风险控制、风险转移。在风险分担责任落实前后，要研究出自己分担的工程项目风险的应对策略，包括：

（1）风险回避。风险回避是指在完成项目风险分析与评价后，如果发现项目风险发生的概率很高，而且可能的损失也很大，又没有其他有效的对策来降低风险时，应采取放弃项目、放弃原有计划或改变目标等方法，使其不发生或不再发展，从而避免可能发生的潜在损失。

如果发现项目风险发生的概率很高，而且可能损失也很大，又没有其他有效的对策来降低风险时，应采取放弃项目、放弃原有计划或改变目标等方法，使其不发生或不再发展，从而避免可能发生的潜在损失。

（2）风险自留。风险自留是指项目风险保留在风险管理主体内部，通过采取内部控制措施来化解风险或者对这些保留下来的项目风险不采取任何措施。风险自留可分为非计划风险自留和计划性风险自留两种。

（3）风险控制。风险控制措施应当形成一个周密的、完整的损失控制系统，一般应由预防计划、灾难计划和应急计划三部分组成。

风险控制指采取一种主动、积极的风险对策，可分为预防损失和减少损失两个方面，风险控制方案都应当是预防损失措施和减少损失措施的有机结合，风险控制计划系统一般应由预防计划、灾难计划和应急计划三部分组成。

（4）风险转移。风险转移通过某种方式将某些风险的后果连同应对的权利和责任转移给他人。当有些风险无法回避必须直接面对，而以自身的承受能力又无法有效地承担时，通过某种方式将某些风险的后果连同应对的权利和责任转移给他人。

企业中标后就成为PPP合同结构中的主导者，在项目实施步骤上，不应急功近利，而要以长远获益为目标，实行最严格的质量管理，合理实现建设阶段的利润。同时为控制建设成本超支风险，PPP项目也应采用EPC总承包方式进行实施。项目的运营和管理也要组建或聘用专业公司进行。

在项目各阶段都要落实责任制，控制成本，保证质量。在实现项目全寿命管理服务成本最低中，项目公司股东才能获得高额投资回报。

6.4.3 信用风险的防范

根据不同的风险采取不同的风险归属，并采取有针对性的应对办法，相关的研究成果及实践经验已比较丰富，在此仅就最根本的信用风险防范进行探讨。因为PPP模式的一个重要特征是"伙伴关系"，信用风险是所有风险中最首要的。

信用风险不单指政府信用，也包括社会资本投资人的信用，指PPP模式中政府与社会资本双方履约的意愿与能力及其信用保证结构的效用。相比而言，政府信用风险占主要地位，主要源于某些地方政府官员为了提升政绩，在短期利益的驱使下，通过过高的固定投资回报率，过高的收费标准，过长的特许经营期以吸引民营资本，但最终又因公共机构缺乏承受能力，产生信用风险。投资人信用指所选择的投资人在诚信、实力、资质、经验等方面存在问题，事后违约的风险也会渐渐膨胀起来。

1. 政府本身应防止失信

（1）政府应首先增强自身的法治和契约意识，依法行政。

（2）要认真做好项目前期论证工作，除传统的项目评估论证外，还要积极借鉴物有所值（Value for Money，VFM）评价理念和方法。

（3）选择的项目力求有稳定的收益作保证，并与当地财力和经济发展承担能力相匹配。

（4）要充分考虑未来长期的变化因素作出相关审慎的承诺，避免失信违约。

2. 社会资本应做好对政府的调研

（1）首先要重视良好投资环境考察，当地人文素质、法律环境、政府效率、政府对私营企业支持政策、财政经济实力、人民生活富裕程度及购买力、城市现有的基础设施水平等，均属于评估投资环境风险的重要内容。

（2）也要重视项目运营及商业模式的可行性，切勿追求高额回报或将项目成功过分依赖与某个领导个人关系及其缺乏客观依据的承诺上。

（3）要重视依靠双方签订的合同来防控风险，PPP项目法律关系比较复杂，国外PPP项目的法律文件如一本书，而中国一个PPP项目就几页纸，没有完备的合同法律文件导致各方责任约定不够明晰，难以防范政府信用风险。

3. 政府要全面评估社会资本

（1）政府应把握各类参与 PPP 项目的社会资本投资人（国有企业、外资企业以及民营企业等）的优势与劣势特点，参照项目性质来选择社会资本投资人。

（2）应客观评估社会资本投资人的融资能力和资金来源。

（3）对比投标方案选择其中最符合项目要求且投资金额最小的单位作为私营合作伙伴。

（4）应遵循公开、公平、公正和公共利益优先的原则选择社会资本投资人，在政府招标过程中应重视发挥中介机构（包括行业协会、开户银行、咨询公司、会计师和律师）作用，避免腐败因素导致的企业信用风险。

6.4.4 政府在 PPP 项目风险控制中的作用

在 PPP 模式中，政府是最重要法律主体之一。在 PPP 模式中政府和私人投资者形成的是彼此平等的合作伙伴关系，政府为提供公共服务中的监督者、指导者以及合作者角色。政府应承担的职能包括：项目选择和开发主体确定、项目保证、项目监督、直接投资和贷款、提供信用担保和承担项目风险等。PPP 模式下政府发挥以上职能的作用主要为以下几方面：

（1）降低政治社会风险。政治风险至少可包括三类：第一是国家风险，如政治体制的崩溃，对项目实行国有化等；第二是国家政治、经济政策的稳定性风险，如税收制度的变更；第三是社会治安及公众利益和公众参与，尤其是环境保护意识增强所产生的风险。

（2）提供政策法律保障。政府制定一套完善、完备的相关法律法规建设是此模式顺利有效运行的基础和前提。PPP 法律的基本框架主要包括：关于 PPP 模式的适用范围、设立程序、招投标和评标程序、特许权协议、风险分担、权利与义务、监督与管理以及争议解决方式和适用法律等方面。PPP 作为一种合同式的投资方式，涉及担保、税收、外汇、合同、特许权等诸多方面，政府需要制定一套完善、完备的相关法规与政策，并尽可能预见未来可能的变化而留有调整的余地，比如税负方面的调整和修改、环保标准和要求的变化、法律的修改、劳资关系的调整、土地租让政策的变化以及其他政府宏观经济政策的变化等，由此保障 PPP 项目在合同期限内的政策稳定性，使 PPP 项目得以顺利而有效运行。

（3）提供一定外在条件支持。政府应在物质方面保障项目所需的原材料供应、提供可使用的劳动力等辅助性设施保障。提供一定的税收、外汇、土地使用等优惠政策。通过简化审批手续和过程，提高政府效率，成立协调小组等来规范服务及提高行政效率。防止在一定区域的同类项目竞争，为知识产权和其他秘密信息提供保护。

（4）依法进行合作与监督。特殊目标公司依据特许合同约定负责筹资、建设及经营，政府遵循合作与信任、平等互惠原则对具体项目的具体实施过程中遇到的问题和障碍提供必要的支持和参与问题的解决，只要特殊目标公司按照特许权合同和有关法律从事投资建设经营活动，政府就应充分给予建设经营的自主权。但是，PPP 模式不同于传统的承包做法，也不同于完全的私有化，政府依法监督使特殊目标公司依据合同约定和法律规定满足公共产品或服务需求仍然是必要的，政府监管主要分为事前准入监管、事中过程监管和事后绩效监管三类并贯穿于整个过程。

（5）政府提供必要金融支持。PPP模式一般投资大、回报周期长，政府需要提供必要的金融资金支持。政府通常与提供贷款的金融机构达成一个直接协议，但是，这个协议不是对项目进行担保，而是向借贷机构承诺将按与特殊目标公司签订的合同支付有关费用，由此使特殊目标公司能比较顺利地获得金融机构的贷款。

（6）设计合理的收益与风险承担机制。政府根据项目的财务特点确立合理的所谓交易结构是民营资本进入的必要条件，风险分担机制则是PPP项目的核心。一般通过对项目现金流进行预测和测算分析判断项目自身的收入能否覆盖所有的支出并实现基本的回报要求，再按照"最优风险分配原则"对项目风险在各相关主体间进行分配，由此使社会投资人获得与风险水平相匹配的收益。

（7）提供审慎的承诺。PPP模式周期比较长，在具体项目承诺上政府应谨慎。政府的承诺要合理合法，并建立在对未来环境变化和风险因素客观评估的基础上，尤其是对回报率、收费标准、终止合同条件、汇率和利率变化等事项的承诺方面，预留调整空间并设计合理合法的调整机制，由此既可保证项目生产或运营的可持续性，使社会投资人的投资成本及运营成本得以补偿并获得合理回报，又避免政府失信违约或对PPP项目监管的被动局面。

6.4.5 PPP项目风险的管理

1. 国内PPP项目风险管理现状

（1）国内大多PPP项目的参与企业缺失风险管理的经验和知识，具体表现为：企业风险管理培训不充分、项目运行过程中风险管理范围窄程度低、中高层管理人员欠缺对风险管理的知识和经验、风险管理资料分析与再利用程度低等。

（2）风险分析数据缺失，一方面是由于项目历史数据较少，企业对这类项目经验不足造成；另一方面，更多是主观原因造成的，具体表现为项目过程中计算机使用频率低、对数据的保存、分析和再利用程度很低等。

（3）风险管理启动较晚，使之成了一种补救措施，降低了风险处理的有效性，而缺乏事前分析。

（4）工具未充分使用，主要由相关人才的缺失造成。具体表现为对风险管理工具不熟悉、应用不足，多依赖于管理者的经验判断。

（5）项目各方谈判时较少考虑风险分担情况，导致不合理的风险分担方案。

我国现阶段在PPP项目风险管理方面还存在不少问题。从狭义上讲，PPP的风险管理就是指通过构筑一个严密的以特许权协议为核心的法律协议框架，实现风险在项目参与各方之间的合理分配。从广义上讲，PPP项目的风险管理又是一个持续的、动态的过程，在一定意义上涵盖了PPP项目的各个方面，是一种PPP项目的综合管理。PPP项目从发起到实施完成，有一个超长周期，项目的全过程存在着一系列的不确定性，其风险管理也是贯穿于其前中后全过程。本书不是基于经济学或者是管理学的角度讨论PPP项目风险的管理，而是主要从合同权利义务的设置上来讨论PPP项目风险的管理。

2.PPP项目风险管理的原则

PPP项目风险管理应遵循以下六项原则：

（1）没有风险识别，就没有风险管理。对风险识别是进行风险管理的前提和基础。

（2）风险评估是风险对策的决策依据，风险评估的质量影响决策的正确性。

（3）PPP项目的每一项风险都是互相关联的，都存在不可避免的风险成本，该成本应在过程中的某一环节被吸收。

（4）合理分配PPP项目的风险，减少PPP项目的总成本并促进政府和社会资本双方的工作关系。

（5）适当分散PPP项目风险，让参与PPP项目的各方或多或少承担各自的风险，避免风险集中在某一方，许多风险最好是分担。

（6）风险与回报相适应，在承担风险的同时应获得相应的回报，风险高则利润高，回报小则风险小。

3.PPP项目各阶段的风险管理

在项目的识别、准备阶段，社会资本的主要任务是，结合项目的具体情况，识别、判断出整个项目周期内所可能会遇到的项目风险种类，结合自身的情况对项目可能存在的风险及其发生的概率，有一个初步的判断，此阶段重点解决项目的商业可行性问题，为分配项目合同风险，设定具体合同权利义务条件打下基础。

在项目采购、签订PPP项目合同阶段，任何一方均就将项目前期工作中所掌握、预测的风险进行进一步的判断、量化，通过项目谈判过程中的博弈和平衡，将识别出来的风险，在政府与社会资本方之间进行合同分配，具体表现为PPP项目协议的具体条款之中，合同谈判的过程也就是风险分配的过程。由于项目的风险是客观存在、可能发生的，如果不适合某一方承担的风险，另一方利用合同的强势谈判地位不合适地安排给对方承担，一旦风险形成，将极易形成纠纷，甚至会造成项目失败。据于合同谈判有利的一方利用强势地位迫使另一方接受不同的风险，形成不均衡的合同条件，本身就是PPP项目最常见的风险，也是PPP项目失败的一种重要原因。

而在PPP项目执行阶段，风险管理的重点：一是要协调好各方按合同履约，创造条件使项目顺利实施，达到各方目标，尽量避免风险的现实形成；二是及时根据项目执行具体情况，适时对不符合各种条件变化的合同条件进行变更、调整，确保合同的可执行性，使各方的利益能够尽早地恢复至平衡状态。其中，很重要的一种方式就是根据项目中期评估，对服务价格进行调整，以避免社会资本的极高极低收益就是重要的风险管理方式之一。

建立项目评估测算体系PPP项目风险管理的前提，就是要对PPP项目的风险进行科学的预测，否则PPP项目难以成功实施。有必要在借鉴国际先进经验的基础上，建立一整套适合我国国情的项目评估测算体系，对项目的建设成本、经营期长短以及通货膨胀因素进行科学的测算。在此基础上，把中方承担的风险严格控制在力所能及和可预测的范围内，防止因政府提供担保太多，使项目过多依赖政府而失去活力。这就要求我们特别要在特许权合同的严密性上狠下功夫。特许权协议是PPP项目的核心，是政府和项目公司分担风险的法律依据，反映了双方的权利与义务、风险与回报。同时，有必要建立调整条款，规定当形势变化引起协议双方权利义务不平衡时，可调整部分条款。

风险管理贯穿PPP（政府和社会资本合作）项目的整个实施过程，而无论是政府部门还是社会资本，都会一方面感受到PPP项目风险管理的重要，另一方面更感受着PPP项目风险管理的难度之高。

6.5 PPP项目风险管理案例分析

6.5.1 案例1

1. 案例背景

赛文河位于英格兰和威尔士之间，割断了两岸交通联络。1966年赛文河第一大桥通车，到20世纪80年代第一大桥难以满足通行需求，需建第二座大桥。因当地政府财政资金紧张，决定采用PPP模式吸引社会资本完成第二大桥建设、运营和维护，同时接管第一大桥。

该项目于1984年启动前期准备工作，1986年确定建设方案，赛文河大桥公司中标。除特许经营协议外，1992年当地议会通过《赛文河大桥法案》，其中明确规定特许经营期自1992年4月底开始，最长为30年。该项目特许经营公司的唯一收入来源是第一、第二大桥的过桥费，且只自东向西单向收费，收入主要用于完善、运营和维护两座大桥。

项目总成本为5.81亿英镑，包括新建第二大桥、还清第一大桥剩余债务，以及特许经营期内两座大桥的运营和维护费用。最终融资安排为：银行贷款1.9亿英镑、BEI贷款1.5亿英镑、债券1.31亿英镑、政府债券6000万英镑、特许权权益5000万英镑。

该PPP项目的参与方有英国国家道路局、赛文河大桥公司、托马斯.柏西事务所、哈尔克罗事务所、VINCI公司、美国银行和巴克莱银行。

2. 案例分析

该PPP项目实施中的风险包括：

（1）环境风险。当地政府在1987年对环境问题和初步设计进行了深入研究，寻求了化解措施。包括为施工开辟专用通道、建设独立的排水管网和排污口。

（2）公众反对。根据公众意见，政府调整了桥口引路的选址，将面向威尔士的收费站与周边社区隔离，并补建了大量园林绿化带，使收费站和赛文河两端的引路隔离。

（3）第一大桥老化。因第一大桥的缆索老化，给特许经营方带来交通流量和收入风险，可能会延迟对两座大桥债务的偿还并增加成本。但根据特许经营合同，特许经营方在以下情形不必对第一大桥进行维护，因为桥梁初始设计或施工质量差，交通流量高于预期。因特许经营方没有参与第一大桥的初始设计及建设过程，故不用承担缆索老化的维护。这些措施减轻了特许经营方的运营压力。

3. 项目实施效果

第二大桥建成通车及第一大桥修缮后,赛文河两岸通行的交通压力大大缓解。两桥日均车流量66000辆。该项目是由使用者付费,特许经营方同时获得第一大桥的运营维护和收费权,避免两桥竞争,特许经营协议明确规定了定价机制并考虑通货膨胀。项目成功运营得益于风险控制得当。

4. 案例总结

赛文河第二大桥PPP项目主要在于有强烈的市场需求(当时的第一座大桥已经难以满足通行需求)和项目完工后有稳定的现金流入(过桥费)。项目实施过程中政府在项目定价和风险控制等方面有成熟的操作,这也提供了相对稳定的政策支持。因此英国赛文河第二大桥项目成功的秘诀在于风险的处理。

6.5.2 案例2

1. 案例背景

××市餐厨厨余垃圾处理厂总处理规模830吨/天,其中餐厨垃圾200吨/天;厨余垃圾600吨/天;废弃油脂处理厂30吨/天。项目总用地为41亩。初步估测,本项目总投资约为3.7亿元(一阶段)。工程建设投资的25%申请市发改委投资补贴,其余75%的工程投资拟通过BOT特许经营的方式筹集。

这个项目的处理内容是餐厨、厨余和废弃油脂部分,包括在整个循环经济园区里与之相关的混合垃圾分拣过来的垃圾,处理垃圾后产生的沼气等又会继续到下一个环节里,这个项目只是整个大项目中的一个小项目。所以此项目周边的条件比较复杂,涉及上下游的关系等。

该PPP项目的特点,一是园区各厂之间具有多个工艺接口,边界的划定和监管的有效性是关键,因为一旦边界划不清楚,到末端再去监管的话,就搞不清楚是哪一个环节没有达到要求。二是项目处在项目建议书阶段,投资、运行方案、运行费用的不确定性都比较大。三是本身工艺复杂,可参考项目尤其××市的可参考项目极少。四是处理量的保障是整个项目的关键。该项目是按照日处理830吨来设计的,到底每天能否达到830吨的处理量也是未知数。

2. 风险分析

这样的项目特点,决定了该PPP项目具有以下风险因素:第一是垃圾处理量的风险。通过前期测算,这个项目的盈亏平衡点高,所以政府设的保底量要比较高。另外,由于进场垃圾的准确性还不太好确定,所以物料平衡对测算结果影响非常大。这两种风险因素都存在。

针对这些风险因素,必须制定以下措施应对:第一,把垃圾分类宣传指导和收运环节延伸到特许经营的服务内容。在一般的垃圾处理项目里,通常会把垃圾量这块的风险单独让政府承担,但是这个项目必须进行创新,政府不承担垃圾量,而是让投资方承担,就是说投资方不光是要负责收集，还要负责宣传。宣传到位了，垃圾自然就多了。为什么这个风险分配机制能得到投资方的认可呢？因为此项目中，投资方是××市环卫集团，××市的环卫集团有了这么多年的积累，包括××市很多垃圾分类处理的宣传都由它来做。所以，××市的环卫集团同意进行垃圾分类宣传。第二，过渡期给予保底量补贴政策。过渡期几年间，即使垃圾分类宣传还没有产生效果，政府给保底，但是过了过渡期，政府就不再给保。第三，提前达产的一次性奖励政策。

3. 案例总结

针对该PPP项目的风险，设计出风险应对措施。第一，招标时制定投资指标上限。第二，招标时进行两阶段评审，即先进行技术方案评审。第三，进场垃圾指标（尤其是含水率）与设计预期差异较大时，设定价格调整机制。

针对定价风险制定的措施：第一，中标价试运行两年后，由政府方重新审定。第二，配合市发改委对投资补贴的管理政策，加强政府方对投资的审核控制，并考虑项目建成后根据实际投资调整价格实行。第三，餐厨和厨余垃圾的比例严重偏离时的调价机制。

公平、合理而有效的风险分配结果不是"天上掉下来的"，是要靠艰苦细致的谈判和博弈实现的。不认真做好这一步，风险分配的权重必然倾向企业去承担较多风险。PPP项目投资者能否取得成功并获得利润，关键取决于项目参与各方能否将已识别的各种风险合理、有效地分配给参与方共同分担。

第 7 章 PPP 项目政府采购与招标投标

本章节主要通过结合 PPP 项目政府采购的相关规定、国内 PPP 实施案例，说明 PPP 项目政府采购的意义及适用范围、实施形式及区别、流程及要点，并提供一个具体 PPP 合同案例以供参考。

7.1 概述

7.1.1 PPP 项目的招标要求

在交通、环保、医疗、养老等领域，推广 PPP 模式，以竞争择优选择包括民营和国有企业在内的社会资本，扩大公共产品和服务供给，并依据绩效评价给予合理回报，是转变政府职能、激发市场活力、打造经济新增长点的重要改革举措。其中，招标为政府与社会资本合作模式（PPP）中伙伴选择的首选或鼓励方式。2014 年 11 月 29 日，财政部印发了《政府和社会资本合作模式操作指南（试行）》（财金〔2014〕113 号）。2014 年 12 月 31 日，财政部印发《政府和社会资本合作项目政府采购管理办法》（财库〔2014〕215 号，下称"《PPP 项目采购办法》"）。

根据自 2015 年 6 月 1 日起施行的《基础设施和公用事业特许经营管理办法》（国家发展和改革委员会、财政部、住房和城乡建设部等六部委令第 25 号）第十五条的规定："实施机构根据经审定的特许经营项目实施方案，应当通过招标、竞争性谈判等竞争方式选择特许经营者。特许经营项目建设运营标准和监管要求明确、有关领域市场竞争比较充分的，应当通过招标方式选择特许经营者。"

《国家发改委关于开展政府和社会资本合作的指导意见》（发改投资〔2014〕2724 号）第五部分"加强政府和社会资本合作项目的规范管理"第三项"伙伴选择"的规定："实施方案审查通过后，配合行业管理部门、项目实施机构，按照《招标投标法》、《政府采购法》等法律法规，通过公开招标、邀请招标、竞争性谈判等多种方式，公平择优选择具有相应管理经验、专业能力、融资实力以及信用状况良好的社会资本作为合作伙伴。"

7.1.2 PPP 项目招标的监管要求

监督管理是成功实施 PPP 的基础，如果一个 PPP 项目没有很好的监督就很难达到采用 PPP 所想达到的结果。而实现有效监督最好的办法是公开透明，可以说公开透明是监管的基础。

监督可分三个方面：一是过程监督；二是质量监督；三是成本监督。为什么说要公开透明呢？因为公共投资项目本来是政府职能，由预算资金来实现，而采用 PPP 模式是让民营部门来建设并运营，而民营部门的预算是不会向社会公开的，所以公众难以了解自己所享受到的公共产品或服务的成本是多少，这也是 PPP 项目在国外饱受质疑的另一原因。因此，为了加强监督，有必要让经营者公开运营成本，特别是经营者提出需要提高价格时，更应该让其公开经营成本后再讨论是否提高其产品价格。

监督的另一重要方式是公开招标，特别要实行真正意义上的招标。对于收费年限和投资回报率等问题都可以通过招标的方式达到最有效的结果，而不是通过谈判达到所要的结果。

7.2 PPP 项目招投标的法律法规

7.2.1 PPP 项目招投标的法律适用问题

PPP 项目包含两大类：第一大类是基础设施建设，适用《中华人民共和国招投标法》以及其实施条例；另外一大类是服务性项目，适用政府采购，即一般适用于《中华人民共和国政府采购法》以及其实施条例。当然，在实践中，这两大类项目一般是以政府采购的形式来完成。按照政府采购法的规定,政府采购包括了各级国家机关、事业单位和团体组织，使用财政性资金采购依法制定的集中采购目录以内的或者采购限额标准以上的货物、工程和服务的行为，即政府采购也有工程类的招标。不过，按照《政府采购法》第四条的规定，"政府采购工程进行招标投标的,适用招标投标法"。而按照《招投标法》的规定,工程招标，也包括了与工程建设有关的重要设备、材料等的招标采购。而按照《中华人民共和国招标投标法实施条例》的规定，工程还包括与工程建设有关的服务，如为完成工程所需的勘察、设计、监理等服务。

目前，我国建设工程招投标工作涉及的法律法规有 10 多项，其中最重要的法律法规有《中华人民共和国招标投标法》、《中华人民共和国建筑法》和《中华人民共和国招标投标法实施条例》等专门的法律法规，此外还有国家部委一些规定和各省的一些实施办法、监管办法等，如《工程建设项目招标代理机构资格认定办法》（2000 年）、《建筑工程设计招标投标管理办法》（2000 年）、《工程建设项目招标范围和规模标准规定》（2000 年）、《工程建设项目自行招标试行办法》（2000 年）、《房屋建筑和市政基础设施工程施工招标投标管理办法》（2001 年）、《工程建设项目施工招标投标办法》（2003 年）、《评标专家和评标专家库管理暂行办法》（2003 年）等部门规章和规范性文件。

2013年3月11日，国家发改委、工信部、财政部等11部委以发改委令〔2013〕第23号的形式，发布了关于废止和修改部分招标投标和规范性文件的决定。根据《招标投标法实施条例》，在广泛征求意见的基础上，对《招标投标法》实施以来国家发展改革委牵头制定的规章和规范性文件进行了全面清理。经过清理，决定废止文件1个〔《关于抓紧做好标准施工招标资格预审文件和标准施工招标文件试点工作的通知》（发改法规〔2008〕938号文）〕；对11件规章、1件规范性文件的部分条款予以修改。

2014年8月31日，第十二届全国人民代表大会常务委员会第十次会议通过关于修改《中华人民共和国政府采购法》等五部法律。2014年12月31日，国务院第75次常务会议通过了《中华人民共和国政府采购法实施条例》，该《条例》经国务院令第658号于2015年1月30公布，自2015年3月1日起施行，成为政府采购中最实用、最具有操作意义的法规。

对于PPP项目的招标和投标，除了所遵循的《招标投标法》和《政府采购法》之外，实际上，还有另外两部法规和文件对PPP项目的招投标进行规范。即财政部所颁布的《政府和社会资本合作项目政府采购管理办法》（财库〔2014〕215号）和《关于印发政府和社会资本合作模式操作指南（试行）的通知》（财金〔2014〕113号）。但是，在实际操作中，财金〔2014〕113号文和财库〔2014〕215号文的现有规定并不能满足PPP项目采购的流程性规范需要。因为这两部规章属于办法类和通知类的文件，其法律效力远小于招投标法和政府采购法，仅是规范了PPP项目招标投标的某些操作流程。

对于PPP项目的政府采购和招标投标，还必须遵循《招标投标法》（主席令第21号）、《招标投标法实施条例》（国务院令第613号）、《政府采购法》（主席令第68号）、《政府采购法实施条例》（国务院令第658号）、《政府采购货物和服务招标投标管理办法》（财政部令第18号）、《政府采购非招标采购方式管理办法》（财政部令第74号）、《政府采购竞争性磋商采购方式管理暂行办法》（财库〔2014〕214号）等文件来执行。

但是，无论是工程招标还是政府采购中工程类的招标，都是纳税人的钱，都是国家的财政资金，都是属于公开招标的交易行为，本质上不无区别。

7.2.2 PPP项目相关法律法规的适用性比较

《招标投标法》与《政府采购法》是我国所有招标采购活动必须遵守的法律。《关于开展政府和社会资本合作的指导意见》（发改投资〔2014〕2724号）明确规定，PPP项目应按照《招标投标法》、《政府采购法》等法律法规公正、公平优选合作伙伴，但上述两项法律在规范PPP项目选择合作伙伴或特许经营者的适用性上有着一定的不同。

《招标投标法》自2000年1月1日起施行，是对必须采用招标投标方式的项目进行招投标活动的法律规范。如大型基础设施、公用事业项目、全部或部分使用国有资金投融资项目等形式的工程建设项目均适用该法。但该法的适用性主要体现在工程建设阶段，即PPP项目选定合作伙伴之后的包括勘察、设计、施工、监理、设备与材料采购等环节。

《政府采购法》自2003年1月1日起施行，是对政府采购活动进行的法律规范。各级国家机关、事业单位或团体组织使用财政性资金采购，依法制定集中采购目录范围内或限额标准以上的工程适用该法。基于采购活动形式、资金结构等角度的分析，我国PPP项目在招标采购环节应遵循《政府采购法》的有关规定。

国家发展改革委员会相关文件规定："实施机构根据经审定的特许经营项目实施方案，应当通过招标、竞争性谈判等竞争方式选择特许经营者"；"特许经营项目建设运营标准和监管要求明确、有关领域市场竞争比较充分的，应当通过招标方式选择特许经营者。"

财政部相关文件规定："项目采购应根据《政府采购法》及相关规章制度执行，采购方式包括公开招标、竞争性谈判、邀请招标、竞争性磋商和单一来源采购。项目实施机构应根据项目采购需求特点，依法选择适当采购方式"；"公开招标主要适用于核心边界条件和技术经济参数明确、完整、符合国家法律法规和政府采购政策，且采购中不作更改的项目。"

7.3 PPP项目采购与招标采购项目的差异

7.3.1 PPP项目与普通政府采购项目的差异

与普通政府采购相比，《PPP项目采购办法》在以下之处有创新：

一是为了保证PPP项目采购过程顺畅高效和实现"物有所值"价值目标，新增了竞争性磋商这一新的采购方式，引入了两阶段采购模式。

二是为了保证PPP项目采购的成功率和减少后续争议，新增了强制资格预审、现场考察和答疑、采购结果及合同文本公示等规范性要求。

三是为了保证项目采购的质量和效果，创新了采购结果确认谈判、项目实施机构可以自行选定评审专家等程序。

四是为了维护国家安全和发挥政府采购政策功能，要求必须在资格预审公告、采购公告、采购文件、项目合同中列明采购本国货物和服务、技术引进和转让等政策要求。

五是结合PPP项目金额大、后续监管链条长等特点，创新了监管方式，对项目履约实行强制信用担保，用市场化手段引入担保机构进行第三方监管，以弥补行政监督手段的不足。同时，要求项目采购完成后公开项目采购合同，引入社会监督。

六是针对PPP项目复杂程度高和采购人专业性不足的实际，明确具备相应条件和能力的政府采购代理机构可以承担PPP项目政府采购业务，提供PPP项目咨询服务的机构在按照财政部对政府采购代理机构管理的相关政策要求进行网上登记后，也可以从事PPP项目采购代理业务。

综上所述，关于PPP项目的采购，我国法律和有关政策有许多具体的规定，这对于PPP模式的推广和在实践中的成功运作具有重要的意义。但另一方面，由于PPP在我国仍处于探索阶段，政府方如何依法选择合适的社会资本方建立长期合作伙伴关系仍有许多需要进一步探讨和思考的问题。比如，PPP项目一般包括建设期和运营期，其性质如何界定？是否能够直接划入工程、服务和货物中的某一类？如果相关法律规定存在模糊、歧义，必然会导致实践中理解不一，而各地在适用公开招标还是非公开招标方式的问题上也会出现比较大的随意性，也就不利于我国政府和社会资本合作提供良好的公共服务和产品这一初衷的实现。

7.3.2 PPP项目采购与工程招标的差异

PPP项目模式是近两年来国家层面大力推进的新型项目模式，相对于常规项目的招标投标采购活动来说，PPP项目的招标投标活动存在着一些差异。

1. 介入时间不同

PPP项目完成物有所值评价和批准项目实施方案后，即可通过竞争方式选择合作伙伴，由社会资本合作伙伴来完成设计、建设、运营、移交等整个项目周期，而常规施工招标应当具备下列条件才能进行施工招标：

（1）招标人已经依法成立。

（2）初步设计及概算应当履行审批手续的，已经批准。

（3）有相应资金或资金来源已经落实。

（4）有招标所需要的各项图纸或资料。

PPP项目的图纸或资料可以比作常规招标项目中的施工图设计图纸及技术资料。因此，从招标过程的介入时间来看，PPP项目的招标，比常规的施工项目会更早启动招标工作。

2. 招标范围不同

PPP项目招标范围一般包括投融资、建设、运营、移交整个流程，招标范围更广；而常规施工招标内容一般局限于建设阶段的施工招标，范围狭窄很多。

3. 适用项目范围不同

PPP模式主要适用于政府负有提供责任又适宜市场化运作的公共服务、基础设施类项目。包括能源、水利、环境保护、交通运输、市政工程、燃气、供电、供水、供热、污水及垃圾处理等市政设施等基础设施和公用事业领域以及医疗、旅游、教育培训、健康养老等公共服务项目和水利、资源环境和生态保护等项目均可优先采用PPP模式运作。根据《中华人民共和国招标投标法》及其实施条例的相关规定，以下几种项目是必须进行招标的：

（1）大型基础设施、公用事业等关系社会公共利益、公众安全的项目。

（2）全部或者部分使用国有资金投资或者国家融资的项目。

（3）使用国际组织或者外国援助资金的项目。比较起来，PPP项目一般要适合市场化政府贷款运作。

4. 采购方式不同

《政府和社会资本合作项目政府采购管理办法》第四条中规定：PPP项目采购方式包括公开招标、邀请招标、竞争性谈判、竞争性磋商和单一来源采购。项目实施机构应当根据PPP项目的采购需求特点，依法选择适当的采购方式。公开招标主要适用于采购需求中核心边界条件和技术经济参数明确、完整、符合国家法律法规及政府采购政策且采购过程中不作更改的项目。而常规施工招标常有公开招标和邀请招标两种方式，具体采用哪种招标方式则依据《招标投标法实施条例》第八条的规定。

PPP模式在采购方式中，因此，除了保留常规施工招标采用的公开招标和邀请招标外，还可以采用政府采购中的竞争性谈判和单一来源采购两种采购方式，除此之外，为了保证PPP项目采购过程顺畅高效和"物有所值"价值目标的实现，新增了竞争性磋商这一新的采购方式，这种方式即使只有2家合格的投标人也可以进行磋商，并引入了两阶段采购模式。

5. 具体采购流程的不同

PPP项目采购，为了保证PPP项目采购的成功率和减少后续争议，在条文中的多处地方中明确了必须强制进行资格预审、现场考察和答疑、评审委员会、采购结果及合同文本公示等规范性要求。PPP项目招标，项目实施机构应当组织社会资本进行现场考察或者召开采购前答疑会，项目实施机构可以视项目的具体情况，组织对符合条件的社会资本的资格条件进行考察核实。而普通的工程招标，可以组织潜在投标人踏勘项目现场，向其介绍工程场地和相关环境的有关情况或者召开采购前答疑会。因此常规施工招标中，现场考察均非必经前置程序，也没有明确规定招标人需对投标人进行考察核实。

在PPP项目招标中，PPP项目采购评审结束后，项目实施机构应当成立专门的采购结果确认谈判工作组，负责采购结果确认前的谈判和最终的采购结果确认工作。而在常规施工招标中，评标结束后，依法必须进行招标的项目，招标人应当自收到评标报告之日起3日内公示中标候选人，公示期不得少于3日。因此，常规招标过程中并无谈判工作环节。

在PPP项目中，采购结果确认谈判工作组应当按照评审报告推荐的候选社会资本排名，依次与候选社会资本及与其合作的金融机构就项目合同中可变的细节问题进行项目合同签署前的确认谈判，率先达成一致的候选社会资本即为预中标成交社会资本。而在常规施工招标中，中标人的确定方法是国有资金占控股或者主导地位的依法必须进行招标的项目，招标人应当确定排名第一的中标候选人为中标人。

在合同公示方面，PPP项目，项目实施机构应当在预中标成交社会资本确定后10个工作日内，与预中标成交社会资本签署确认谈判备忘录，并将预中标成交结果和根据采购文件、响应文件及有关补遗文件和确认谈判备忘录拟订的项目合同文本在省级以上人民政府财政部门指定的政府采购信息发布媒体上进行公示，公示期不得少于5个工作日。而在常规施工招标中，招投标法及招标投标实施条例中并没有要求将合同文本进行公示的规定，同时也没有明确要求采购双方应当对合同进行谈判并且形成谈判备忘录。

6. 资格审查形式不同

PPP项目采购应当实行资格预审。工程建设项目施工招标的资格审查可分为资格预审和资格后审。因此在常规施工招标中，资格预审并非必经前置程序。

7. 评标（评审）专家组成方式不同

在PPP项目评审时，评审专家可以由项目实施机构自行选定，但评审专家中至少应当包含1名财务专家和1名法律专家。项目实施机构代表不得以评审专家的身份参加项目的评审。而在常规施工招标中，评标委员会的专家成员应当从评标专家库内相关专业的专家名单中以随机抽取方式确定。任何单位和个人不得以明示、暗示等任何方式指定或者变相指定参加评标委员会的专家成员。相对于常规施工招标，在 PPP 模式的评审小组的选定过程中，赋予了项目实施机构自行选定评标委员会成员的权利，但是要求评审专家中至少应当包含 1 名财务专家和 1 名法律专家。

8. 监管手段不同

除了上述与常规施工招标不同规定外，结合 PPP 项目金额大、后续监管链条长等特点，常规的招投标监督方式难以做到专业、全面的监管。

7.4 PPP 项目政府采购的方式与范围

根据《关于印发政府和社会资本合作模式操作指南（试行）的通知》（财金〔2014〕113 号）和《PPP 项目采购办法》的规定，PPP 项目的采购方式包括公开招标、邀请招标、竞争性谈判、竞争性磋商和单一来源采购五种方式。与非 PPP 项目的政府采购相比，《PPP 项目采购办法》并没有把询价这一普通政府采购的方式规定在内。项目实施机构应当根据 PPP 项目的采购需求特点，依法选择适当的采购方式。

7.4.1 PPP 项目政府采购实施方式分类

1. 公开招标

公开招标是招标人通过依法指定的媒介发布招标公告的方式邀请所有不特定的潜在投标人参加投标，并按照法律规定程序和招标文件规定的评标标准和方法确定中标人的一种竞争交易方式。这种方式主要适用于采购需求中核心边界条件和技术经济参数明确、完整、符合国家法律法规及政府采购政策，且采购过程中不作更改的项目。

随着相关法律法规更加健全、配套机制更加完善，可以预计，公开招标方式将成为我国 PPP 项目中主导的采购方式。在政府与社会资本合作模式（PPP）项目中，以招标的方式，尤其是以公开招标的方式竞争择优选择社会资本，成为排序在前的首选或鼓励的方式。

2. 邀请招标

邀请招标是招标人以投标邀请书的方式直接邀请特定的潜在投标人参加投标，并按照法律程序和招标文件规定的评标标准和方法确定中标人的一种竞争交易方式。它主要适用于以下情形的采购：

（1）涉及国家安全、国家秘密或者抢险救灾，适宜招标但不宜公开招标的项目采购。

（2）项目技术复杂或有特殊要求。

（3）受自然地域环境限制，只有少量潜在投标人可供选择的项目采购或采用公开招标方式的费用占项目合同金额的比例过大的项目采购。

3. 竞争性谈判

竞争性谈判是指采购人或者采购代理机构直接邀请三家以上供应商就采购事宜进行谈

判的方式。它主要适用于以下情形的采购：

（1）依法制定的集中采购目录以内，且未达到公开招标数额标准的货物、服务。

（2）依法制定的集中采购目录以外、采购限额标准以上，且未达到公开招标数额标准的货物、服务。

（3）达到公开招标数额标准、经批准采用非公开招标方式的货物、服务。

（4）按照招标投标法及其实施条例必须进行招标的工程建设项目以外的政府采购工程。

对于竞争性谈判采购方式：公开招标的货物、服务采购项目，招标过程中提交投标文件或者经评审实质性响应招标文件要求的供应商只有两家时，采购人/采购代理机构在经财政部门批准后可以与该两家供应商进行竞争性谈判采购。

4. 竞争性磋商

竞争性磋商是指采购人、政府采购代理机构通过组建竞争性磋商小组（以下简称磋商小组）与符合条件的供应商就采购货物、工程和服务事宜进行磋商，供应商按照磋商文件的要求提交响应文件和报价，采购人从磋商小组评审后提出的候选供应商名单中确定成交供应商的采购方式。它主要适用于以下情形的采购：

（1）市场竞争不充分的科研项目，以及需要扶持的科技成果转化项目，提交最后报价的供应商可以为两家。

（2）在采购过程中符合要求的供应商只有两家的，竞争性磋商采购活动可以继续进行。但是，如采购过程中符合要求的供应商只有一家的，采购人/采购代理机构应当终止竞争性磋商采购活动，发布项目终止公告并说明原因，重新开展采购活动。

5. 单一来源采购

单一来源采购是指只能从唯一供应商处采购、不可预见的紧急情况、为了保证一致或配套服务从原供应商添购原合同金额 10% 以内的情形的政府采购项目，采购人向特定的一个供应商采购的一种政府采购方式。它主要适用于以下情形的采购：

（1）只能从唯一供应商处采购的。

（2）发生了不可预见的紧急情况不能从其他供应商处采购的。

（3）必须保证原有采购项目一致性或者服务配套的要求，需要继续从原供应商处添购，且添购资金总额不超过原合同采购金额 10% 的。

7.4.2　PPP 项目政府采购方式的适用条件

根据《政府采购法》、113 号文、《PPP 项目采购办法》、《政府采购非招标采购方式管理办法》、《政府采购竞争性磋商采购方式管理暂行办法》等规定，PPP 项目五种采购方式的适用条件如下：

然而，对于上述五种采购方式的适用条件和具体采购流程，113 号文和《PPP 项目采购办法》并未给出进一步的细则性规定。根据 113 号文第十七条第一款，"项目采用公开招标、邀请招标、竞争性谈判、单一来源采购方式开展采购的，按照政府采购法律法规及有关规定执行"；而对于竞争性磋商的采购方式，113号文第十七条第二款也仅在采购公告发布及报名、资格审查及采购文件发售、采购文件的澄清或修改及响应文件评审等几个环节进行了规定，对于竞争性磋商采购方式的适用条件以及其他采购环节上的流程，113号文并没有进一步规定（表7-1）。

PPP项目政府采购各种方式的适用条件 表7-1

采购方式	适用条件
公开招标	适用于核心边界条件和技术经济参数明确、完整、符合国家法律法规和政府采购政策，且采购中不作更改的项目
邀请招标	（1）具有特殊性，只能从有限范围的供应商处采购的。 （2）采用公开招标方式的费用占政府采购项目总价值的比例过大的
竞争性谈判	（1）招标后没有供应商投标或者没有合格的或者重新招标未能成立的。 （2）技术复杂或者性质特殊，不能确定详细规格或者具体要求的。 （3）采用招标所需时间不能满足用户紧急需要的。 （4）不能事先计算出价格总额的
竞争性磋商	（1）政府购买服务项目。 （2）技术复杂或者性质特殊，不能确定详细规格或者具体要求的。 （3）因艺术品采购、专利、专有技术或者服务的时间、数量事先不能确定等原因不能事先计算价格总额的。 （4）市场竞争不充分的科研项目以及需要扶持的科技成果转化项目。 （5）按照《招标投标法》及其实施条例，必须进行招标的工程建设项目以外的工程建设项目
单一来源采购	（1）只能从唯一供应商处采购的。 （2）发生不可预见的紧急情况不能从其他供应商处采购的。（3）必须保证原有采购项目一致性或者服务配套的要求，需要继续从原供应商处添购，且添购资金总额不超过原合同采购金额10%的

7.4.3　PPP项目招标采购方式的适用性比较

《关于印发政府和社会资本合作模式操作指南（试行）的通知》（财金〔2014〕113号）规范了PPP项目的识别、准备、采购、执行、移交等环节的操作流程。《政府和社会资本合作项目政府采购管理办法》（财库〔2014〕215号）对政府采购PPP项目的操作流程进行规范。《政府采购法》将公开招标、邀请招标、竞争性谈判、单一来源采购、询价以及国务院政府采购监督管理部门认定的其他采购方式如竞争性磋商等，确定为政府采购方式。

根据《招标投标法》规定，大型基础设施、公用事业等关系社会公共利益、公众安全的项目必须进行招标。《政府采购法》也明确规定，公开招标应作为政府采购的主要采购方式。

虽然财政部提出PPP项目采购可以采用竞争性磋商和单一来源采购等非招标方式进行采购，但是财政部提出的竞争性磋商管理办法的适用条件是PPP模式中的政府购买服务项目，而不是特许经营项目，单一来源采购的使用范围也不适用于特许经营项目。

笔者认为，PPP模式中的特许经营项目，建设运营标准和监管要求明确、有关领域市场竞争比较充分的，应当通过公开招标方式选择特许经营者。公开招标有利于规避法律风险。另外，即使采购需求不明确的项目也可采用两阶段方式进行招标，通过第一阶段招标明确采购需求和PPP合同。

7.5 PPP项目政府采购的一般程序

PPP项目的一般采购流程包括资格预审、采购文件的准备和发布、提交采购响应文件、采购评审、采购结果确认谈判、签署确认谈判备忘录、成交结果及拟订项目合同文本公示、项目合同审核、签署项目合同、项目合同的公告和备案等若干基本环节。

7.5.1 资格预审

根据《PPP项目采购办法》第五条，PPP项目采购应当实行资格预审。项目实施机构应当根据项目需要准备资格预审文件，发布资格预审公告，邀请社会资本和与其合作的金融机构参与资格预审，验证项目能否获得社会资本响应和实现充分竞争。

一般的政府采购中，资格预审并非采购的必经前置程序，然而，PPP项目中，无论采取何种采购方式，均应进行资格预审程序。这是由于PPP项目作为一种新型的政府采购服务、建立了政府与企业间的长期合作关系，政府希望通过前置的资格预审程序，实现项目实施机构对参与PPP项目的社会资本进行更为严格的筛选和把控，保障项目安全。

根据《招标投标法实施条例》、113号文和《PPP项目采购办法》等规定，PPP项目资格预审流程如图7-1所示。

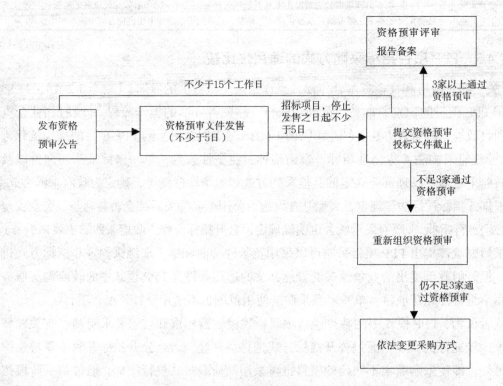

图 7-1 PPP项目资格预审的一般流程

7.5.2 公开招标和邀请招标

根据《招标投标法》、《招标投标法实施条例》、《政府采购法》、《政府采购法实施条例》、《政府采购货物和服务招标投标管理办法》、113号文和《PPP项目采购办法》等规定，通过公开招标及邀请招标方式采购PPP项目的流程如图7-2所示。

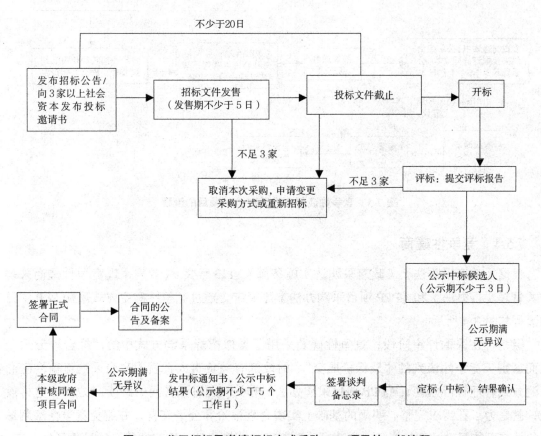

图7-2 公开招标及邀请招标方式采购PPP项目的一般流程

7.5.3 竞争性谈判

根据《政府采购法》、《政府采购法实施条例》、113号文、《政府采购非招标采购方式管理办法》和《PPP项目采购办法》等规定，通过竞争性谈判方式采购PPP项目的流程如图7-3所示。

就竞争性谈判和竞争性磋商采购方式，需要特别说明是：第一，我国《政府采购法》规定的政府采购方式并不包括竞争性磋商，竞争性磋商是财政部于2014年依法创新的政府采购方式。竞争性磋商和竞争性谈判相比，二者关于采购程序、供应商（即PPP项目中的社会资本，下同）来源方式、采购公告要求、响应文件要求、磋商或谈判小组组成等方面的要求基本一致。

127

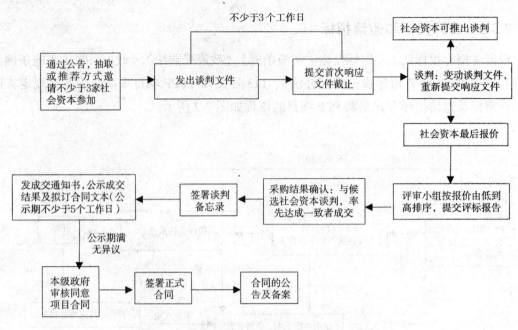

图 7-3　竞争性谈判方式采购 PPP 项目的流程

7.5.4　竞争性磋商

根据《政府采购法》、《政府采购法实施条例》、113 号文、《政府采购竞争性磋商采购方式管理暂行办法》和《PPP 项目采购办法》等规定,通过竞争性磋商方式采购 PPP 项目的流程如图 7-4 所示。

但是,在采购评审阶段,竞争性磋商采用了类似招标采购方式中的"综合评分法",从而区别于竞争性谈判的"最低价成交"。财政部有关负责人在就《政府采购竞争性磋商采购方式管理暂行办法》、《PPP 项目采购办法》有关问题答记者问中解读:"之所以这样设计,就是为了在需求完整、明确的基础上实现合理报价和公平交易,并避免竞争性谈判最低价成交可能导致的恶性竞争,将政府采购制度功能聚焦到'物有所值'的价值目标上来,达到'质量、价格、效率'的统一。"

根据《政府采购非招标采购方式管理办法》和《政府采购竞争性磋商采购方式管理暂行办法》的一般性规定,供应商的来源方式均包括以下三种:

(1) 采购人/采购代理机构发布公告。

(2) 采购人/采购代理机构从省级以上财政部门建立的供应商库中随机抽取。

(3) 采购人和评审专家分别以书面推荐的方式邀请符合相应资格的供应商参与采购。

但是,针对采用竞争性磋商方式进行采购的 PPP 项目,113 号文第十七条第二款规定,"项目采用竞争性磋商采购方式开展采购的,按照下列基本程序进行:(一) 采购公告发布及报名:竞争性磋商公告应在省级以上人民政府财政部门指定的媒体上发布……"。

上述 113 号文规定中,供应商的来源仅涉及通过发布公告一种方式,而并未涉及采购

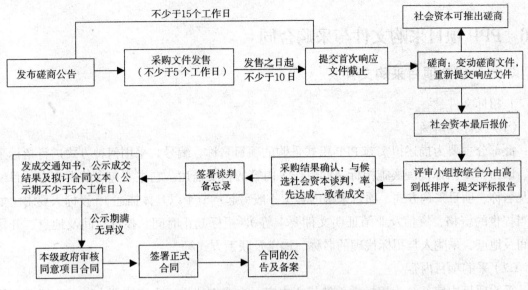

图 7-4　竞争性磋商方式采购 PPP 项目的流程

人/采购代理机构从供应商库中随机抽取及采购人和评审专家分别书面推荐邀请两种方式。上述规定究竟为立法疏漏抑或是相关立法针对 PPP 项目采购的特别规定,财政部目前出台的相关文件中尚未给出答案;而在实际操作中,对于以竞争性磋商方式进行采购的 PPP 项目,对于上述文件,我们通常从严格解释的角度建议项目实施机构以发布公告作为供应商的唯一来源方式。

7.5.5　单一来源采购

根据《政府采购法》、《政府采购法实施条例》、113 号文、《政府采购非招标采购方式管理办法》和《PPP 项目采购办法》等规定,通过单一来源采购方式采购 PPP 项目的流程如图 7-5 所示。

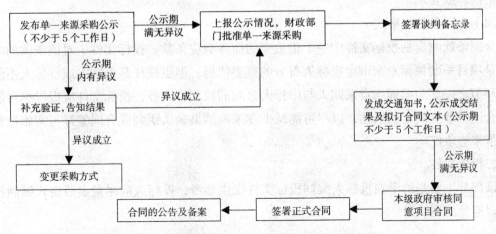

图 7-5　单一来源采购方式采购 PPP 项目的流程

7.6 PPP 项目采购文件与采购合同

7.6.1 PPP 项目采购文件

1. 招标文件

（1）投标邀请函

此部分主要为描述拟实施 PPP 模式采购的项目名称、编号、采用何种方式进行招标采购、以由哪个招标代理实施招标采购工作等内容的精要描述。它主要包含的内容有项目编号及名称、项目采购方式、项目采购内容（一般另起章节予以具体描述）、投标人要求（如应当提供的资格、资信及业绩证明文件要求等）、招标起止时间、投标时间及地点、开标时间及地点、采购人与招标代理的名称、地点及联系方式等。

（2）采购项目内容

采购项目内容部分为招标文件的核心内容，主要描述投标人资格要求、采购拟采购的工程项目或服务项目的情况、拟采购的具体内容及技术参数要求（含工程或设备、服务的数量要求、技术指标参数要求、商务要求、合同款项支付依据及时机等）、项目回报机制、投标人及投标文件编制的边界要求（未能达到边界条件的投标文件将被认定为无效投标文件）、招标文件编制或报价文件编制要求、政府对项目实施机构的授权、实施方案的批复和项目相关审批文件、采购结果确认谈判中项目合同可变的细节以及是否允许未参加资格预审的供应商参与竞争并进行资格后审等内容。

（3）投标人须知

主要描述招标说明、招标文件中出现的名字（名称）的定义、投标人所提供的服务要求、招标文件的组成描述、招标文件澄清要求及时间约定、招标文件的修改或补充的要求及时间约定、投标义件的编制要求、是否接受联合体投标的描述、投标文件的数量及递交时间、地点等要求、项目评标办法及流程的约定、其他招标代理机构或采购人认为需要予以明确说明的内容或要求。

（4）合同条款与格式

合同条款响应是投标文件中一个很重要的商务响应条款，投标文件中对该条款的响应程度是项目采购评标专家审定投标人得分的重要依据，但也往往是采购人或投标人不够重视的环节之一。为明确约定采购人与中标人之间的权利、义务，投标文件应提供尽可能详尽的合同条款、约定的描述，以尽可能减少在采购结果确认谈判或合同签订与实施过程中可能带来的争议。

2. 投标文件

该部分主要是给潜在投标人编制投标文件提供参考，投标人应尽量参照格式编制投标文件以避免出现缺漏。

7.6.2 PPP 项目采购合同

1. 政府采购合同与其他合同的区别

政府采购合同与其他采购合同的最大区别主要体现在以下几个方面：

（1）政府采购合同的拟订不仅要符合《合同法》的规定，而且还要符合《政府采购法》的规定。

（2）政府采购合同的拟订必须要以招标文件（包括竞争性谈判文件、询价采购文件等）为蓝本，不能脱离招标文件的基本原则与范围。

（3）政府采购合同既有民事合同的属性，又具有行政合同的属性，它是指行政主体为了实现行政管理目的，而与公民、法人或其他组织就相互间的权利义务所达成的协议，它的一方为政府相关部门，其目的是政府各级及其所属机构为了开展日常政务活动或为公众提供公共服务的需要所进行的采购。

（4）政府采购合同属于双务、有偿合同，即指当事人双方相互之间存在对待给付义务，且当事人一方取得权利必须支付相应代价的合同。这个代价一般是指支付报酬或酬金，报酬或酬金属于财政性资金。

2. PPP 合同编制原则

PPP 项目的政府采购合同，必须遵循以下几个基本的原则：

（1）坚持依法治理的原则

在依法治国、依法行政的框架下，充分发挥市场在资源配置中的决定性作用，允许政府和社会资本依法自由选择合作伙伴，充分尊重双方在合同订立和履行过程中的契约自由，依法保护 PPP 项目各参与方的合法权益，共同维护法律权威和公平正义。

（2）坚持平等合作的原则

即政府与社会资本在 PPP 项目合同中是平等的法律主体，双方法律地位平等、权利义务对等，应在充分协商、互利互惠的基础上订立合同，并依法平等地主张合同权利、履行合同义务。

（3）坚持维护公益的原则

建立履约管理、行政监管和社会监督"三位一体"的监管架构，优先保障公共安全和公共利益。PPP 项目合同中除应规定社会资本方的绩效监测和质量控制等义务外，还应保证政府方合理的监督权和介入权，以加强对社会资本的履约管理。与此同时，政府还应依法严格履行行政管理职能，建立健全及时有效的项目信息公开和公众监督机制。

（4）坚持诚实守信的原则

政府和社会资本应在 PPP 项目合同中明确界定双方在项目融资、建设、运营、移交等全生命周期内的权利义务，并在合同管理的全过程中真实表达内容本意，认真恪守合同约定，妥善履行合同义务，依法承担违约责任。

（5）坚持公平效率的原则

在 PPP 项目合同中要始终贯彻物有所值原则，在风险分担和利益分配方面兼顾公平与效率：既要通过在政府和社会资本之间合理分配项目风险，实现公共服务供给效率和资金使用效益的提升，又要在设置合作期限、方式和投资回报机制时，统筹考虑社会资本方的合理收益预期、政府方的财政承受能力以及使用者的支付能力，防止任何一方因此过分受损或超额获益。

（6）灵活兼顾的原则

鉴于 PPP 项目的生命周期通常较长，在合同订立时既要充分考虑项目全生命周期内的实际需求，保证合同内容的完整性和相对稳定性，也要合理设置一些关于期限变更（延期和提前终止）、内容变更（产出标准调整、价格调整等）、主体变更（合同转让）的灵活调整机制，为未来可能长达 20～30 年的合同执行期预留调整和变更空间。

3.PPP 合同的主要组成部分

（1）合同文本说明

主要说明 PPP 合同拟订过程中主要参考依据，主要包括国家的法律法规或管理办法等。与此同时，也可将 PPP 合同项目的标的进行简述。

（2）合同声明

合同主体应在合同正文条款前就其正式签署 PPP 项目合同所必须获得的授权、主体情况、项目运营法律依据等进行声明。

（3）合同主体及引言

合同主体指详细说明合同主体各方的情况，包括但不限于合同主体名称（全称）、法定代表人、办公或注册地址、联系方式（含电话、传真及电子邮箱等）。引言主要阐述合同签署的依据（主要的法律法规依据、政府招投标情况）、合同签署时间、合同标的的概括描述。

（4）定义和解释

主要对合同中出现的合同主体、合同标的、合同所涉专用名称等进行说明，使阅读者能更清楚地掌握具体内容及要求。

4.合同的主要内容

该部分为 PPP 合同的核心所在，它以合同条款的形式对合同主体间的合作内容、款项支付、责任义务、违约与解决等约定以合同条款的形式予以固化。

政府采购合同是采购人根据招标文件、投标文件中的约定与中标人之间签订的采购合同，主要的体现形式有设备采购合同、工程建设施工协议、服务协议等。

7.7 PPP 项目政府采购案例分析

7.7.1 案例 1

1.案例背景

××市作为 2015 年国家地下综合管廊试点城市，根据国家相关文件要求，探索采取

PPP模式吸引社会资本参与项目的投资建设和运营维护，承担合作期限内的项目管理，发挥政府和社会资本各自优势，合理延长设施运营期限，降低政府年度直接投资压力，提高市政设施公共服务的质量和效率。

地下综合管廊建设内容：包括H大街区域、G新城区域、L经济区域共11条、25公里综合管廊建设项目，其中，主城区建设13公里，新城区建设12公里，工程静态投资28亿元。争取达到两年初见成效、三年实现运营的总体目标。

根据财政部、住房和城乡建设部联合印发的《关于市政公用领域开展政府和社会资本合作项目推介工作的通知》（财建〔2015〕29号）文件精神，该项目采取"投资、建设和运营维护一体化＋入廊单位付费＋政府补贴"的运作方式。合作期包括建设期和运营期，建设期2年，运营期为25年。

××市政府指定A市建设集团有限公司与社会资本共同成立项目公司。项目公司负责融资、建设和项目设施的运营维护。项目公司与入廊单位签订《入廊协议》。

项目建成投入使用后，在项目合作期限内，项目公司根据市政府及价格主管部门出台的收费政策对入廊单位使用地下综合管廊进行收费（包括入廊费和管廊运行维护费收入）。市政府按照设施使用的绩效考核情况分期支付财政补贴，合作期满后项目设施无偿移交给政府指定机构。

该项目的招标采购策划如下：由××市市城乡建设委员会作为招标人，通过招标方式，选定社会资本。由于主城区的地下综合管廊建设面临交通和临时施工场地问题，采用的施工工艺有所区别。主城区拟采用叠合整体式工艺施工，新城区采用传统的现场浇筑工艺施工。为了保障项目顺利实施，本次采取主城区和新城区管廊建设分开招标的方式。

该项目对投资人的资格条件作出如下规定：

首先，需具备的一般资格条件有：投资人可以是依法注册的独立法人实体，也可以是由不同法人实体组成的联合体；投资人应具有与本项目投资相适应的资金保障能力及良好的财务状况和商业信誉；投资人（或组成投资人联合体中的一方）应具备建设行政主管部门核发的施工总承包相应资质。

其次，针对主城区项目的资格条件包括：有大型路桥、隧道等类似工程的混凝土预制构件施工经验和业绩。

在招标方式选择方面，根据《政府采购法》、《政府采购法实施条例》、《关于印发政府和社会资本合作模式操作指南（试行）的通知》（财金〔2014〕113号）以及《政府和社会资本合作项目政府采购管理办法》（财库〔2014〕215号）等有关规定，本次采取公开招标的方式选择社会投资人。

在资格审查方式选择上，规定如下：由于A城市冬季寒冷、施工期较短，为了推进项目实施，采用资格后审方式对社会资本进行资格审查。

该项目采用综合评估法，对投标人的投标报价、建设维护方案、财务方案和法律方案等进行综合评审，并按得分由高到低顺序排定中标候选人。

在澄清谈判方面，招标人将与排名第一的中标候选人进行澄清谈判。澄清谈判需在规定期限内完成。如双方达成一致，则该投标人会被选定为中标人。如招标人未能与排名第一的中标候选人达成一致，可依次与排名第二、排名第三的中标候选人进行澄清谈判。中标候选人中与招标人达成协议者即被确定为中标人。

2. 案例分析和建议

××市城市地下综合管廊项目因其建设运营标准和监管要求明确、有关领域市场竞争比较充分，故通过招标方式选择特许经营者。

然而对于招标人无法精确拟订特许经营项目实施方案核心需求目标、交易边界条件、提供产品或者服务成果标准和项目建设技术经济标准要求的项目，笔者也建议可以采用两阶段招标的方法。即：

第一阶段，招标人依法发布招标公告或者投标邀请书，编制和发出《征询特许经营项目商务技术方案建议文件》，向潜在投标人征询特许经营项目的基本需求目标、交易边界条件、产品或者服务成果标准和项目建设技术方案等建议。招标人再根据潜在投标人提交的特许经营项目的商务技术方案建议书编制特许经营招标文件。

第二阶段，招标人向在第一阶段提交商务技术方案建议书的投标人提供招标文件，投标人按照招标文件要求，提交包括最终项目实施计划和投标报价在内的投标文件。评标委员会对投标文件进行评审后，推荐中标候选人。

综上所述，笔者建议PPP项目在招标采购阶段，应在现行法律法规框架下将法律法规与项目实践需要有机结合起来，做出切实有效的制度更新和流程优化，坚持创造公平竞争的市场环境，结合物有所值的经济目标，确保PPP项目的效率与效益。同时，采用适合我国国情的PPP项目招标采购方式、采购程序以及监管方式，为推动我国PPP项目健康发展提供保障。

7.7.2 案例2

1. 案例背景

2015年5月28日，某部委在其官方网站以"某市创新推进PPP模式建设"为题，对某市外环北路工程PPP项目介绍如下："2015年5月6日，某市外环北路工程PPP项目正式签约，成为国内运用PPP模式建设纯公益性项目的'破题之作'。该项目总投资额达到19.76亿元人民币，采用DBFO（设计—建设—融资—经营）的运作方式，严格按照财政部等部委的文件规定规范推进。

项目建成后，将连接城市几大板块，形成'内成网、外成环'的城市道路框架。该项目对纯公益性项目如何规范运用PPP模式的难题进行了有效破解，在运作方式、绩效考核和竞价方式等方面积极探索，大胆创新，为全省乃至全国纯公益性项目采用PPP模式提供了成功的经验。"

该项目作为国内首例市政道路PPP项目，确实提供了相应的经验，但在通往成功的路上也有挫折,其第一次招标即流标,随后相关方修改了相应的资格审查标准,第二次招标后才成功。

2. 案例分析

第一次招标采取资格后审。2015年1月9日,采购人某市城乡建设委员会在某市公共资源交易中心等公布了《某市外环北路工程PPP项目招标公告》,该公告第三条第二款规定:"本项目实行资格后审制度,资格审查采用合格制,请有意参与本项目竞争的社会资本慎重考虑自身条件是否符合上述资格条件的要求。"

第一次招标后流标。第一次招标公告发布后,有13家企业报名,其中10家央企、2家国企、1家上市民企,但最终投标人数不足三家。2015年2月10日,某市城乡建设委员会在某市公共资源交易中心等公布了《某市外环北路工程PPP项目流标公示》,公布的流标原因为:"提交投标文件且符合本项目招标文件要求的投标人少于两家,该项目流标。"

第二次招标采取资格预审。2015年2月12日,采购人某市城乡建设委员会在某市公共资源交易中心等公布了《某市外环北路工程PPP项目资格预审公告》,直接采取资格预审,并规定:"资格预审文件递交结束后,采购人将组织资格预审委员会对所有递交资格预审申请文件的社会资本进行资格预审,并按规定将资格预审结果进行公示。"

第二次招标成功。第二次招标公告发布后,有10家企业报名,其中5家央企、3家国企、2家民企。2015年3月10日,某市城乡建设委员会公布了《某市外环北路工程PPP项目资格预审结果公示》,公布:"按程序规定,于某市公共资源交易中心抽取5名资格预审专家,组成资格预审委员会,经评审提交资格预审申请文件的社会资本或联合体均符合资格预审文件的要求,全部通过资格预审"。进入下一步的投标程序。

PPP项目非常复杂,须慎重对待。PPP项目不是单纯的施工合同,也不是单纯的融资合同,亦不是单纯的设计合同,它是包含了项目合同、投资协议、公司章程、施工合同、融资合同、设计合同、保险合同、采购合同等一系列合同的合同体系。PPP项目的合作模式并不仅包括BOT,还包括BOO、ROT、TOT等模式,甚至如某市外环北路工程PPP项目的DBFO模式,在投标人(社会资本)没弄明白该PPP项目前,一般不会贸然投标。

资格预审方式较适合PPP项目。虽然资格预审相对于资格后审的最大劣势是资格预审后投标人或潜在投标人之间均相互知晓并有可能造成串标的风险,但对于此等串标的风险,除了法律、法规明文禁止并给予严厉处罚甚至是刑事处罚外,采购人还可以通过设置最高投标限价、标底等方式预防其串标。同时,因PPP项目的复杂性,PPP项目选择社会资本时,招标只是方式之一,如果一旦通过资格预审的投标人不足三家的,采购人可以及时依法调整采购方式,避免时间浪费。对此,财政部发布的《政府和社会资本合作项目政府采购管理办法》(财库〔2014〕215号)第八条进行了明确的规定,"项目有3家以上社会资本通过资格预审的,项目实施机构可以继续开展采购文件准备工作;项目通过资格预审的社会资本不足3家的,项目实施机构应当在调整资格预审公告内容后重新组织资格预审;项目经重新资格预审后合格社会资本仍不够3家的,可以依法变更采购方式。资格预审结果应当告知所有参与资格预审的社会资本,并将资格预审的评审报告提交财政部门(政府和社会资本合作中心)备案"。

3. 对资金实力资格条件设置的法律应用分析

该PPP项目的经验是:

(1)第一次招标要求的资金实力资格条件。根据2015年1月9日某市城乡建设委员会发布的招标公告,某市外环北路工程PPP项目要求投标的社会资本必须具备如下两项资金实力资格条件:

1)具有良好的银行资信、财务状况以及相应的投融资、偿债能力。截至2013年12月31日,经审计的企业净资产不低于人民币柒亿元整(或等值外币,下同);

2)截至报名文件递交截止日,企业注册资本不低于人民币伍亿元整。

(2)流标后第二次招标要求的资金实力资格条件。根据2015年2月12日某市城乡建设委员会发布的资格预审公告,流标后经分析原因,降低了社会资本资金实力资格条件,规定如下:

1)具有良好的银行资信、财务状况以及相应的投融资、偿债能力。截至2013年12月31日,经审计的企业净资产不低于人民币伍亿元整(或等值外币,下同);

2)截至资格预审申请文件递交截止日,企业注册资本不低于人民币叁亿伍仟万元整。

对经审计的企业净资产和注册资本等条件予以降低后,也就降低了投标的门槛,有利于吸引更多的投标人进入,从而避免了投标人不满3家的风险。

PPP项目通常均为投资规模较大的项目。《财政部关于推广运用政府和社会资本合作模式有关问题的通知》(财金〔2014〕76号)明确规定,"适宜采用政府和社会资本合作模式的项目,具有价格调整机制相对灵活、市场化程度相对较高、投资规模相对较大、需求长期稳定等特点"。同时,从国家发展改革委发布的PPP项目库中可以一窥究竟,项目的投资额以亿元作为计算单位,发布的1000多个项目中,总投资近2万亿元。

PPP项目资金实力资格条件不应过高。一是过高设置的话,将减少合格投标人的数量,吸引不了足够的投标人来投标,也就不能有效地促进竞争,更容易让投标人之间形成串标等风险。二是过高设置的话,将存在涉嫌以不合理的条件限制、排斥潜在投标人或者投标人的法律风险。

PPP项目资金实力资格条件不应过低。过低设置的话,将增加采购人资格审查的工作量,也容易将一些不具备实施以亿元为计算单位的PPP项目的单位吸引过来,从而对后期PPP项目的实施构成不利影响。因此,对于PPP项目,采购人可以先对市场进行调查及预判,本PPP项目在市场上的潜在投标人会有哪些?这些潜在投标人的平均注册资本、资产状况如何?采购人可以在平均线以上,结合本PPP项目的具体投资规模,做出一个相对合适的条件设置。

第 8 章　PPP 项目典型案例分析

为加快推广 PPP 模式，更好地鼓励和引导社会投资，经各省、自治区、直辖市、计划单列市发展改革委推荐，国家发展改革委审核并建立国家发展改革委 PPP 项目库，面向全社会公开发布。针对各地普遍反映的推进 PPP 项目缺少操作经验、缺乏案例指导等问题，国家发展改革委公开了 13 个具有一定代表性、示范性的 PPP 项目案例，供有关方面参考借鉴。这 13 个 PPP 项目案例是：北京地铁 4 号线项目、大理市生活垃圾处置城乡一体化系统工程、固安工业园区新型城镇化项目、合肥市王小郢污水处理厂资产权益转让项目、江西峡江水利枢纽工程项目、酒泉市城区热电联产集中供热项目、陕西南沟门水利枢纽工程项目、深圳大运中心项目、苏州市吴中静脉园垃圾焚烧发电项目、天津市北水业公司部分股权转让项目、渭南市天然气利用工程项目、张家界市杨家溪污水处理厂项目、重庆涪陵至丰都高速公路项目。

这些 PPP 示范项目涉及水利设施、市政设施、交通设施、公共服务、资源环境等多个领域，涵盖 BOT、TOT、BOO 等多种操作模式。这些项目是各地引入市场机制、推进 PPP 模式的有益探索，在社会资本选择、交易结构设计、回报机制确定等方面具有一定参考价值，由于篇幅所限，本章介绍了部分案例。

8.1　案例 1：深圳大运中心项目

8.1.1　案例背景

深圳大运中心位于深圳市龙岗区龙翔大道，距离市中心约 15km，是深圳举办 2011 年第 26 届世界大学生夏季运动会的主场馆区，也是深圳实施文化立市战略、发展体育产业、推广全民健身的中心区。

大运中心含"一场两馆"，即体育场、体育馆和游泳馆，总投资约 41 亿元，位于深圳龙岗中心城西区。大运中心工程量巨大，南北长约 1050 米，东西宽约 990 米，总用地面积 52.05 万平方米，总建筑面积 29 万平方米，场地面积相当于 132 个标准足球场。其中，体育场总体高度 53 米，地上建筑五层，地下一层，于 2010 年底完工，成为深圳地标性建筑。

世界大学生夏季运动会成功举办之后,深圳大运中心的运营维护遇到了难题,每年高达 6000 万元的维护成本成为深圳市政府的沉重负担。

8.1.2 案例分析

1. 项目结构

本项目采用 ROT(修建—运营—移交)模式,即龙岗区政府将政府投资建成的大运场馆交给佳兆业集团以总运营商的身份进行运营管理,双方 40 年约定期限届满后,再由佳兆业将全部设施移交给政府部门。

佳兆业接管大运中心并不涉及房地产开发。为破解赛后场馆持续亏损的难题,深圳市政府同意把大运中心周边 1 平方公里的土地资源交给龙岗区开发运营,并与大运中心联动对接,原则上不得在大运中心"红线"内新建建筑物。佳兆业依托于场馆的平台,把体育与文化乃至会展、商业有机串联起来,把体育产业链植入到商业运营模式中,对化解大型体育场馆赛后运营财务可持续性难题进行了有益尝试。深圳大运中心项目结构如图 8-1 所示。

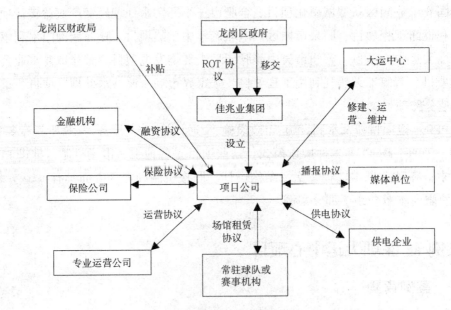

图 8-1 深圳大运中心项目结构图

项目结构的基本内容是佳兆业集团与龙岗区政府签订"一场两馆"ROT 主协议,获得 40 年的修建和运营管理权。佳兆业集团成立项目公司,作为深圳大运中心项目的配套商业建设及全部运营管理的平台,财政对项目公司给予五年补贴。项目公司与专业运营公司签订运营协议,与常驻球队和赛事机构签订场馆租赁协议,与保险公司签订保险协议,与供电企业签订供电协议,与金融机构签订融资协议,与媒体单位签订播报协议。

2. 交易过程

龙岗区政府为完成深圳大运中心运营商的选聘工作，成立选聘工作领导小组，参照国内外大型体育场馆的运营经验编制了运营商选聘核心边界条件、招商推介手册及选聘工作流程，采取边考察边推介的方式，迅速开展对北京、上海、天津等3个城市8个典型场馆的考察调研，同时与国内外多家知名运营商进行了多次接触、洽谈。

结合企业的竞聘意愿和综合考察情况，邀请七位分别具有北京奥运会、上海世博会、广州亚运会运营经验的职业经理人和体育产业、规划、财务方面的专家学者组成筛选团队，对4家综合实力强的潜在运营商的资历、运营管理、改造及修建、财务等5个方面21项内容进行审查、甄选，专家现场投票推荐了2家最优谈判对象，经过区政府常务会议审议，确定佳兆业集团为首选谈判对象，经过2个多月的多轮谈判，最后选定实力雄厚、社会责任感强的佳兆业集团作为大运中心总运营商。

2013年1月，佳兆业集团深圳有限公司与深圳市龙岗区文体旅游局签订修建—运营—移交（ROT）协议，协议规定佳兆业集团拥有项目40年的运营管理期，前5年政府给予每年不超过3000万元的补贴，同时要求佳兆业在5年内完成不低于6亿元人民币的修建及配套商业修建工程的全部投资。运营期间，项目设立由佳兆业项目公司与龙岗区政府双方共同管理的调蓄基金，调蓄基金从运营利润中提取，基金主要用于场馆的日常维护、增加赛事活动数量，提升赛事活动档次等。

3. 项目特点

深圳大运中心项目主要有以下几个特点：

首先，深圳大运中心项目是PPP模式在文体领域应用的典范，为政府解决大型赛事结束后场馆永续利用和经营难题提供了解决方案。

其次，深圳大运中心项目采取总运营商与专业团队共同运营的模式，由实力雄厚的总运营商引入AEG、英皇集团、体育之窗等具有国内外赛事、演艺资源和场馆运营经验的专业运营团队共同承担运营职责。

第三，构建了商业—场馆—片区的联动商业模式，创立运营调蓄基金，通过商业运作反哺场馆运营，进而由场馆带来的人流带动大运新城开发建设。

第四，引入财政资金支持，通过前五年运营和赛事财政补贴、演艺专项补贴等方式，扶持总运营商引进更多更好的赛事和演艺活动，尽快提升场馆的人气和档次。

第五，建立运营绩效考核机制，每年由管理部门对总运营商进行绩效评估和公众满意度测评，并邀请有国际化场馆运营经验的机构做出第三方评估。将考核评估与奖励挂钩，成立由文体旅游、发改、财政、公安、交通、城管等相关职能部门组成的运营监管协调服务机构，协助总运营商做好运营。

4. 案例经验与借鉴价值

大赛后大型体育场馆运营是个众所周知的世界性难题，在每一次大型赛事后主办城市的场馆运营便会出现困境，该现象被称为"蒙特利尔陷阱"。1976年加拿大蒙特利尔奥运会，致使蒙特利尔财政负担持续 20 多年；1998 年日本长野冬奥会后，场馆设施高额维护费导致长野经济举步维艰；2000 年悉尼奥运会后部分场馆一直亏损。全国 34 个省会城市的运动场馆，超过 95% 都是亏损的。北京奥运会和广州亚运会，大量场馆在赛后遭遇了不同程度的困境，部分位置偏僻的场馆甚至出现长期闲置。

深圳大运中心项目采取的总运营商与专业团队共同运营大运中心的模式为项目运营质量的保障奠定了基础。项目建立运营调蓄基金，通过商业运作反哺场馆运营的资金管理办法为平衡大运场馆日常维护费用提供了资金渠道。从国内其他大型场馆的运营经验来看，仅仅依靠场馆的租赁费用难以为继场馆的日常维护费用，龙岗区政府与佳兆业集团吸取国内外经验，通过划拨方式将部分商业用地交由总运营商开发利用，以此产生的利润来弥补大运场馆日常运营的亏损情况，创造性地提出由政府方和运营方共同管理的调蓄基金的做法值得在更广范围内推广。

此外，该项目在运营初期引入了有力的政府补贴机制，有效地缓解了大型场馆运营之初通常出现的较大额度的收不抵支状况，降低总运营商的资金压力。

8.2 案例 2：合肥市王小郢污水处理厂项目

8.2.1 案例背景与项目概况

合肥市王小郢污水处理厂是安徽省第一座大型城市污水处理厂，也是当时全国规模最大的氧化沟工艺污水处理厂。项目分两期建设，日处理能力合计 30 万吨，建设总投资约 3.2 亿元。污水厂建成后曾获得市政鲁班奖，是建设部指定的污水处理培训基地和亚行在中国投资的"示范项目"，为巢湖污染综合治理发挥了重要作用。

2001 年，安徽当地某环保公司曾上书省政府和市政府，要求政府出于扶持本地企业发展的目的，将王小郢污水处理厂以高于评估价的一定价位直接出售给它，同时还许诺将在未来几年投资兴建更多的污水处理厂。2001 年 6 月，该公司曾与政府签订了王小郢经营权收购合同，当时的条件是转让价款 3.5 亿元，污水处理费单价约 1 元/吨，后来由于融资及其他方面的问题，该环保公司收购王小郢污水处理厂经营权未果。

2002 年 9 月，国家发改委、建设部、国家环境保护总局等多部门联合印发了《关于推进城市污水、垃圾处理产业化发展的意见》。2002 年 12 月，建设部发布了《关于加快市政公用行业市场化进程的意见》，允许外资和民资进入市政公用领域。合肥市政府抓住这一机遇，作出了"市政公用事业必须走市场化之路、与国际接轨"的重大决策，决定把王小郢 TOT 项目作为市场化的试点。

8.2.2 运作模式与案例分析

1. 项目结构

经公开招标确定的中标人依法成立项目公司。市建委与项目公司签署《特许权协议》，代表市政府授予项目公司污水处理厂的特许经营权，特许期限23年；合肥城建投资公司与项目公司签署《资产转让协议》，落实项目转让款的支付和资产移交事宜；市污水处理管理处与项目公司签署《污水处理服务协议》，结算水费并进行监管。该项目的结构如图8-2所示。

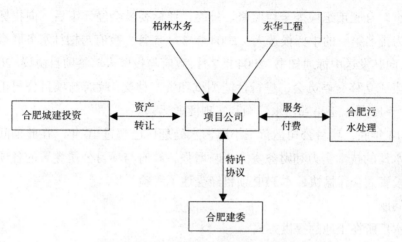

图8-2　合肥市王小郢污水处理项目结构图

2. 交易过程

（1）运作组织

2003年，合肥市成立了由常务副市长任组长、各相关部门负责人为成员的招标领导小组，并组建了由市国资委、建委、城建投资公司及相关专家组成的王小郢TOT项目办公室，负责具体工作。合肥市产权交易中心作为项目的招标代理。

（2）运作方式

项目采用TOT（转让—运营—移交）模式，通过国际公开招标转让王小郢污水厂资产权益。特许经营期（23年）内，项目公司提供达标的污水处理服务，向政府收取污水处理费。特许经营期结束后，项目公司将该污水厂内设施完好、无偿移交给合肥市政府指定单位。

招标文件中确定特许经营期的污水处理服务费单价为0.75元/吨，投资人投标时报出其拟支付的资产转让价格。评标时采用综合评标法，其中资产转让价格为重要考虑因素。

（3）运作过程

2003年9月，合肥市产权交易中心网站和中国产权交易所网站、中国水网网站、《中国建设报》、《人民日报》（海外版）等媒体同时发布了王小郢TOT项目的招标公告。

同月，合肥市产权交易中心发布《资格预审公告》，共7家单位提交了资格预审申请文件，经专家评审，确定6家通过并向其发售招标文件。随后，转让办公室组织召开了标前会议，并以补充通知的形式对投标人的问题进行了多次解答。

2004年2月，王小郢项目在合肥市产权交易中心开标，共有4家单位提交了投标文件。开标结果，对转让资产权益报价最高的是德国柏林水务—东华工程联合体，出价4.8亿元人民币，其次是天津创业环保股份有限公司出价 4.5 亿元人民币，中环保—上实基建联合体出价 4.3 亿元人民币名列第三。所有投标单位的投标报价公布后，合肥市常务副市长王林建在开标现场宣布王小郢污水处理厂资产权益转让底价为 2.68 亿元。

开标后，招标人聘请技术、财务、法律等相关方面资深专家组成评标委员会，对投标文件进行评审，合肥市纪检委全程监督。最终，评标委员会经评审后，向招标方推荐柏林水务联合体为排名第一的中标候选人。2004 年 3～5 月，政府与柏林水务联合体澄清谈判并达成一致，向其发送中标通知书。2004 年 7 月，政府与投资人草签项目协议。2004 年 7～11 月，双方代表成立移交委员会，进行性能测试和资产移交；政府与项目公司正式签署项目协议。2004 年 12 月，王小郢污水厂顺利实现商业运营。

截止 2014 年底，项目公司运营王小郢污水处理厂已超过 10 年。在此期间项目运营顺利平稳，污水厂的技术实力和财务实力不断增强，政府与项目公司签署的各项协议执行良好，政府与投资人合作愉快，本 PPP 项目经受住了考验。

3. 关键问题

（1）污水厂所在土地的提供方式

本项目中原规定采用土地租赁的方式向投资人提供王小郢污水处理厂的土地。但由于项目特许经营期为 23 年，超过了我国法律对租赁期限最长 20 年的规定；同时，根据我国土地相关法律法规，地上附着物、构筑物实行"房随地走"的原则，租赁土地上的房屋和构筑物难以确权。最终经谈判，中标人同意在不调增水价的前提下，自行缴纳土地出让金，由政府向其有偿出让污水厂地块。

（2）职工安置

已建成项目的职工安置是一个敏感而重要的问题，如果解决得不好，将影响项目招商进展或给项目执行留下隐患。本项目在招标实施前期就对职工安置做出了稳妥的安排。资产转让前，就资产转让的事项征求了职工代表大会的意见，职工安置方案经职代会通过。同时，在招标文件中对投资人提出明确要求，资产转让后必须对有编制的职工全员接收并签订一定年限的劳动合同，保障了职工的切身利益。

（3）利率风险

投资人在谈判中提出要把利率变化的情况归入不可抗力的范围内，降低项目公司的风险。但考虑到项目采用市场化方式运作，应尊重市场化的规律，谈判小组没有接受投资人的这一要求，利率变化的风险仍由项目公司自行承担。

4. 本项目的借鉴价值

（1）规范运作和充分竞争实现项目价值最大化

王小郢项目整个运作过程规范有序，对潜在投资人产生了很大的吸引力，实现了充分的竞争。开标现场所有投标人的报价均远超底价，最高报价接近底价的 1.8 倍。这个项目是当时国内公开招标的标的额最大的污水厂 TOT 项目，开创了污水处理 TOT 运作模式的先河，招标结果在中国水务行业内引起轰动。与 2001 年准备转让给当地公司的条件相比，无论是资产转让价款还是污水处理服务费单价，招标竞争的结果都远远优于当时的项目条件。同时，从引入投资人的实力和水平来看，柏林水务集团是世界七大水务集团之一，拥有130多年运营管理城市给水排水系统的经验。通过招标，合肥市既引进了外资，又引入了先进的国际经验，同时还实现了国有资产的最大增值，为合肥市城市建设筹措了资金。

（2）充分的前期工作保障项目有序推进

合肥市政府对王小郢项目非常重视，成立了专门的决策和工作机构，并聘请了高水平的顾问团队。整个团队在研究和确定项目条件、落实前期各项工作等方面投入了很多精力，做了大量扎实的工作，避免出现拍脑袋决策的情况。从项目实施结果看，前期工作准备得越充分，考虑得越周全，后面的项目推进效率就越高，项目实施结果就越好。

（3）合理的项目结构与合同条款确保后期顺利执行

王小郢项目的结构设计对接了国际、国内资本市场的要求，符合水务行业的一般规律，得到广大投资人的普遍认可。项目合同中规定的商务条件、对权利义务和风险分配的约定比较公平合理，协议条款在执行过程中得到了很好的贯彻，为项目顺利执行奠定基础。

（4）践行契约精神对PPP项目的执行至关重要

王小郢项目迄今已运作10年，在此期间，政府每月及时足额与项目公司结算水费，严格按照法规和协议要求进行监管，并按照协议规定的调价公式对水价进行了四次调整（10年累计上涨不超过0.25元/吨）。此外，双方还参照协议精神完成了提标改造等一系列工程。合肥政府和项目公司对契约精神的践行保障了项目的长期执行。

8.3 案例3：苏州市吴中静脉园垃圾焚烧发电项目

8.3.1 案例背景和项目概况

1. 项目背景

进入21世纪后，苏州市城市化进程全面加快，但越来越多的城市生活垃圾与日益恶化的环境等伴随而来，解决垃圾围城问题迫在眉睫，但苏州市唯一的生活垃圾填埋场（七子山垃圾填埋场）已无法承受每年近百万吨的新增垃圾带来的环境影响，政府亟需全新的解决方案。市政府对多个国内垃圾处理的投资商进行全面考察后，最终选择与光大国际合作推进固体废弃物处置方面的首个BOT项目，正式拉开了苏州市与社会资本在垃圾处理行业的合作序幕。

2. 建设内容与规模

苏州市垃圾焚烧发电项目由一、二、三期工程组成，总投资超过18亿元人民币，设计日处理规模为3550吨，年焚烧生活垃圾150万吨，上网电量4亿千瓦时，是目前国内已经投运的最大的生活垃圾焚烧发电厂之一。项目采用国际先进的机械炉排技术，焚烧炉、烟气净化系统、自动控制、在线检测等关键设备均采用国际知名公司成熟产品，烟气排放指标全面达到欧盟2000标准，二噁英排放小于0.1纳克毒性当量每立方米。项目一期工程配置3台350吨/天机械炉排焚烧炉，2台9兆瓦/小时凝汽式汽轮发电机组，采用半干法加布袋除尘、活性炭吸附的烟气治理技术，烟气排放执行欧盟I号标准，日焚烧处理生活垃圾1000吨左右，各项生产指标在国内垃圾焚烧发电厂中均处于领先地位。二期工程新增日处理垃圾能力1000吨，三期工程日处理能力1550吨，并预留500吨能力。为配套焚烧厂的建设，苏州市政府与光大国际继续采取BOT方式，先后建成了沼气发电、危险废弃物安全处置中心、垃圾渗滤液处置等项目。同时，在政府的主导下，餐厨垃圾处理等其他固体废弃物处置项目也相继落户该区域内。这些项目相互配套形成了一定的集约效应和循环效应，为苏州城市化发展作出了积极的贡献。

截至2014年底，苏州垃圾焚烧发电项目累计已处理生活垃圾761.91万吨，上网电量19.39亿千瓦时，相当于节约标煤111.97万吨，减排二氧化碳255万吨。

3.实施进度

2003年9月，苏州市政府与光大国际签署了垃圾焚烧发电厂一期项目BOT合作协议，项目特许经营期为25.5年（含建设期）。2006年7月，苏州垃圾焚烧发电一期项目建成并正式投运，苏州市生活垃圾处置格局由传统的、单一的填埋处置形式，转变为"填埋为主、焚烧为辅"的形式。

2008年2月，垃圾焚烧二期项目开工建设，并于2009年5月建成投运。二期项目建成后，苏州市生活垃圾处理实现了"焚烧为主、填埋为辅"。

为了最大限度地保护环境，提高环境承载能力，更好地实现可持续发展和循环经济建设，苏州市政府与光大国际决定在原有成功合作的基础上，继续采用BOT合作方式，于2011年9月进行焚烧三期工程建设，并于2013年1月投入商业运行。至此，苏州市生活垃圾基本实现"全焚烧、零填埋"。

8.3.2 运作模式与案例分析

1.各方主体

项目合作双方分别为苏州市政府和光大国际。选择光大国际作为合作者的考虑主要是其"中央企业、外资企业、上市公司、实业公司"的四重身份，具备较强的项目实施能力。项目由苏州市市政公用局代表市政府签约；光大国际方面由江苏苏能垃圾发电有限公司［后更名光大环保能源（苏州）有限公司］签约。由苏州市市政公用局代表市政府授权该公司负责项目的投资、建设、运营、维护和移交。

双方签订《苏州市垃圾处理服务特许权协议》，并于2006、2007、2009等年度分别根据其中具体条款变更事项签订补充协议。

2.合作机制

项目分三期采用BOT方式建设，其中一期工程项目特许经营期为25.5年（含建设期），二期工程特许经营期23年，三期工程设定建设期两年，并将整体项目合作期延长3年，至2032年。在此合作模式下，市政府充分发挥其监管作用并建立较为完善的监管体系，主要包括三方面：

首先，项目所在地镇政府对产业园相关项目进行长期驻厂监管，并在厂内分别设有办公地点，对烟气、炉渣、飞灰等处置情况进行监管；相关职能部门成立的监管中心，有专人24小时联网监督重要的生产数据。

其次，垃圾焚烧发电项目的所有烟气排放均已实现在线公布，通过厂门口60平方米的电子显示屏向公众公示；且所有环保数据第一时间通过网络传输到环卫处监管中心、区、市环保局，实现了政府对运行的实时监管。

再次，政府部门每年两次委托市级以上政府环保监测机构对项目开展定期及不定期的常规烟气检测及二恶英检测，企业每年两次委托第三方对环境各项指标检测，确保项目运行中的环境安全。其中，二恶英每年共检测四次，由省环境监测站检测两次，项目公司自检两次，其他环境空气、生产废水、回用水检测频率已达到每月两次。从检测结果来看，各项烟气排放指标长期、稳定达到欧盟2000标准。

3. 社会资本收益机制

项目依靠经营净现金流收回投资、获得收益。项目收入主要有两部分构成：

（1）垃圾处理费。双方最初约定项目基期每吨垃圾处理费为90元，当年垃圾处理费在基期处理费基础上，按照江苏省统计局公布的居民消费品价格指数CPI（累计变动3%情况下）进行调整。后由于住建部调整城市垃圾处理收费标准、新建项目投运办法的原因，双方于2006年及之后多次签订补充协议，进行调整。

（2）上网电价。上网电价部分执行有关标准，一期工程为0.575元/千瓦时，二、三期工程为0.636元/千瓦时。项目公司除负担正常经营支出外，还需要负担苏州市部分节能环保宣传费用。

8.3.3 案例经验与借鉴价值

1. 实施效果

本项目是国内较为成功实施的"静脉产业园"案例。苏州市垃圾焚烧发电项目自2006年建成投运以来，在实现企业自身经济效益的同时，不忘自觉履行环保企业的各项社会责任和环境责任。项目公司一直秉承光大国际"企业不仅是物质财富的创造者，更应成为环境与责任的承担者"这一核心价值观，努力构建园区化、行政化、社区化的和谐之美，并先后获得"江苏省园林式单位"、"国家高新技术企业"、"国家级3A垃圾焚烧厂"、"中国安装工程优质奖"等荣誉，中央电视台对有关经验进行了介绍。

从解决苏州市垃圾围城困境的"破局者"，到现阶段的城市环境顾问，十年间，光大国际成长为中国首个全方位、一站式、以环境服务总包为出口，提供设备制造、工程建设、运营管理等服务的合同环境服务商。光大国际的成长历程也是政府与社会资本PPP模式探索和实践的历程，是政府与社会资本合作的一项典型案例，体现了"园区化、行政化、社区化"的和谐之美。

2. 示范价值

本项目实质是围绕城市垃圾处理的一个项目群。由于各个子项内容具有较强的关联性，通过整合实施，达到了优于各子项单独实施的规模经济效益。

（1）整合实施项目。垃圾处理包括多个相对独立的环节，吴中静脉产业园以垃圾焚烧发电项目为核心，将各种垃圾的集中处理、炉渣、渗滤液、飞灰等危险废物处理等环节有效整合，形成了一体化的项目群，有效提高了项目推进效率，同时实现了对不同项目收益的综合平衡，达到了整体效果最优。各种废物在园区范围内均得到有效治理，生活垃圾焚烧产生的热量已向园区周边的一些用户供热，形成区内资源与外界的资源整合，提高能源综合利用程度。

（2）坚持以人为本。积极打造花园式环境并加大环保处理设施投入，严防二次污染，并与周边居民进行交流互动。在接受监督的同时，从当地居民对环境质量的要求出发进行生态修复以提高区域内的环境友好性。园区建设以来，原有的脏乱差现象有了极大的改善，区域内的宜居程度得到了大幅度的提高，体现了造福于民的宗旨。

（3）严密的项目监督体系。项目建立了较为严格的监督制度，所在地镇政府对产业园相关项目进行长期驻厂监管专人24小时联网监督重要的生产数据；所有烟气排放均已实现在线公众公示；政府实时监管，项目还引入第三方对环境各项指标检测，确保项目运行中的环境安全，如由省环境监测站对二恶英每年共检测四次等。

（4）各方利益统筹兼顾

项目建设本着优化废物综合利用网络，从废物产生、收集、输送到转化处理各个技术环节进行全过程优化，以实现经济、社会、环境效益的最大化为目标，制定两个兼顾原则：从时间上，兼顾近期和远期；在空间上，兼顾当地和周边地区，以吴中区为核心，辐射范围至苏州市乃至长三角地区。

8.4 案例4：北京地铁4号线项目

8.4.1 案例背景与项目概况

北京地铁4号线是北京市轨道交通路网中的主干线之一，南起丰台区南四环公益西桥，途经西城区，北至海淀区安河桥北，线路全长28.2公里，车站总数24座。4号线工程概算总投资153亿元，于2004年8月正式开工，2009年9月28日通车试运营，目前日均客流量已超过100万人次。

北京地铁4号线是我国城市轨道交通领域的首个PPP项目，该项目由北京市基础设施投资有限公司（简称"京投公司"）具体实施。2011年，北京金准咨询有限责任公司和天津理工大学按国家发改委和北京市发改委要求，组成课题组对项目实施效果进行了专题评价研究。评价认为，北京地铁4号线项目顺应国家投资体制改革方向，在我国城市轨道交通领域首次探索和实施市场化PPP融资模式，有效缓解了当时北京市政府投资压力，实现了北京市轨道交通行业投资和运营主体多元化突破，形成同业激励的格局，促进了技术进步和管理水平、服务水平提升。从实际情况分析，4号线应用PPP模式进行投资建设已取得阶段性成功，项目实施效果良好。

8.4.2 运作模式

1. 具体模式

4号线工程投资建设分为A、B两个相对独立的部分：A部分为洞体、车站等土建工程，投资额约为107亿元，约占项目总投资的70%，由北京市政府国有独资企业京投公司成立的全资子公司4号线公司负责；B部分为车辆、信号等设备部分，投资额约46亿元，约占项目总投资的30%，由PPP项目公司北京京港地铁有限公司（简称"京港地铁"）负责。京港地铁是由京投公司、香港地铁公司和首创集团按2∶49∶49的出资比例组建。北京地铁4号线的PPP模式项目结构如图8-3所示。

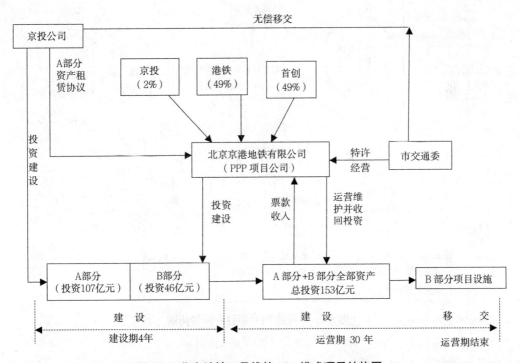

图8-3 北京地铁4号线的PPP模式项目结构图

4号线项目竣工验收后，京港地铁通过租赁取得4号线公司的A部分资产的使用权。京港地铁负责4号线的运营管理、全部设施（包括A和B两部分）的维护和除洞体外的资产更新以及站内的商业经营，通过地铁票款收入及站内商业经营收入回收投资并获得合理投资收益。30年特许经营期结束后，京港地铁将B部分项目设施完好、无偿地移交给市政府指定部门，将A部分项目设施归还给4号线公司。

2. 实施流程

4号线PPP项目实施过程大致可分为两个阶段：第一阶段为由北京市发改委主导的实施方案编制和审批阶段；第二阶段为由北京市交通委主导的投资人竞争性谈判比选阶段。经市政府批准，北京市交通委与京港地铁于2006年4月12日正式签署了《特许经营协议》。

3. 协议体系

4号线PPP项目的参与方较多，项目合同结构如图8-4所示。

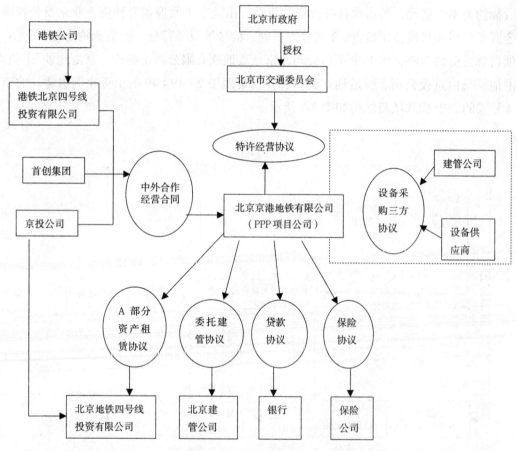

图8-4 4号线PPP项目合同结构图

特许经营协议是PPP项目的核心，为PPP项目投资建设和运营管理提供了明确的依据和坚实的法律保障。4号线项目特许经营协议由主协议、16个附件协议以及后续的补充协议共同构成，涵盖了投资、建设、试运营、运营、移交各个阶段，形成了一个完整的合同体系。

4. 主要权利义务的约定

1）北京市政府

北京市政府及其职能部门的权利义务主要包括：建设阶段负责项目A部分的建设和B部分质量的监管，主要包括制定项目建设标准（包括设计、施工和验收标准），对工程的建设进度、质量进行监督和检查，以及项目的试运行和竣工验收，审批竣工验收报告等。运营阶段则负责对项目进行监管，包括制定运营和票价标准并监督京港地铁执行，在发生紧急事件时，统一调度或临时接管项目设施；协调京港地铁和其他线路的运营商建立相应的收入分配分账机制及相关配套办法。

此外，因政府要求或法律变更导致京港地铁建设或运营成本增加时，政府方负责给予其合理补偿。

2）京港地铁

京港地铁公司作为项目 B 部分的投资建设责任主体，负责项目资金筹措、建设管理和运营。为方便 A、B 两部分的施工衔接，协议要求京港地铁将 B 部分的建设管理任务委托给 A 部分的建设管理单位。在运营阶段，京港地铁在特许经营期内利用 4 号线项目设施自主经营，提供客运服务并获得票款收入。协议要求，京港地铁公司须保持充分的客运服务能力和高效的客运服务质量，同时，须遵照《北京市城市轨道交通安全运营管理办法》的规定，建立安全管理系统，制定和实施安全演习计划以及应急处理预案等措施，保证项目安全运营。在遵守相关法律法规，特别是运营安全规定的前提下，京港地铁公司可以利用项目设施从事广告、通信等商业经营并取得相关收益。

8.4.3 案例经验与借鉴价值

1. 建立有力的政策保障体系

北京地铁 4 号线 PPP 项目的成功实施，得益于政府方的积极协调，为项目推进提供了全方位保障。在整个项目实施过程中，政府由以往的领导者转变成了全程参与者和全力保障者，并为项目配套出台了《关于本市深化城市基础设施投融资体制改革的实施意见》等相关政策。为推动项目有效实施，政府成立了由市政府副秘书长牵头的招商领导小组；发改委主导完成了 4 号线 PPP 项目实施方案；交通委主导谈判；京投公司在这一过程中负责具体操作和研究。4 号线 PPP 项目招商组织架构如图 8-5 所示。

2. 构建合理的收益分配及风险分担机制

北京地铁 4 号线 PPP 项目中政府方和社会投资人的顺畅合作，得益于项目具有合理的收益分配机制以及有效的风险分担机制。该项目通过票价机制和客流机制的巧妙设计，在社会投资人的经济利益和政府方的公共利益之间找到了有效平衡点，在为社会投资人带来合理预期收益的同时，提高了北京市轨道交通领域的管理和服务效率。

1）票价机制

4 号线运营票价实行政府定价管理，实际平均人次票价不能完全反映地铁线路本身的运行成本和合理收益等财务特征。因此，项目采用"测算票价"作为确定投资方运营收入的依据，同时建立了测算票价的调整机制。

以测算票价为基础，特许经营协议中约定了相应的票价差额补偿和收益分享机制，构建了票价风险的分担机制。如果实际票价收入水平低于测算票价收入水平，市政府需就其差额给予特许经营公司补偿。如果实际票价收入水平高于测算票价收入水平，特许经营公司应将其差额的70%返还给市政府。4号线PPP项目票价补偿和返还机制如图8-6所示。

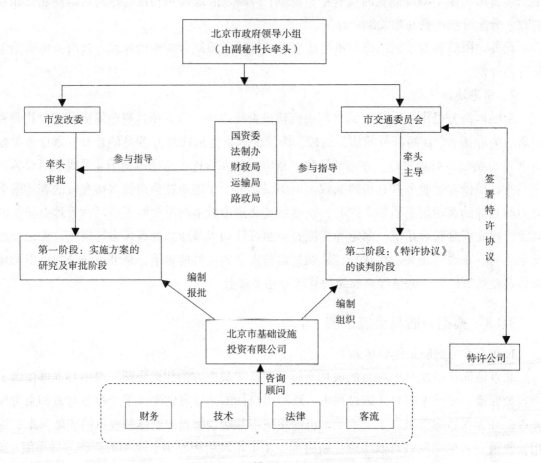

图8-5　北京地铁4号线PPP项目招商组织架构图

2）客流机制

票款是4号线实现盈利的主要收入来源，由于采用政府定价，客流量成为影响项目收益的主要因素。客流量既受特许公司服务质量的影响，也受市政府城市规划等因素的影响，因此，需要建立一种风险共担、收益共享的客流机制。

4号线项目的客流机制为：当客流量连续三年低于预测客流的80%，特许经营公司可申请补偿，或者放弃项目；当客流量超过预测客流时，政府分享超出预测客流量10%以内票款收入的50%、超出客流量10%以上的票款收入的60%。

4号线项目的客流机制充分考虑了市场因素和政策因素，其共担客流风险、共享客流收益的机制符合轨道交通行业特点和PPP模式要求。

3. 建立完备的PPP项目监管体系

北京地铁4号线PPP项目的持续运转，得益于项目具有相对完备的监管体系。清晰确定政府与市场的边界、详细设计相应监管机制是 PPP 模式下做好政府监管工作的关键。4号线项目中,政府的监督主要体现在文件、计划、申请的审批,建设、试运营的验收、备案,运营过程和服务质量的监督检查三个方面,既体现了不同阶段的控制,同时也体现了事前、事中、事后的全过程控制。

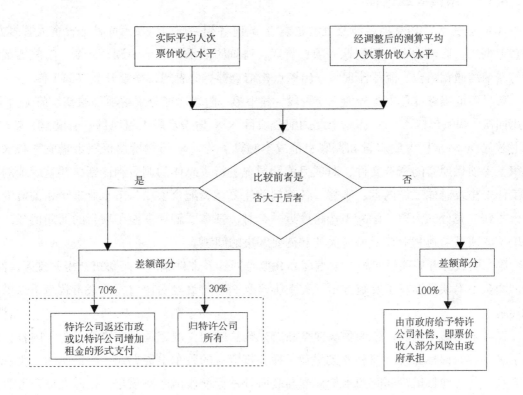

图 8-6 北京地铁 4 号线票价补偿和返还机制图

4 号线的监管体系在监管范围上,包括投资、建设、运营的全过程;在监督时序上,包括事前监管、事中监管和事后监管;在监管标准上,结合具体内容,遵守了能量化的尽量量化,不能量化的尽量细化的原则。

8.5 案例 5:河北某水厂 PPP 项目

8.5.1 案例背景与项目概况

河北省 ×× 市人均年拥有水资源量 193 立方米,亩均水量 123 立方米,不足全国平均水平的 9%,资源型缺水局面突出。同时,该市虽拥有大小河流 20 多条,但基本属于季节性河流,不能作为城市供水水源,供水缺口只能靠超采深层地下水来解决。

为实现城市多水源供水格局,满足 ×× 市市区工业及居民综合生活用水需要,该市决定利用南水北调工程的优势,将建设一座水处理能力为 15 万立方米 / 天的 ×× 地表水厂作为南水北调配套工程。该地表水厂工程投资总额 6.9977 亿元，采用 PPP 方式引入社会投资人作为项目的建设、投资、生产运营主体，以顺利实现 ×× 水厂的建设投产，通过制度保障和协议约束，合法合规地分配项目风险和收益。

8.5.2　项目实施过程

×× 地表水厂 PPP 项目涉及市水业集团、政府各相关部门以及意向社会投资人等多方，覆盖范围广，影响力大。根据这一项目特点，咨询团队采用了集中调研诊断、实施方案设计与现场沟通相结合、流程梳理与突出重点相结合等指导思想，分期开展咨询工作。

项目咨询服务过程主要分为三个阶段，其中第一阶段以充分了解项目的基本情况为主。采用面谈、调阅包括《×× 市南水北调配套项目 ×× 地表水厂工程项目申请报告》《×× 市财政局 ×× 水厂保底水量和保底水价成本测算》《×× 市物价局保底水量成本和水价评审》等项目原有的资料文件，对项目前期情况进行了总体的调研和诊断，并就后续的咨询工作安排及总体工作内容、步骤、各部门关注要点及配合事项与市水业集团相关负责人进行了较为充分的沟通。诊断工作跨度近一个月，基本了解和掌握了项目的前期情况，也发现了本项目采用 PPP 模式所应关注和需要解决的问题。

第二阶段即开展项目实施方案编写和 PPP 合同体系文件编写。根据 PPP 相关政策文件，咨询团队为本项目编写了实施方案、股东协议及 PPP 特许经营协议，并报市政府予以批准和实施。

在随后的第二阶段，咨询团队根据政府采购法的相关规定及股东协议等合同内容，编制了本项目的招标方案，招标方案明确了社会投资人的股东出资方式、出资比例、股权转让方式，并对项目运营期间的水价标准与政府补贴标准作出严格限定，投标人综合考虑各项现有因素，投标时申报特许经营权的报价，保证了投标方案的科学合理。

作为河北省第一个通过南水北调工程引水来实现居民日常饮用水的水厂项目，如成功通过 PPP 模式顺利建成和运营，将大大提高 ×× 市水资源和水环境的承载能力，有效缓解受水区水资源紧缺状况，减轻政府财政负担。而在执行过程中，编制出科学合理的实施方案，尤其其中的特许经营权、水厂补贴方式、未来水厂运营期间价格调节机制、水厂招标标的等，是本项目能得以顺利完成的关键。

本项目的收入由出口水费、政府补贴两部分构成。

出口水费部分：因项目公司不面向普通用水终端直接供水，依据 ×× 市成本价格调查队对购水方 2013 年度供水成本审核报告，×× 水厂销售给购水方的出口水价为固定核定值。项目公司同购水方签订供水用水合同，定期核算提供给中建 ×× 的出口水量，收取用水费用。根据约定，采用"制水成本—出口水价—终端水价"的联动机制，即在终端水价调整后，购水方支付给项目公司的水价相应调整。若水价变动超过了当年 ×× 水厂实际制水成本的变动，则应该相应核减财政的补助资金；若不足，则应该追加财政补贴金额。

政府补贴部分：按照核算的出口水量与测定的年度政府单位水量补贴标准的乘积，计算出政府年度实际补贴额，由财政部门按月支付给项目公司。

本项目投资运营期为30年，在如此长的运营期内收费定价机制的计算基础中可能存在三类不确定变化：一是项目总投资额的影响。因项目为新建项目，工程设计方面还没有完成，因此实施方案的编制是依据项目可研中的总投资额进行测算的。采购社会投资人后，应根据中标文件中的要求，签署PPP协议，以项目竣工结算实际发生的总投资金额作为支付财政补贴金额的依据；二是项目成本水平变化的影响。包括电费、人工费、化学药剂费、折旧和利润、其他因子、职工人均劳动工资、化工原料类、居民消费价格的影响；三是终端水价调整的影响。目前的实施方案中终端水价以当前市物价管理部门核定的终端水价计算，未来可能受政策影响，××市物价部门可能将终端水价调增。最终，方案中给出调价机制，补贴调整由市财政局牵头，每年进行计算与评估，在超出一定数额范围后，方能启动项目补贴调整方案。

而以上三个不确定因素对于未来政府年度补贴额将产生三方面影响：

第一，对于项目年投资额变动，项目建设期一年，竣工决算完成后即可以确定项目的建设总投资额。因此，与现在的估算情况相比，按照已经确定的总投资额按比例分配补贴数额，政府应根据年度财政可支配收入，核定项目总投资的上限金额。若竣工决算实际发生投资大于政府所能承受上限，则由中标单位自行承担因建设投资超标而引起的成本；若竣工决算小于或等于政府设置的建设投资上限，则应根据项目年投资额变动计算公式，重新计算运营年度补贴金额。

第二，对于项目当年社会物价水平变动计算，与现在的估算情况相比，按照已经确定的总投资额按比例分配成本补贴数额。电费、工资及福利、化学药剂费、采暖费、居民消费价格指数及其他因素都会对水价构成产生影响。这些影响因素的具体计算公式如何设计，可以参考当前水务行业水价的基本成本与收益水平。

第三，当年终端水价变动计算，是指在项目建设总投资额和物价水平影响不变的情况下，若经××市物价管理部门核准，允许终端水价由现有的物价局核定售价调整为其他售价，那么目前核定的出口水价单价也应作相应调整。调整额度应由××市物价管理部门重新计算核定，对应地核减应由财政支付的补贴资金。

因未来价格的不可测性，本项目通过如上补贴调整机制很好地解决了政府支付补贴的计算问题，三类变动的设计较为合理且具有可操作性。

8.5.3 项目经验与借鉴

根据政府采购法及相关规章制度，采购方式包括公开招标、竞争性谈判、邀请招标、竞争性磋商等。本项目属于竞争性强、透明度高、市场竞争能实现资源优化配置的项目，咨询团队建议本项目采用公开招标的采购方式，以在实施过程中形成充分竞争。

××水厂项目涉及多个水价，增加了标的设计难度。经过前期与市财政局等政府相关部门的沟通，根据财政局对本方案初稿的物有所值定性评价和财政可承受能力论证的结论，对社会资本招标在其投标文件方案设计中的部分标的及评标机制进行了设计。

商务标主要通过企业自身资质特征情况给出评级；技术标通过社会资本在投标时提供的详细的项目30年运营计划进行打分。在评标打分方面，社会投资者就本项目运营期内需要由财政支付的补贴资金作为评分项，考察市财政需要为本项目支付的补贴资金。

此外，为加快建设进度，项目要求社会资本参与人应具备工程施工建设能力，政府不再另行组织施工单位招标，由项目公司同施工单位签署施工协议后，报政府实施机构备案。

对于咨询方来说，任何一个项目的顺利完成都会带来诸多经验与启示，为操作其他类似项目提供经验和借鉴。

经过××地表水厂PPP项目，咨询团队深刻感受到设法了解客户需求的重要性。事实上，客户对项目本身和项目公司都存有一些诉求和疑虑，这些诉求和问题通常不能在前期所提供的项目材料中获得，只能通过与客户面对面深入交流才能得知，这也是进一步开展工作的基础。因此，经过详尽调查和分析，咨询团队对项目的现状和客户需求有了清晰认识。且在实施方案初步完成之后，仍就实施方案中提及的核心点与客户及其他相关方作详尽的讨论，并在讨论当中听取其对某些问题或诉求的解释与描述，最终通过讨论达成共识。

同时，在方案设计上，满足政企双方需求至关重要。PPP项目涉及的参与方覆盖范围广，影响范围大，需要考虑各方的想法和诉求才能设计出科学合理的项目实施方案。

在本项目中，如何确保社会资本的合理回报率，有效吸引社会投资是一个核心点，这对此类经营性PPP项目的顺利开展和推进起着十分关键的作用。每个项目不应该简单套用财政部21号文中的补贴测算公式来进行项目的补贴测算，而应根据实际情况设计科学合理的补贴和运营方案，并设置科学合理的调价机制，用于保证项目运作过程中各方利益的合理分配。

××地表水厂项目资产是自来水厂资产，资产运营具有收费机制。项目的收费由出口水价收费、政府补贴两部分构成。若××水厂售水量低于当年供应水量，则按照供应水量计算补贴金额；若售水量高于当年供应水量，则按照实际售水量计算补贴金额。项目的资产运营规避了纯市场项目高风险、高收益的特点，收费机制具有长期稳定性。

对于这类经营性PPP项目，项目自身的运营收入和补贴是社会资本投资回报的主要途径。但由于PPP项目具有很强的公共性，需要项目长期稳定的运营，基于风险与收益的对等关系，在实施方案和交易结构设计过程中，应规避与资本市场和市场化程度较高的投资领域"高风险和高收益"的纯市场投资特点的方案设计，而应将项目投资回报具有较强的稳定性作为基础，实现项目长期合理的稳定投资回报率。

8.6 案例6：大理市生活垃圾处置城乡一体化系统工程

8.6.1 案例背景与项目概况

2010年10月，大理市以BOT（投资建设—运营—移交）方式，引进重庆三峰环境产业集团公司，采用德国马丁SITY2000推倾斜式炉排炉焚烧发电处理工艺，投资4.2亿元建设一座垃圾焚烧发电厂；2012年6月，大理市公开招标以BTO（投资建设—移交—运营）方式引进重庆耐德新明和公司，采用先进、成熟的上投料式水平直接压缩加大型拉臂钩车转运的处理工艺，投资1.1亿元建设10座大型垃圾压缩中转站。此外，各区镇积极探索，采用承包、租赁等方式，通过公开招投标，将城乡生活垃圾收集清运工作推向市场。

全市城乡生活垃圾按照统一流程，通过收集、转运、处理三个环节进行处置。收集清运环节由各区镇负责，用自行投资、承包的垃圾车及配发的垃圾收集车将生活垃圾收集至环洱海10座垃圾中转站，经压缩装箱后，全程密闭转运至垃圾焚烧厂进行焚烧发电、无害化处理。最终实现收集清运全覆盖、压缩转运全封闭、焚烧发电资源化。

大理市位于云南省大理白族自治州中部，是州府所在地，是全国历史文化名城、国家级自然保护区、中国优秀旅游城市、最佳中国魅力城市。大理市下辖10镇、1乡、111个村委会和501个自然村，以及创新工业园区、旅游度假区、海东开发管理委员会，总面积1815平方公里，总人口68万人，全市日均垃圾产量约688吨。为提高全市垃圾处理"减量化、资源化、无害化"水平，创新垃圾收集清运处置新模式，探索洱海环境保护新经验，大理市按照"科学治理、科技领先、城乡一体、市场化运作"的思路，引进先进技术，采用市场化运作，于2012年启动实施了洱海流域垃圾收集清运处置系统工程建设，高起点、高标准建设实施生活垃圾处置城乡一体化系统工程，主要包括三方面内容：一是在洱海流域的两区和下关、大理11个乡镇，共建设10座垃圾中转站，购置15辆垃圾转运车、111辆小型垃圾收集车和1002个收集箱体；二是实施装机容量12兆瓦、日处理生活垃圾600吨以上的大理市第二（海东）垃圾焚烧发电工程，对生活垃圾进行无害化处理和资源化利用；三是构建数字化监管系统，实现对市场化运作企业运营情况的全方位监管。

目前，大理市洱海流域垃圾收集清运处置系统初步建成，运转正常。全市城乡生活垃圾收集清运量从2013年的164657.7吨（日均451.1吨），提升到2014年的196931.6吨（日均539.5吨），增长了19.6%，城乡环境卫生、洱海水质得到了明显改善，基本实现全市城乡生活垃圾"收集清运全覆盖、压缩转运全封闭、焚烧发电资源化、监督管理数字化、建筑垃圾再利用"的预期目标。

8.6.2 运作模式

1. 建设模式

2010年10月，大理市以BOT（投资建设—运营—移交）方式，引进重庆三峰环境产业集团公司，采用德国马丁SITY2000逆推倾斜式炉排炉焚烧发电处理工艺，投资4.2亿元建设一座垃圾焚烧发电厂；2012年6月，大理市公开招标以BTO（投资建设—移交—运营）方式引进重庆耐德新明和公司，采用先进、成熟的上投料式水平直接压缩加大型拉臂钩车转运的处理工艺，投资1.1亿元建设10座大型垃圾压缩中转站。此外，各区镇积极探索，采用承包、租赁等方式，通过公开招投标，将城乡生活垃圾收集清运工作推向市场。

2. 运行模式

全市城乡生活垃圾按照统一流程，通过收集、转运、处理三个环节进行处置。收集清运环节由各区镇负责，用自行投资、承包的垃圾车及配发的垃圾收集车将生活垃圾收集至环洱海 10 座垃圾中转站，经压缩装箱后，全程密闭转运至垃圾焚烧厂进行焚烧发电、无害化处理。最终实现收集清运全覆盖、压缩转运全封闭、焚烧发电资源化。

3. 结算方式

经初步测算，大理市生活垃圾处置城乡一体化系统建成后，年运营费用需要 4430.5 万元，其中：垃圾焚烧发电厂垃圾处理服务费用 1445.4 万元（按垃圾处理贴费标准 66 元/吨以及日处理生活垃圾 600 吨测算）；10 座大型压缩垃圾中转站运行服务费用 1752.2 万元（根据中转站与海东垃圾焚烧厂实际距离分别测算）；各乡镇将垃圾收集至中转站的年费用为 1233.0 万元（按日收集清运生活垃圾 600 吨测算）。大理市生活垃圾的收集费用、转运费用和处理费用统一列入财政预算。

垃圾转运及处理运营企业的服务费用，按照《大理市生活垃圾转运处理服务费结算工作实施方案》，由运营企业每月 3 日前填写上月结算确认通知单，上报至市城管局、环保局、审计局、财政局、服务费结算工作领导组等部门审核签字后进行拨付。

4. 监管方式

（1）数字监管。2013 年 7 月，筹资 326 万元建设生活垃圾收集清运处理信息化管理系统。各站点称重数据、视频数据实时传输到信息中心，同时为垃圾转运车辆安装了 GPS 定位系统。称重数据作为垃圾收集清运奖补经费和政府支付企业运营费用的主要依据，视频数据可以实现对垃圾压缩和处理过程的实时监控，最终实现城乡生活垃圾处置全过程的"数字化、视频化、定位化"目标。

（2）量化考核。市政府与垃圾收集清运责任区镇签订《大理市洱海流域生活垃圾收集清运责任书》，确定垃圾收集清运任务量，依据数字化监管系统统计的各乡镇垃圾清运量，进行一日一公示、一月一通报、一季一考核，对全市垃圾收集清运工作进行科学管理，通过工作目标倒逼服务效果，解决垃圾收集清运工作的监管问题。

（3）政策保障。市政府出台《洱海流域生活垃圾收集清运处置实施办法》、《洱海流域污水垃圾和畜禽粪便收集处理监督及奖补办法》、《大理市环洱海农村生活垃圾收集清运处置和垃圾收集员履职考核办法》、《大理市生活垃圾处理费收费管理办法》、《大理市生活垃圾转运处理服务费结算工作实施方案》、《大理市人民政府关于加强农村生活垃圾收集清运管理的工作意见》等一系列政策文件，建立生活垃圾处理收费制度，进一步完善城乡垃圾有偿收集清运保洁工作机制和各级资金投入长效机制，为城乡生活垃圾处置系统提供政策保障。

8.6.3 借鉴价值

1. 完善法规、健全机制

大理市先后建立生活垃圾处理收费制度、垃圾收集清运责任制度、考核奖补制度，出台相应政策文件，使全套系统的运转有章可循、有据可查，确保工作到位。随着系统的建设，大理市政府明确整个系统由大理市城市管理综合行政执法局作为主管部门进行日常监管，市洱管局、环保局、财政局等部门配合实行按季考核，兑现奖惩。各区、乡镇建立相应的管理部门，人民群众自觉参与到环境卫生整治活动中，使系统得以有效运行。

2. 城乡一体、高标准建设

大理市按照流域垃圾治理全覆盖的思路，高起点、高标准规划设计，实施城乡垃圾治理一体化系统建设，提高了农村环境卫生标准，完善了城乡环卫基础设施，初步建立起了城乡一体的流域垃圾收集处理体系。

3. 政府补贴、市场化运作

一是通过招商引资、竞争性谈判，以 BOT 方式引进焚烧发电厂建设项目；二是以 BTO 方式引进垃圾压缩中转站项目；三是收集环节由乡镇负责采用承包、租赁等方式实行市场化运作。

4. 数字同步、信息化监管

建成垃圾收集清运处理信息化管理系统，通过视频的实时监控、车辆的 GPS 定位及数据的实时传输，对垃圾收集、转运、处理环节的全过程实行"数字化、视频化、定位化"实时监管，实现信息化管理。

5. 打破区划、扁平化管理

一是城乡一体化系统打破大理市和创新工业园区、旅游度假区、海开委的行政区划界限，统一规划、建设、管理；二是中转站建设打破乡镇界限，统一建设，实行市场化运作，例如，喜洲垃圾中转站服务区域辐射到喜洲、银桥、湾桥等多个乡镇乃至洱源县右所镇、邓川镇。

第 9 章　PPP 项目中的热点及难点问答

9.1　法律与政策方面的问答

问题1：当前我国 PPP 法律与政策领域的突出问题有哪些？

答：目前我国 PPP 发展趋势良好，PPP 项目发展迅速，PPP 项目在激发经济活力、促进经济发展和经济结构调整等方面发挥了重要作用。特别是近年来各部门密集出台的各种政策文件和法律法规，对于规范和促进我国 PPP 项目的发展起到了极大的作用。但是，我国当前 PPP 法律和政策方面也有一些突出问题需要解决：第一，对于 PPP 的政策不协调。尽管 2016 年 7 月国务院常务会议已经明确 PPP 部门职责分工，但政策文件与部门职责分工不协调、不配套的现象依然存在，现行的有关法律法规和政策依然不能适应 PPP 实践的需要。第二，PPP 模式与标准不明确，对哪些项目才符合当前国家对 PPP 项目的要求依然不够清晰，导致假 PPP 项目不少，增加了财政压力和社会风险。第三，现行的 PPP 目标不清晰，地方政府希望 PPP 项目在融资和为化解地方财政债务危机方面发挥重要作用，社会资本希望打破国企和国有资本垄断，各方面的目标、责任、义务存在较大的矛盾。第四，对各方的履约和诚信约束不够，一些地方政府在政府履约方面约束不够，影响民间资本进入垄断行业和基础设施领域，而一些民企则资本、诚信不够，造成资金不到位而导致 PPP 项目烂尾的例子并不罕见。第五，PPP 项目的程序不衔接，评估和审批程序与固定资产投资管理程序不衔接、不顺畅的问题依然没有解决，特别是与《政府采购法》和《招投标法》的衔接工作还有待进一步解决，这些问题的产生，既增加了企业负担，又造成 PPP 项目的落地率不理想。

由于 PPP 项目涉及领域广、流程环节多，项目周期长、参与主体多，与现行的多部法律在较多地方可能会出现交叉，为适应 PPP 发展需要，立法应当与现行的法律法规做好衔接，避免出现冲突。

问题2：欧盟有针对 PPP 领域的专门立法吗？

答：2004 年，欧盟发布了"PPP 及共同体公共合同和特许经营绿皮书"（以下简称绿皮书），就欧盟层面的 PPP 立法向公众征询意见。在绿皮书中，欧盟将 PPP 项目分为契约型和机构型（IPPP）两种类别。其中，契约型PPP包括特许经营类和购买服务类（PFI）项目。

欧盟没有针对PPP的专门与统一立法。目前，欧盟对PPP进行规范的文件主要有三个。第一个是2014年颁布的公共采购指令，增加了公共采购规则的灵活性，更加适应购买服务类（PFI）复杂安排的需求。第二个是2014年颁布的特许经营合同授予程序指令，主要调整特许经营类PPP项目的采购。第三个是2008年颁布的关于IPPP的解释通信，阐述了欧盟公共采购和特许经营指令如何适用于IPPP。

欧盟为何不对PPP进行统一立法，绿皮书作出了解释，即鉴于各成员国法律传统的差别，以及特许经营和PFI规则的差异，不赞成对契约型PPP进行统一立法。

问题3：当前我国政府力挺PPP项目，对于政府和企业发展PPP模式面临怎样的机遇和挑战？

答：如何真正做好一个PPP项目不是一件容易的事情。所谓PPP模式，是指政府和社会资本在基础设施及公共服务领域建立的一种长期合作关系。在这一建设领域，通常是由社会资本承担设计、建设、运营、维护基础设施的大部分工作，并通过"使用者付费"及必要的"政府付费"获得合理投资回报；政府部门责任基础设施及公共服务价格和质量监管，以保证公共利益的最大化。

目前，中国经济的外部环境、增长速度、发展方式、经济结构、发展动力均发生了较大转变；中国经济进入新常态，也意味着中国经济结构进入了转型升级的深度调整期。在新常态下，政府要保持经济和社会的平稳运行，要解决三大矛盾：一是地方政府债务瓶颈与新一届政府提出的"稳增长、促改革、调结构、惠民生"系列政策措施的矛盾；二是基础设施投资巨大缺口与社会资本市场准入门槛较高的矛盾；三是交通、市政公共资源利用效率不高和政府财政不堪重负的矛盾。PPP模式正是解决上述矛盾的重要抓手和落脚点，未来中国将成为全球最大的PPP市场，也是许多企业转型升级发展的重大机遇。在看到机遇的同时，我们同样也面临挑战，包括目前PPP模式还缺乏完善的法律体系；项目周期较长，投资回收较慢；金融机构对PPP模式不熟悉，融资困难等。

问题4：PPP为什么近年来得到了这么大的发展？

答：PPP模式是一种可使政府、企业、社会实现共赢的公共产品提供方式，突破了传统的政府与私人部门的分工边界，将政府的战略规划、市场监管、公共服务与社会资本的管理效率、技术创新有机结合在一起，构建了公共产品实现模式的新型产权关系，提高了公共产品供给效率。

近几年来，中国经济从高速发展到中速发展，经济发展受制于粗放型、资源型和货币扩张型的模式已经难以为继。我国政府大力推动产业升级和经济转型，尤其是希望吸引民间资本进入公共设施建设领域，激发经济活力，创新公共基础设施投融资体制。中央政府希望提高公共资源配置效率，加快转变政府职能，推动政府购买服务方式创新，借助PPP示范项目载体，深化混合所有制改革，体现法制理念和契约精神，提升国家治理能力。2016年10月，G20峰会落幕后，公示的中美会晤达成重要成果中，双方承诺就政府和社会资本合作（PPP）领域加强信息交流和成果经验共享。PPP 上升到 G20 会议高度，国家对 PPP 重视程度可见一斑。

当前地方政府债务过高，地方政府有招商引资和化解地方债务风险的客观需要，而推动地方经济发展又必须增大投入，地方政府受财力所限，必须大力吸引民间资本。

民间资本希望能进入政府垄断经营的行业，尤其是希望进入交通、水利、环保、医疗、能源、市政等较高利润的行业，实现与国有资本同台竞争和发展的梦想。PPP 项目提供了这样的机会。因此，从各级政府到民间资本，都有彼此的需求，PPP 项目在近几年能得到蓬勃发展，得益于当前我国经济发展和社会状况的天时、地利、人和，各方一拍即合，各有所图。

问题 5：民营资本在实施对接中被歧视，政策层面上如何明确民营资本的进入问题？

答：PPP 项目中，政府是监管方和相对强势的一方，同时也是监管方，但也是和民营资本彼此合作和共生互赢的关系。在政策层面，确保民营资本进入是一个很复杂的中国化问题，即存在所谓的玻璃门现象。一些基础设施领域，如高速公路、水利项目、环保能源领域，民营资本的进入已经没有问题。在政策层面上，要明确民营资本的自由进出，实现法无禁止则准入的理想情况，还有较长的路要走。必须结合我国的简政放权和体制改革。当前的改革已经进入深水区，每前进一步，都必须要付出艰苦努力。

实际上，只要民营资本诚实经营、照章纳税，其社会责任不比国企差。民营资本在吸纳就业岗位、实现税收和出口等方面都超过了国企。我国的政策是坚持公有制主体地位，提出大力发展民营经济。中央各部委曾发布引进民资的"非公 36 条"细则，扩大民营企业的市场权力，增加他们的活力以刺激经济增长。"非公 36 条"已经颁布多年，但始终没能有效实施，因为这些政策本身缺乏可操作性，各部门也没有动力执行。民企在市场中的地位显然是不公平的，政府应该推进市场自由化的改革，打破国企垄断，取消准入管制，给民企以平等待遇。

目前，中国需要调整经济结构，赋予民间资本更多的权力与活力，以提高生产效率，继续拉动经济增长。但是，从目前情况来看，政府似乎依然想通过财政投入刺激经济。而地方政府的巨额债务与信贷并没有消除，加上土地财政难见起色，因此，地方政府很难有足够的资本金启动投资，而银行也不可能继续放贷给地方政府。

另一方面，民间资本却无处可去，具有投资空间的领域仍然受到政府管制。在这种背景下，中央要求各部位制定"非公 36 条"执行细则，是希望利用民间资本推动经济增长。问题是这些细则并没有法律上的保障，政府部门实施起来可能依然是人为的具有弹性的控制。依据经验，在经济形势不利时，政府会采取放宽民资准入政策，一旦经济回暖，国企就利用控股地位和体制优势推动"国进民退"，大量前期进入的部分民资被动选择退出，甚至被强行赶出。民营资本需要的是具有法律保障的市场主体地位，政府应该推动垄断行业的市场化改革，重塑市场竞争秩序和竞争边界，为所有企业营造一个公平透明的市场交易秩序，给他们平等的市场地位。

问题 6：国家边远贫困地区（县、市），财政收入极低。如何推进 PPP 项目？

答：改革开放以来，我国经济经过 30 多年的高速发展，社会财富大量增加。社会上并不缺乏民间资本。即使是较穷的边远山区，因为资本逐利的天性，社会财富在全国乃至全世界寻找投资机会，边远贫困地区要推进 PPP 项目，并不是画饼充饥，而是大有可为。在财政收入极低的边远贫困地区，要推进 PPP 项目，应更加注意以下几点：

第一是政府应更加注重诚信，注重契约，要招商亲商，遵守法律法规和规章制度，建设好投资软环境，简化办事手续，防止吃拿卡要。

第二是政府应包装好项目，营造好投资硬环境，如果一时间无法在交通等基础设施实现大的突破，其实也不要紧。要推进 PPP 项目，政府必须遴选一些适合社会资本进入的项目，可因地制宜，结合当地的经济优势和资源优势，大力引进在外打拼的本地人回家创业投资。

第三，要精心设计 PPP 项目，政府财政缺钱，政府的股份可以少占一点，补贴周期可以适当拉长一些。只要设计好 PPP 项目，让民间资本看到政府的诚意和发展的希望，让民间吃定心丸，PPP 项目还是可以成功运作的。当前某些贫困地区也有很多这样的成功例子。

9.2 PPP 项目管理与操作问答

问题 7：PPP 项目管理中所引发的风险有哪些？

答：（1）设计不合理所引发的风险

由于准经营性项目处在盈利性与公益性之间，它既需要设计一定的商业化设施来获得收益，有需要顾全它的公益性，所以商业设施的设计比例是设计的一个难点，很容易发生这种商业比例的设计不合理风险，过去既出现过过度商业而导致失败的 PPP 准经营性项目，例如：北京政府对"鸟巢"的股权改革，收回了项目运营权，由政府负责项目运营盈亏。有观点认为中信联合体的过度商业化行为是可能引发改制的主要原因。又出现过因为商业设施不足引起的失败案例，例如：重庆市奥体中心在设计时没有考虑运营盈利问题，没有商业化设施。导致运营期收益不足。

（2）沟通、组织、协调所引发的风险

由于 PPP 项目是政府部门与私营机构的合作，参与方多，参与方的知识背景多样，立场多样，牵扯的利益关系、过程环节都较普通的工程项目复杂，所以对沟通、组织、协调能力要求较普通工程项目更高，沟通、组织、协调风险更为突出。

（3）政治因素所引发的风险

政府信用，政治/公众反对，中央已批准但地方不支持，政治决策失误/冗长，国有化/征用。

由于有政府方的参与，而政府是项目的发起方，市场信息、政策信息、一方地区的综合信息掌握最全，掌握土地权，使政府在项目上占主导地位，所以政府的信用、决策、支持与反对、对项目的影响有决定性的作用，所以 PPP 模式下准经营性基础设施项目比普通工程项目体现出更高的政治风险。例如上面提到的政府收回中信联合体的鸟巢经营权。

（4）收费变更风险，收益不足所引发的风险

准经营性项目的特点是有半公益性，惠民性质，收费低，利润率低，成本高，投资回收期长，所以在特许经营期里收费的小幅变更很可能导致私营机构在特许经营期满时收益不足甚至没有收回成本。而经营性项目没有公益性，有正常利润、投资回收期短的特点，相比而言，准经营性项目表现出更高的收费变更风险和收益不足风险。再比较纯公益性项目，它没有经营性，没有特许经营期，也就没有这两个风险。

（5）移交后项目/设备状况所引发的风险

PPP项目是公共部门与私人共同修建，建成后由私营机构特许经营一段时间，特许经营期满后把项目完好的移交给政府的过程。而移交项目是项目/设备的完好程度，磨损程度就是一个未知数，可能会发生因私营机构在特许经营期内维护不善、过度使用造成的项目/设备磨损度大，完好程度欠佳的情况，而且这种程度的差距很难预料，所以PPP模式下准经营性基础设施项目比普通工程项目体现出特有的移交后项目/设备状况风险。

问题8：政府采购中的政府公共服务模式和PPP项目中的社会服务模式有什么不同？

答：政府购买公共服务是指政府通过公开招标、定向委托、邀标等形式将原本由政府自身承担的公共服务转交给社会组织、企事业单位履行，以提高公共服务供给的质量和财政资金的使用效率，改善社会治理结构，满足公众的多元化、个性化需求。政府购买公共服务是政府利用财政资金，进行政府采购的一个重要部分。

PPP模式有两种，一种是在基础设施领域进行合作，另外一种是在社会服务领域进行合作。在PPP领域中的社会服务合作模式，合作各方参与某个项目时，政府并不是把项目的责任全部转移给私营企业，而是由参与合作的各方共同承担责任和融资风险。双方首先通过协议的方式明确共同承担的责任和风险，其次明确各方在项目各个流程环节的权利和义务，最大限度地发挥各方优势，使得建设摆脱政府行政的诸多干预和限制，又充分发挥民营资本在资源整合与经营上的优势。

PPP项目，政府公共部门与私营部门合作过程中，让非公共部门所掌握的资源参与提供公共产品和服务，引入社会资本，共同设计开发，共同承担风险，全过程合作，期满后再移交给政府的公共服务开发运营方式，从而实现政府公共部门的职能并同时也为民营部门带来利益。其管理模式包含与此相符的诸多具体形式。通过这种合作和管理过程，可以在不排除并适当满足私人部门的投资盈利目标的同时，为社会更有效率地提供公共产品和服务，使有限的资源发挥更大的作用。

问题9：规范的PPP项目该如何操作？

答：不论国内外，PPP项目都是带有公益性的项目，不能以利润最大化为目的。所以，PPP模式还是应该建立在长期稳定的基础上。而对于那些寻求短期利益最大化的企业，政府应该拒绝。在银行，往往会设立一个大净值客户部门，这个部门中聚集着不急于收取收益的闲散资金。如果政府能够出台相关政策，可以和银行进行合作。一个有资金无处去，

一个需要融资开启项目，如能达成一致，那么将是双赢。

与过去的做法相比，现在提出的 PPP 更强调规范性。PPP 的运行需要具备四个原则：首先是社会资本与政府方式平等的地位，平等是基础，才能形成合作伙伴；第二个是风险分担，PPP 模式以承担能力来划分风险，从而能使项目总体风险最小化；第三是项目的收益原则，盈利而不暴利；第四就是有效监督，有效地监督就要公开，越公开越好，公开才有监督。同时，PPP 项目还有三大特点：多样性、复杂性和长期性。如果能遵循这四个原则和三个特点，PPP 项目就能比较规范的操作。

9.3　PPP 项目融资方面的问答

问题 10：PPP 项目的核心难题是融资，资产证券化能否缓解 PPP 项目的融资难？

答：国家发展改革委、中国证监会等单位联合下发《关于推进传统基础设施领域政府和社会资本合作(PPP)项目资产证券化相关工作的通知》，主要内容是推进 PPP 资产证券化。

资产证券化对提升 PPP 项目的吸引力作用是显而易见的。投资 PPP 项目最大的障碍是期限长，动辄十五、二十年，流动性差、退出难，目前也有许多金融机构都在进行私募性质的"类资产证券化"业务，开展比较困难。允许产品到交易所交易，股权可以变现，将直接提高 PPP 项目资产的流动性。

未来有稳定现金流的 PPP 项目可以通过资产证券化，使得社会资本能够提前收回投资，还可以赚取差价，这将增加社会资本投资 PPP 积极性，并提高资金使用效率。对于市场上现有的公募基金、基础设施产业基金、保险基金以及证券资管产品等大量市场资金来说，这无疑开辟了一个新的投资渠道。现在的资产证券化产品并不多，交易活跃度也不高，缺乏大的基础资产的池子，而 PPP 资产证券化有望比一般的企业债、融资平台债券更有安全系数和保障系数，是有希望变成优质资产的种子选手。

PPP 项目进行资产证券化有两点很关键：一是项目有稳定的现金流；二是政府信用要高。未来 PPP 项目资产证券化更多地和地域相关，一些政府信用好、财力充裕的地方做资产证券化更有条件。同时要看到，资产证券化只是解决了退出机制问题，PPP 项目参与方多、关系复杂，想要成功运行，最关键的因素就是政府诚信。政府是 PPP 模式的主导者和规则制定者，社会资本参与度不高，还在于信心不足。由于 PPP 项目周期都在 10 年以上，民间投资人担心政府不履约，后任领导不认账，对 PPP 项目多在观望。很多的项目开始是有补贴的，最后却是没有落地，没有纳入预算；此外，还存在不少地方"一把手"不顾财政实力融资上项目的现象，因此，资产证券化并不能解决当前 PPP 项目融资的所有问题。

问题 11：PPP 项目付费机制有哪几种？各有什么特点？

答：PPP 项目中的付费模式或机制，决定了 PPP 项目的盈利优劣、风险分配和收益回报。在实践中，需要根据各方的合作预期和承受能力，结合项目所涉的行业、地域和运作方式等实际情况，科学、谨慎、全面地设计和评估 PPP 项目的付费机制。在 PPP 项目中，常见的付费机制主要包括三类：

第一类是政府付费（Government Payment），是指政府直接付费购买公共产品和服务。在政府付费机制下，政府可以依据项目设施的可用性、产品或服务的使用量以及质量向项目公司付费。政府付费是公用设施类和公共服务类项目中较为常用的付费机制，在一些公共交通项目中也会采用这种机制。

第二类是使用者付费（User Charges），是指由最终消费用户直接付费购买公共产品和服务。项目公司直接从最终用户处收取费用，以回收项目的建设和运营成本并获得合理收益。高速公路、桥梁、地铁等公共交通项目以及供水、供热等公用设施项目通常可以采用使用者付费机制。

第三类是可行性缺口补助（Viability Gap Funding，简称VGF），是指使用者付费不足以满足项目公司成本回收和合理回报时，由政府给予项目公司一定的经济补助，以弥补使用者付费之外的缺口部分。可行性缺口补助是在政府付费机制与使用者付费机制之外的一种折衷选择。在我国实践中，可行性缺口补助的形式多种多样，包括土地划拨、投资入股、投资补助、优惠贷款、贷款贴息、放弃分红权、授予项目相关开发收益权等其中的一种或多种。

问题12：目前落地签约的PPP项目不多，原因有哪些？造成PPP项目容易烂尾的社会因素是什么？

答：目前，我国从中央到地方、从政府到民间，对PPP项目都非常重视。各省市推出的PPP项目，动辄上万亿的规模，行业非常广泛。但是，令人遗憾的是，目前能够落地签约的PPP项目，不到30%，有的甚至更低。其原因是什么呢？

第一，PPP项目本身的特点所决定，PPP项目很多都是周期长、投资大，属于基础设施领域或社会服务领域，风险也很大，谈判周期长，需要各方彼此协调和妥协。第二，PPP项目的程序多，环节多，手续多，PPP项目与非PPP项目的法律法规彼此重叠冲突的地方不少。PPP模式下，相关主体的总体特点是层级多、交叉复杂；整个交易合同体系庞大，项目操作技术要求高，风险易传导和放大，具有连锁违约、连锁反应的突出特点。第三，各方利益交织在一起，PPP项目需要一个较长的时间。例如，财政部重资金监管，发改委重项目手续和程序，地方政府重缓解债务危机，社会资本重投资回报短平快。第四，社会资本力量有限，人才有限。PPP项目涉及公共的利益、公共需求的变化，这些变化会导致PPP项目在实施过程中如何设计调整机制。PPP项目必须把未来发生的变化如经济形势等方面考虑进去，短期内，各地的成功项目不少，但失败的项目也不少。在PPP的交易结构中，政府、社会资本和社会公众代表了各自的利益诉求，综合的特点是各自优劣势的非对称性。三者只有在法律规则的框架下，才可能实现更好的平衡，促成PPP项目顺利建设、正常运营。造成PPP项目烂尾的因素也大同小异。在PPP项目中，各方主体的特点如下：

政府：具有传统的权力强势，掌握项目用地和政策资源，拥有行政审批的权力；既是项目的授权协议一方，也是监管者，双重身份并存；特别令社会资本不安的是，政府缺乏遵规守约的传统，且具有一定的普遍性。

社会资本：在技术、信息和资金方面具有谈判强势，容易造成项目暴利，致使政府面临社会公众的压力，促使政府违约风险加大，会威胁到三方关系的平衡。

社会公众：是公共产品、公共服务的购买者和终极付费者，人数众多，更多地是以社会弱势群体的身份出现，容易形成对政府的施压，包括非理性的行为，进而打破项目各方的平衡，造成项目失败。

与政府平台公司不计成本、不讲效益，以政绩导向为目标完成公建基础设施、公益项目建设的动机完全不同的是，在PPP模式下，社会资本"进入"项目的目的，是为了获得预期的投资回报以及能够安全、适时获利"退出"，而并非充当政府财政加"杠杆"化的工具角色。

社会资本"获利退出"目的的实现，最通常、最稳妥、最有效的方式就是借助资本市场实现项目"变现"，而资本的天然属性是追逐利润。政府和社会资本只要有哪一个环节合作不畅，而各方又不能妥协，则非常容易造成项目烂尾。

目前PPP项目投资需求已高达十几万亿元，真正落地项目投资额却并不多。其中，社会资本参与度不高，大多处于观望状态。社会资本参与度不高，背后有许多深层次原因，例如：PPP顶层立法缺失，政策配套不足，项目审批较长，政企双方契约意识不足等。

问题13：PPP项目社会资本如何确定？应采用何种方式进行采购？

答：对于PPP项目，无论采用特许经营还是政府购买服务，均应采用竞争性方式选择社会资本。《政府采购法》中规定政府购买服务采用公开招标、邀请招标、竞争性谈判、单一采购来源、询价五种采购方式。《政府和社会资本合作项目政府采购管理办法》（财库〔2014〕215号）进一步规定：增加了竞争性磋商的采购方式。《基础设施和公用事业特许经营管理办法》第三条规定："本办法所称基础设施和公用事业特许经营，是指政府采用竞争方式依法授权中华人民共和国境内外的法人或者其他组织……。"

在司法实践中，特许经营项目未采用竞争性选择投资人，往往认定合同无效。因此《评审标准》规定："未按政府采购相关规定选择社会资本合作方的"不列为备选项目。

问题14：在PPP项目投资占比中是否有文件规定政府必须占股多少？

答：根据《PPP项目合同指南（试行）》（财金〔2014〕156号）的规定，PPP项目公司是依法设立的自主经营、自负盈亏的具有独立法人资格的经营实体，政府方在项目公司中的持股比例应低于50%，且不具有实际控制力及管理权，部分省级政府也在文件中规定政府股权比例应低于50%。实践中，现阶段的PPP项目，政府一般只在成立项目公司的时候投入资本金，而且也很少看到政府占股超过25%的项目。考虑到现今地方政府债务较高，因此在没有硬性规定的情况下，地方政府大都希望出资比例越小越好。财金〔2015〕57号规定：示范项目"每一年度全部PPP项目需要从预算中安排的支出责任占一般公共预算支出比例应当不超过10%"。该规定明确了政府支出责任占年度公共预算支出比例的上限，保证了政府财政支付的能力，确保财政资金支持到位和项目的长期安全运行。

问题15：签订PPP项目协议之后，进入了实施阶段，后来争取上级政府的项目扶持资金或补助资金，应如何安排或分配？对原合同运营期限是否有影响？

答：这个问题比较复杂，只能回答一些原则性的问题。那就是以合同为先，但各方也可以协商、谈判。签订PPP项目协议之后，进入了实施阶段，后来争取上级政府的项目扶持资金或补助资金，如何进行分配？如果在PPP合同中有约定，自然按合同来实施即可。另外一种情况是，当时签订PPP合同时，未考虑那么具体或长远，合同中没有进行约定，则各方可以根据具体情况进行商量和妥协，对原合同运营是否有影响，也是同样的考虑原则。从此类问题来看，要规避经营方面的风险，必须在合同中考虑得尽量周全一些，长远一些。

问题16：TOT项目是否有具体的操作指南或流程？有现成的实施方案吗？

答：TOT（Transfer - Operate - Transfer）是一种国际上较流行的项目融资方式。它是指政府部门或国有企业将建设好的项目的一定期限的产权和经营权，有偿转让给投资人，由其进行运营管理；投资人在一个约定的时间内通过经营收回全部投资和得到合理的回报，并在合约期满之后，再交回给政府部门或原单位的一种融资方式。TOT是企业进行收购与兼并所采取的一种特殊形式。它具备我国企业在并购过程中出现的一些特点，因此可以理解为基础设施企业或资产的收购与兼并。

TOT（移交—经营—移交）模式的流程大致是：首先进行经营权转让，即把存量部分资产的经营权置换给投资者，双方约定一定的转让期限；其次，在此期限内，经营权受让方全权享有经营设施及资源所带来的收益；最后，期满后，再由经营权受让方移交给经营权转让方。它是相对于增量部分资源转让即BOT（建设—经营—移交）而言的，都是融资的方式和手段之一。

TOT方式的运作程序大致是：

1. 制定TOT方案并报批

转让方须先根据国家有关规定编制TOT项目建议书，征求行业主管部门同意后，按现行规定报有关部门批准。国有企业或国有基础设施管理人只有获得国有资产管理部门批准或授权才能实施TOT方式。

2. 项目发起人（同时又是投产项目的所有者）设立SPV或SPC（Special Purpose Vehicle, or Special Purpose Corporation）

发起人把完工项目的所有权和新建项目的所有权均转让给SPV，以确保有专门机构对两个项目的管理、转让、建造负有全权，并对出现的问题加以协调。SPV常常是政府设立或政府参与设立的具有特许权的机构。

3. TOT项目招标

按照国家规定，需要进行招标的项目，须采用招标方式选择TOT项目的受让方，其程序与BOT方式大体相同，包括招标准备、资格预审、准备招标文件、评标等。

4. SPV与投资者洽谈以达成转让投产运行

SPV 与投资者洽谈以达成转让投产运行项目在未来一定期限内全部或部分经营权的协议，并取得资金。

5. 新项目运行

转让方利用获得资金，用以建设新项目。新项目投入使用。

6. 项目期满后，收回转让的项目

转让期满，资产应在无债务、未设定担保、设施状况完好的情况下移交给原转让方。当然，在有些情况下是先收回转让项目然后新项目才投入使用的。

TOT 项目有大量现成的实施方案可供借鉴。

问题 17：PPP 合同的公示是否有强制性？对合同的异议如何处理？

答：PPP 合同，并不需要强制公示，只是需要进行备案。国家发改委在《关于开展政府和社会资本合作的指导意见》中规定，PPP 模式的运作方式有特许经营、购买服务、股权合作等。国家发改委、财政部和人民银行在《关于在公共服务领域推广政府和社会资本合作模式的指导意见》中明确公共服务领域鼓励采用政府和社会资本合作模式，在能源、交通运输、水利、环境保护、市政工程等特定领域需要实施特许经营的，按《基础设施和公用事业特许经营管理办法》执行。PPP 合同，包含了特许经营协议。目前 PPP 实务中，常见的合同安排是将特许经营的内容直接作为整个 PPP 合同的一部分，不单独在 PPP 合同之外再签订特许经营协议。2015 年 4 月，最高人民法院公布了《关于适用〈中华人民共和国行政诉讼法〉若干问题的解释》，其中第 11 条将政府特许经营协议列为行政协议，产生纠纷时要走行政诉讼的程序。

采用特许经营运作方式的 PPP 项目合同发生争议如何定性，目前存在以下争议：

观点一：PPP 项目合同争议属于民商事合同争议，可采用民事诉讼或仲裁的解决方式。

（1）财政部关于印发《政府和社会资本合作模式操作指南（试行）》的通知中规定："在项目实施过程中，按照项目合同约定，项目实施机构、社会资本或项目公司可就发生争议且无法协商达成一致的事项，依法申请仲裁或提起民事诉讼。"

（2）财政部下发的《政府和社会资本合作项目政府采购管理办法》第 22 条规定："项目实施机构和中标、成交社会资本在 PPP 项目合同履行中发生争议且无法协商一致的，可以依法申请仲裁或者提起民事诉讼。"

（3）《财政部关于规范政府和社会资本合作合同管理工作的通知》规定："在 PPP 模式下，政府与社会资本是基于 PPP 项目合同的平等法律主体，双方法律地位平等、权利义务对等，应在充分协商、互利互惠的基础上订立合同，并依法平等地主张合同权利、履行合同义务。"

（4）发改委下发的《国家发展改革委关于开展政府和社会资本合作的指导意见》中明确提及政府要从公共产品的直接"提供者"转变为社会资本的"合作者"，双方在平等协商、依法合规的基础上订立项目合同。

上述文件，把 PPP 项目合同明确界定为"平等主体之间的民商事合同"。PPP 模式中社会资本方与政府方是平等的民事法律关系主体，且双方合同履行过程中发生争议的解决方式可申请仲裁或提起民事诉讼。

观点二：PPP项目合同争议属于行政协议纠纷，只能采用行政诉讼解决。

（1）《行政许可法》第十二条规定，有限自然资源开发利用、公共资源配置以及直接关系公共利益的特定行业的市场准入等，需要赋予特定权利的事项，可以设定行政许可。基础设施和公用事业特许经营项目属于公共资源配置范畴，政府授予特许经营权的这种行为具备的行政许可的性质，而政府授权的依据是行政法规范，政府方与特许经营者之间应为行政法律关系。

（2）《行政诉讼法》第十二条规定，认为行政机关不依法履行、未按照约定履行或者违法变更、解除政府特许经营协议的作为行政诉讼案件对待。最新司法解释将特许经营协议定性为行政协议。2015年4月，最高人民法院颁布了《关于适用〈中华人民共和国行政诉讼法〉若干问题的解释》（以下简称《解释》），其中第11条规定，行政机关为实现公共利益或者行政管理目标，在法定职责范围内，与公民、法人或者其他组织协商订立的具有行政法权利义务内容的协议，属于行政诉讼法第十二条第一款第十一项规定的行政协议。

上述法律及司法解释，特许经营的PPP项目中，政府方是官、社会资本方是民，二者是行政关系，而不是平等的民事关系，以后因PPP合同争议产生的诉讼纠纷归于行政诉讼范畴。

《解释》实施后，对于特许经营协议的定性上，司法实践的相关判例不尽一致。

现阶段，不管是发改委、财政部等部门规定，还是最高人民法院的判例，均不是法律，PPP项目推进目前属于"无法可依"的现状。建议国家未来尽快制定完善PPP相关法律法规，统一全国司法、行政等对PPP项目合同争议解决方式的认识，减少争议。建议国家未来尽快制定完善PPP相关法律法规，统一全国司法对PPP项目合同争议解决方式的认识，减少争议。

问题18：PPP主要集中在哪些行业，教育行业有案例吗？

PPP主要集中在基础设施领域（如交通、水利、能源、环保等）以及社会服务领域（如医疗、养老、殡葬等）等行业。教育行业的PPP项目，在国外有较多的案例，如澳大利亚。在中国，到目前为止，教育行业仅有2例PPP案例，即颂大教育和分豆教育。

参考国外经验，企业参与到教育PPP项目的途径主要有基础设施公私合作与协议供给两条可供参考的路径。我国教育行业在所有行业中引入PPP较晚，仍处于起步阶段，现有的项目仍以学校建设以及改造等辅助性活动为主，并未触及教育核心内容。根据财政部PPP中心最新数据，教育行业项目数共有380个，在19个行业中处于中下游，占比仅仅5%，总投资额1355亿元，占比更是低至2%，远不及市政工程与交通运输等成熟领域。380个教育PPP项目中金额超过1亿元的项目占比超过2/3。在地域分布上，贵州、山东、四川、河南四个省份的项目数量占比超过65%，地域集群效应明显。

教育行业PPP模式有较好的前景。教育完全交给政府或者完全市场化均有一定局限性，PPP模式既可缓解政府短期资金不足的难题，又能让政府和企业各司其职、明确分工，最终提高教育服务输出效率。当前教育 PPP 项目并未触及教育核心，教育信息化项目占比只有 1%。中国教育信息化市场潜在规模高达 3600 亿元，教育信息化 PPP 模式能有效弥补中西部教育投入不足以及加速教育信息化建设升级。

问题 19：PPP 项目中，政府方一般由哪些部门或单位组成？各有什么要求？

答：PPP 项目中的政府方一般由三方组成：授权机构、实施机构及出资代表。其中，实施机构指和社会资本签订 PPP 项目合同的政府方。实施机构只能是政府或其职能部门或事业单位。

无论是采用政府购买服务，还是特许经营方式，PPP 项目实施机构只能是行政机关或事业单位。《政府购买服务管理办法（暂行）》（财综〔2014〕96 号）第四条规定："政府购买服务的主体（以下简称购买主体）是各级行政机关和具有行政管理职能的事业单位。"《基础设施和公用事业特许经营管理办法》第十四条规定："县级以上人民政府应当授权有关部门或单位作为实施机构负责特许经营项目有关实施工作，并明确具体授权范围。"

2016 年 6 月 8 日，财政部等 20 部委联合下发《关于组织开展第三批 PPP 示范项目申报筛选工作的通知》，该通知第一次公布了完整的 PPP 项目评审标准（下称《评审标准》）。该标准一共 15 条，前 9 条是定性的否定标准，后 6 条是定量的肯定标准。《评审标准》第 1 条规定"政府方为国有企业或融资平台公司作为政府方签署 PPP 项目合同的"不作为备选项目，否定了发改投资〔2014〕2724 号"行业运营公司或其他相关机构，作为政府授权的项目实施机构"的做法。

尽管如此，行业运营公司可以作为 PPP 项目中政府方的出资代表。而授权机构指县级以上人民政府，只有在特许经营中才是必须的，政府购买服务中未强制要求。

问题 20：PPP 项目，政府可以承诺回报率或保底承诺吗？在合同中承诺回购安排是否有效？

答：PPP 项目的合同中，政府不得设立固定回报、保底承诺、回购安排等条款。《基础设施和公用事业特许经营管理办法》第 21 条规定："政府可以……作出承诺，但不得承诺固定投资回报……。"财金〔2015〕57 号及《评审标准》明确规定采用固定回报、回购安排、明股实债等方式进行变相融资的将不被列入备选项目。

PPP 项目是政府和社会资本之间类似合伙的合作关系，双方共担风险、共享收益。财金〔2014〕113 号第 11 条规定 PPP 项目"在政府和社会资本间合理分配项目风险"。《评审标准》将"风险识别和分配是否充分、合理，利益共享机制能否实现激励相容"作为重要评审标准。

采取固定回报、保底承诺、回购安排的项目实则仍是地方政府借债融资，扩大地方政府债务，违背了 PPP 风险共担、绩效评价等原则，因而不属于 PPP 项目。

附录1　基础设施和公用事业特许经营管理办法

中华人民共和国国家发展和改革委员会
中华人民共和国财政部
中华人民共和国住房和城乡建设部
中华人民共和国交通运输部
中华人民共和国水利部
中国人民银行
令
第25号

《基础设施和公用事业特许经营管理办法》业经国务院同意，现予以发布，自2015年6月1日起施行。

第一章　总则

第一条　为鼓励和引导社会资本参与基础设施和公用事业建设运营，提高公共服务质量和效率，保护特许经营者合法权益，保障社会公共利益和公共安全，促进经济社会持续健康发展，制定本办法。

第二条　中华人民共和国境内的能源、交通运输、水利、环境保护、市政工程等基础设施和公用事业领域的特许经营活动，适用本办法。

第三条　本办法所称基础设施和公用事业特许经营，是指政府采用竞争方式依法授权中华人民共和国境内外的法人或者其他组织，通过协议明确权利义务和风险分担，约定其在一定期限和范围内投资建设运营基础设施和公用事业并获得收益，提供公共产品或者公共服务。

第四条　基础设施和公用事业特许经营应当坚持公开、公平、公正，保护各方信赖利益，并遵循以下原则：

（一）发挥社会资本融资、专业、技术和管理优势，提高公共服务质量效率；

（二）转变政府职能，强化政府与社会资本协商合作；

（三）保护社会资本合法权益，保证特许经营持续性和稳定性；

（四）兼顾经营性和公益性平衡，维护公共利益。

第五条　基础设施和公用事业特许经营可以采取以下方式：

（一）在一定期限内，政府授予特许经营者投资新建或改扩建、运营基础设施和公用事业，期限届满移交政府；

（二）在一定期限内，政府授予特许经营者投资新建或改扩建、拥有并运营基础设施和公用事业，期限届满移交政府；

（三）特许经营者投资新建或改扩建基础设施和公用事业并移交政府后，由政府授予其在一定期限内运营；

（四）国家规定的其他方式。

第六条 基础设施和公用事业特许经营期限应当根据行业特点、所提供公共产品或服务需求、项目生命周期、投资回收期等综合因素确定，最长不超过30年。对于投资规模大、回报周期长的基础设施和公用事业特许经营项目（以下简称特许经营项目）可以由政府或者其授权部门与特许经营者根据项目实际情况，约定超过前款规定的特许经营期限。

第七条 国务院发展改革、财政、国土、环保、住房城乡建设、交通运输、水利、能源、金融、安全监管等有关部门按照各自职责，负责相关领域基础设施和公用事业特许经营规章、政策制定和监督管理工作。县级以上地方人民政府发展改革、财政、国土、环保、住房城乡建设、交通运输、水利、价格、能源、金融监管等有关部门根据职责分工，负责有关特许经营项目实施和监督管理工作。

第八条 县级以上地方人民政府应当建立各有关部门参加的基础设施和公用事业特许经营部门协调机制，负责统筹有关政策措施，并组织协调特许经营项目实施和监督管理工作。

第二章 特许经营协议订立

第九条 县级以上人民政府有关行业主管部门或政府授权部门（以下简称项目提出部门）可以根据经济社会发展需求，以及有关法人和其他组织提出的特许经营项目建议等，提出特许经营项目实施方案。特许经营项目应当符合国民经济和社会发展总体规划、主体功能区规划、区域规划、环境保护规划和安全生产规划等专项规划、土地利用规划、城乡规划、中期财政规划等，并且建设运营标准和监管要求明确。项目提出部门应当保证特许经营项目的完整性和连续性。

第十条 特许经营项目实施方案应当包括以下内容：

（一）项目名称；

（二）项目实施机构；

（三）项目建设规模、投资总额、实施进度，以及提供公共产品或公共服务的标准等基本经济技术指标；

（四）投资回报、价格及其测算；

（五）可行性分析，即降低全生命周期成本和提高公共服务质量效率的分析估算等；

（六）特许经营协议框架草案及特许经营期限；

（七）特许经营者应当具备的条件及选择方式；

（八）政府承诺和保障；

（九）特许经营期限届满后资产处置方式；

（十）应当明确的其他事项。

第十一条　项目提出部门可以委托具有相应能力和经验的第三方机构，开展特许经营可行性评估，完善特许经营项目实施方案。需要政府提供可行性缺口补助或者开展物有所值评估的，由财政部门负责开展相关工作。具体办法由国务院财政部门另行制定。

第十二条　特许经营可行性评估应当主要包括以下内容：

（一）特许经营项目全生命周期成本、技术路线和工程方案的合理性，可能的融资方式、融资规模、资金成本，所提供公共服务的质量效率，建设运营标准和监管要求等；

（二）相关领域市场发育程度，市场主体建设运营能力状况和参与意愿；

（三）用户付费项目公众支付意愿和能力评估。

第十三条　项目提出部门依托本级人民政府根据本办法第八条规定建立的部门协调机制，会同发展改革、财政、城乡规划、国土、环保、水利等有关部门对特许经营项目实施方案进行审查。经审查认为实施方案可行的，各部门应当根据职责分别出具书面审查意见。项目提出部门综合各部门书面审查意见，报本级人民政府或其授权部门审定特许经营项目实施方案。

第十四条　县级以上人民政府应当授权有关部门或单位作为实施机构负责特许经营项目有关实施工作，并明确具体授权范围。

第十五条　实施机构根据经审定的特许经营项目实施方案，应当通过招标、竞争性谈判等竞争方式选择特许经营者。特许经营项目建设运营标准和监管要求明确、有关领域市场竞争比较充分的，应当通过招标方式选择特许经营者。

第十六条　实施机构应当在招标或谈判文件中载明是否要求成立特许经营项目公司。

第十七条　实施机构应当公平择优选择具有相应管理经验、专业能力、融资实力以及信用状况良好的法人或者其他组织作为特许经营者。鼓励金融机构与参与竞争的法人或其他组织共同制定投融资方案。特许经营者选择应当符合内外资准入等有关法律、行政法规规定。依法选定的特许经营者，应当向社会公示。

第十八条　实施机构应当与依法选定的特许经营者签订特许经营协议。需要成立项目公司的，实施机构应当与依法选定的投资人签订初步协议，约定其在规定期限内注册成立项目公司，并与项目公司签订特许经营协议。特许经营协议应当主要包括以下内容：

（一）项目名称、内容；

（二）特许经营方式、区域、范围和期限；

（三）项目公司的经营范围、注册资本、股东出资方式、出资比例、股权转让等；

（四）所提供产品或者服务的数量、质量和标准；

（五）设施权属，以及相应的维护和更新改造；

（六）监测评估；

（七）投融资期限和方式；

（八）收益取得方式，价格和收费标准的确定方法以及调整程序；

（九）履约担保；

（十）特许经营期内的风险分担；

（十一）政府承诺和保障；

（十二）应急预案和临时接管预案；

（十三）特许经营期限届满后，项目及资产移交方式、程序和要求等；

（十四）变更、提前终止及补偿；

（十五）违约责任；

（十六）争议解决方式；

（十七）需要明确的其他事项。

第十九条 特许经营协议根据有关法律、行政法规和国家规定，可以约定特许经营者通过向用户收费等方式取得收益。向用户收费不足以覆盖特许经营建设、运营成本及合理收益的，可由政府提供可行性缺口补助，包括政府授予特许经营项目相关的其他开发经营权益。

第二十条 特许经营协议应当明确价格或收费的确定和调整机制。特许经营项目价格或收费应当依据相关法律、行政法规规定和特许经营协议约定予以确定和调整。

第二十一条 政府可以在特许经营协议中就防止不必要的同类竞争性项目建设、必要合理的财政补贴、有关配套公共服务和基础设施的提供等内容作出承诺，但不得承诺固定投资回报和其他法律、行政法规禁止的事项。

第二十二条 特许经营者根据特许经营协议，需要依法办理规划选址、用地和项目核准或审批等手续的，有关部门在进行审核时，应当简化审核内容，优化办理流程，缩短办理时限，对于本部门根据本办法第十三条出具书面审查意见已经明确的事项，不再作重复审查。实施机构应当协助特许经营者办理相关手续。

第二十三条 国家鼓励金融机构为特许经营项目提供财务顾问、融资顾问、银团贷款等金融服务。政策性、开发性金融机构可以给予特许经营项目差异化信贷支持，对符合条件的项目，贷款期限最长可达30年。探索利用特许经营项目预期收益质押贷款，支持利用相关收益作为还款来源。

第二十四条 国家鼓励通过设立产业基金等形式入股提供特许经营项目资本金。鼓励特许经营项目公司进行结构化融资，发行项目收益票据和资产支持票据等。国家鼓励特许经营项目采用成立私募基金，引入战略投资者，发行企业债券、项目收益债券、公司债券、非金融企业债务融资工具等方式拓宽投融资渠道。

第二十五条 县级以上人民政府有关部门可以探索与金融机构设立基础设施和公用事业特许经营引导基金，并通过投资补助、财政补贴、贷款贴息等方式，支持有关特许经营项目建设运营。

第三章　特许经营协议履行

第二十六条　特许经营协议各方当事人应当遵循诚实信用原则，按照约定全面履行义务。除法律、行政法规另有规定外，实施机构和特许经营者任何一方不履行特许经营协议约定义务或者履行义务不符合约定要求的，应当根据协议继续履行、采取补救措施或者赔偿损失。

第二十七条　依法保护特许经营者合法权益。任何单位或者个人不得违反法律、行政法规和本办法规定，干涉特许经营者合法经营活动。

第二十八条　特许经营者应当根据特许经营协议，执行有关特许经营项目投融资安排，确保相应资金或资金来源落实。

第二十九条　特许经营项目涉及新建或改扩建有关基础设施和公用事业的，应当符合城乡规划、土地管理、环境保护、质量管理、安全生产等有关法律、行政法规规定的建设条件和建设标准。

第三十条　特许经营者应当根据有关法律、行政法规、标准规范和特许经营协议，提供优质、持续、高效、安全的公共产品或者公共服务。

第三十一条　特许经营者应当按照技术规范，定期对特许经营项目设施进行检修和保养，保证设施运转正常及经营期限届满后资产按规定进行移交。

第三十二条　特许经营者对涉及国家安全的事项负有保密义务，并应当建立和落实相应保密管理制度。实施机构、有关部门及其工作人员对在特许经营活动和监督管理工作中知悉的特许经营者商业秘密负有保密义务。

第三十三条　实施机构和特许经营者应当对特许经营项目建设、运营、维修、保养过程中有关资料，按照有关规定进行归档保存。

第三十四条　实施机构应当按照特许经营协议严格履行有关义务，为特许经营者建设运营特许经营项目提供便利和支持，提高公共服务水平。行政区划调整，政府换届、部门调整和负责人变更，不得影响特许经营协议履行。

第三十五条　需要政府提供可行性缺口补助的特许经营项目，应当严格按照预算法规定，综合考虑政府财政承受能力和债务风险状况，合理确定财政付费总额和分年度数额，并与政府年度预算和中期财政规划相衔接，确保资金拨付需要。

第三十六条　因法律、行政法规修改，或者政策调整损害特许经营者预期利益，或者根据公共利益需要，要求特许经营者提供协议约定以外的产品或服务的，应当给予特许经营者相应补偿。

第四章　特许经营协议变更和终止

第三十七条　在特许经营协议有效期内，协议内容确需变更的，协议当事人应当在协商一致基础上签订补充协议。如协议可能对特许经营项目的存续债务产生重大影响的，应当事先征求债权人同意。特许经营项目涉及直接融资行为的,应当及时做好相关信息披露。特许经营期限届满后确有必要延长的,按照有关规定经充分评估论证,协商一致并报批准后,可以延长。

第三十八条 在特许经营期限内,因特许经营协议一方严重违约或不可抗力等原因,导致特许经营者无法继续履行协议约定义务,或者出现特许经营协议约定的提前终止协议情形的,在与债权人协商一致后,可以提前终止协议。特许经营协议提前终止的,政府应当收回特许经营项目,并根据实际情况和协议约定给予原特许经营者相应补偿。

第三十九条 特许经营期限届满终止或提前终止的,协议当事人应当按照特许经营协议约定,以及有关法律、行政法规和规定办理有关设施、资料、档案等的性能测试、评估、移交、接管、验收等手续。

第四十条 特许经营期限届满终止或者提前终止,对该基础设施和公用事业继续采用特许经营方式的,实施机构应当根据本办法规定重新选择特许经营者。因特许经营期限届满重新选择特许经营者的,在同等条件下,原特许经营者优先获得特许经营。新的特许经营者选定之前,实施机构和原特许经营者应当制定预案,保障公共产品或公共服务的持续稳定提供。

第五章 监督管理和公共利益保障

第四十一条 县级以上人民政府有关部门应当根据各自职责,对特许经营者执行法律、行政法规、行业标准、产品或服务技术规范,以及其他有关监管要求进行监督管理,并依法加强成本监督审查。县级以上审计机关应当依法对特许经营活动进行审计。

第四十二条 县级以上人民政府及其有关部门应当根据法律、行政法规和国务院决定保留的行政审批项目对特许经营进行监督管理,不得以实施特许经营为名违法增设行政审批项目或审批环节。

第四十三条 实施机构应当根据特许经营协议,定期对特许经营项目建设运营情况进行监测分析,会同有关部门进行绩效评价,并建立根据绩效评价结果、按照特许经营协议约定对价格或财政补贴进行调整的机制,保障所提供公共产品或公共服务的质量和效率。实施机构应当将社会公众意见作为监测分析和绩效评价的重要内容。

第四十四条 社会公众有权对特许经营活动进行监督,向有关监管部门投诉,或者向实施机构和特许经营者提出意见建议。

第四十五条 县级以上人民政府应当将特许经营有关政策措施、特许经营部门协调机制组成以及职责等信息向社会公开。实施机构和特许经营者应当将特许经营项目实施方案、特许经营者选择、特许经营协议及其变更或终止、项目建设运营、所提供公共服务标准、监测分析和绩效评价、经过审计的上年度财务报表等有关信息按规定向社会公开。特许经营者应当公开有关会计数据、财务核算和其他有关财务指标，并依法接受年度财务审计。

第四十六条 特许经营者应当对特许经营协议约定服务区域内所有用户普遍地、无歧视地提供公共产品或公共服务，不得对新增用户实行差别待遇。

第四十七条 实施机构和特许经营者应当制定突发事件应急预案，按规定报有关部门。突发事件发生后，及时启动应急预案，保障公共产品或公共服务的正常提供。

第四十八条 特许经营者因不可抗力等原因确实无法继续履行特许经营协议的，实施机构应当采取措施，保证持续稳定提供公共产品或公共服务。

第六章　争议解决

第四十九条 实施机构和特许经营者就特许经营协议履行发生争议的，应当协商解决。协商达成一致的，应当签订补充协议并遵照执行。

第五十条 实施机构和特许经营者就特许经营协议中的专业技术问题发生争议的，可以共同聘请专家或第三方机构进行调解。调解达成一致的，应当签订补充协议并遵照执行。

第五十一条 特许经营者认为行政机关作出的具体行政行为侵犯其合法权益的，有陈述、申辩的权利，并可以依法提起行政复议或者行政诉讼。

第五十二条 特许经营协议存续期间发生争议，当事各方在争议解决过程中，应当继续履行特许经营协议义务，保证公共产品或公共服务的持续性和稳定性。

第七章　法律责任

第五十三条 特许经营者违反法律、行政法规和国家强制性标准，严重危害公共利益，或者造成重大质量、安全事故或者突发环境事件的，有关部门应当责令限期改正并依法予以行政处罚；拒不改正、情节严重的，可以终止特许经营协议；构成犯罪的，依法追究刑事责任。

第五十四条 以欺骗、贿赂等不正当手段取得特许经营项目的，应当依法收回特许经营项目，向社会公开。

第五十五条 实施机构、有关行政主管部门及其工作人员不履行法定职责、干预特许经营者正常经营活动、徇私舞弊、滥用职权、玩忽职守的，依法给予行政处分；构成犯罪的，依法追究刑事责任。

第五十六条 县级以上人民政府有关部门应当对特许经营者及其从业人员的不良行为建立信用记录，纳入全国统一的信用信息共享交换平台。对严重违法失信行为依法予以曝光，并会同有关部门实施联合惩戒。

第八章　附则

第五十七条　基础设施和公用事业特许经营涉及国家安全审查的，按照国家有关规定执行。

第五十八条　法律、行政法规对基础设施和公用事业特许经营另有规定的，从其规定。本办法实施之前依法已经订立特许经营协议的，按照协议约定执行。

第五十九条　本办法由国务院发展改革部门会同有关部门负责解释。

第六十条　本办法自 2015 年 6 月 1 日起施行。

附录2　政府和社会资本合作项目政府采购管理办法

第一章　总则

第一条　为了规范政府和社会资本合作项目政府采购（以下简称PPP项目采购）行为，维护国家利益、社会公共利益和政府采购当事人的合法权益，依据《中华人民共和国政府采购法》（以下简称政府采购法）和有关法律、行政法规、部门规章，制定本办法。

第二条　本办法所称PPP项目采购，是指政府为达成权利义务平衡、物有所值的PPP项目合同，遵循公开、公平、公正和诚实信用原则，按照相关法规要求完成PPP项目识别和准备等前期工作后，依法选择社会资本合作者的过程。PPP项目实施机构（采购人）在项目实施过程中选择合作社会资本（供应商），适用本办法。

第三条　PPP项目实施机构可以委托政府采购代理机构办理PPP项目采购事宜。PPP项目咨询服务机构从事PPP项目采购业务的，应当按照政府采购代理机构管理的有关要求及时进行网上登记。

第二章　采购程序

第四条　PPP项目采购方式包括公开招标、邀请招标、竞争性谈判、竞争性磋商和单一来源采购。项目实施机构应当根据PPP项目的采购需求特点，依法选择适当的采购方式。公开招标主要适用于采购需求中核心边界条件和技术经济参数明确、完整、符合国家法律法规及政府采购政策，且采购过程中不作更改的项目。

第五条　PPP项目采购应当实行资格预审。项目实施机构应当根据项目需要准备资格预审文件，发布资格预审公告，邀请社会资本和与其合作的金融机构参与资格预审，验证项目能否获得社会资本响应和实现充分竞争。

第六条　资格预审公告应当在省级以上人民政府财政部门指定的政府采购信息发布媒体上发布。资格预审合格的社会资本在签订PPP项目合同前资格发生变化的，应当通知项目实施机构。

资格预审公告应当包括项目授权主体、项目实施机构和项目名称、采购需求、对社会资本的资格要求、是否允许联合体参与采购活动、是否限定参与竞争的合格社会资本的数量及限定的方法和标准、以及社会资本提交资格预审申请文件的时间和地点。提交资格预审申请文件的时间自公告发布之日起不得少于15个工作日。

第七条　项目实施机构、采购代理机构应当成立评审小组，负责PPP项目采购的资格预审和评审工作。评审小组由项目实施机构代表和评审专家共5人以上单数组成，其中评审专家人数不得少于评审小组成员总数的2/3。评审专家可以由项目实施机构自行选定，但评审专家中至少应当包含1名财务专家和1名法律专家。项目实施机构代表不得以评审专家身份参加项目的评审。

第八条 项目有3家以上社会资本通过资格预审的，项目实施机构可以继续开展采购文件准备工作；项目通过资格预审的社会资本不足3家的，项目实施机构应当在调整资格预审公告内容后重新组织资格预审；项目经重新资格预审后合格社会资本仍不够3家的，可以依法变更采购方式。

资格预审结果应当告知所有参与资格预审的社会资本，并将资格预审的评审报告提交财政部门（政府和社会资本合作中心）备案。

第九条 项目采购文件应当包括采购邀请、竞争者须知（包括密封、签署、盖章要求等）、竞争者应当提供的资格、资信及业绩证明文件、采购方式、政府对项目实施机构的授权、实施方案的批复和项目相关审批文件、采购程序、响应文件编制要求、提交响应文件截止时间、开启时间及地点、保证金交纳数额和形式、评审方法、评审标准、政府采购政策要求、PPP项目合同草案及其他法律文本、采购结果确认谈判中项目合同可变的细节、以及是否允许未参加资格预审的供应商参与竞争并进行资格后审等内容。项目采购文件中还应当明确项目合同必须报请本级人民政府审核同意，在获得同意前项目合同不得生效。

采用竞争性谈判或者竞争性磋商采购方式的，项目采购文件除上款规定的内容外，还应当明确评审小组根据与社会资本谈判情况可能实质性变动的内容，包括采购需求中的技术、服务要求以及项目合同草案条款。

第十条 项目实施机构应当在资格预审公告、采购公告、采购文件、项目合同中列明采购本国货物和服务、技术引进和转让等政策要求，以及对社会资本参与采购活动和履约保证的担保要求。

第十一条 项目实施机构应当组织社会资本进行现场考察或者召开采购前答疑会，但不得单独或者分别组织只有一个社会资本参加的现场考察和答疑会。项目实施机构可以视项目的具体情况，组织对符合条件的社会资本的资格条件进行考察核实。

第十二条 评审小组成员应当按照客观、公正、审慎的原则，根据资格预审公告和采购文件规定的程序、方法和标准进行资格预审和独立评审。已进行资格预审的，评审小组在评审阶段可以不再对社会资本进行资格审查。允许进行资格后审的，由评审小组在响应文件评审环节对社会资本进行资格审查。

评审小组成员应当在资格预审报告和评审报告上签字，对自己的评审意见承担法律责任。对资格预审报告或者评审报告有异议的，应当在报告上签署不同意见，并说明理由，否则视为同意资格预审报告和评审报告。

评审小组发现采购文件内容违反国家有关强制性规定的，应当停止评审并向项目实施机构说明情况。

第十三条 评审专家应当遵守评审工作纪律，不得泄露评审情况和评审中获悉的国家秘密、商业秘密。

评审小组在评审过程中发现社会资本有行贿、提供虚假材料或者串通等违法行为的，应当及时向财政部门报告。

评审专家在评审过程中受到非法干涉的，应当及时向财政、监察等部门举报。

第十四条 PPP项目采购评审结束后，项目实施机构应当成立专门的采购结果确认谈判工作组，负责采购结果确认前的谈判和最终的采购结果确认工作。

采购结果确认谈判工作组成员及数量由项目实施机构确定，但应当至少包括财政预算管理部门、行业主管部门代表，以及财务、法律等方面的专家。涉及价格管理、环境保护的PPP项目，谈判工作组还应当包括价格管理、环境保护行政执法机关代表。评审小组成员可以作为采购结果确认谈判工作组成员参与采购结果确认谈判。

第十五条 采购结果确认谈判工作组应当按照评审报告推荐的候选社会资本排名，依次与候选社会资本及与其合作的金融机构就项目合同中可变的细节问题进行项目合同签署前的确认谈判，率先达成一致的候选社会资本即为预中标、成交社会资本。

第十六条 确认谈判不得涉及项目合同中不可谈判的核心条款，不得与排序在前但已终止谈判的社会资本进行重复谈判。

第十七条 项目实施机构应当在预中标、成交社会资本确定后10个工作日内，与预中标、成交社会资本签署确认谈判备忘录，并将预中标、成交结果和根据采购文件、响应文件及有关补遗文件和确认谈判备忘录拟定的项目合同文本在省级以上人民政府财政部门指定的政府采购信息发布媒体上进行公示，公示期不得少于5个工作日。项目合同文本应当将预中标、成交社会资本响应文件中的重要承诺和技术文件等作为附件。项目合同文本涉及国家秘密、商业秘密的内容可以不公示。

第十八条 项目实施机构应当在公示期满无异议后2个工作日内，将中标、成交结果在省级以上人民政府财政部门指定的政府采购信息发布媒体上进行公告，同时发出中标、成交通知书。

中标、成交结果公告内容应当包括：项目实施机构和采购代理机构的名称、地址和联系方式；项目名称和项目编号；中标或者成交社会资本的名称、地址、法人代表；中标或者成交标的名称、主要中标或者成交条件（包括但不限于合作期限、服务要求、项目概算、回报机制）等；评审小组和采购结果确认谈判工作组成员名单。

第十九条 项目实施机构应当在中标、成交通知书发出后30日内，与中标、成交社会资本签订经本级人民政府审核同意的PPP项目合同。

需要为PPP项目设立专门项目公司的，待项目公司成立后，由项目公司与项目实施机构重新签署PPP项目合同，或者签署关于继承PPP项目合同的补充合同。

第二十条 项目实施机构应当在PPP项目合同签订之日起2个工作日内，将PPP项目合同在省级以上人民政府财政部门指定的政府采购信息发布媒体上公告，但PPP项目合同中涉及国家秘密、商业秘密的内容除外。

第二十一条 项目实施机构应当在采购文件中要求社会资本交纳参加采购活动的保证

金和履约保证金。社会资本应当以支票、汇票、本票或者金融机构、担保机构出具的保函等非现金形式交纳保证金。参加采购活动的保证金数额不得超过项目预算金额的2%。履约保证金的数额不得超过PPP项目初始投资总额或者资产评估值的10%，无固定资产投资或者投资额不大的服务型PPP项目，履约保证金的数额不得超过平均6个月服务收入额。

第三章 争议处理和监督检查

第二十二条 参加PPP项目采购活动的社会资本对采购活动的询问、质疑和投诉，依照有关政府采购法律制度规定执行。

项目实施机构和中标、成交社会资本在PPP项目合同履行中发生争议且无法协商一致的，可以依法申请仲裁或者提起民事诉讼。

第二十三条 各级人民政府财政部门应当加强对PPP项目采购活动的监督检查，依法处理采购活动中的违法违规行为。

第二十四条 PPP项目采购有关单位和人员在采购活动中出现违法违规行为的，依照政府采购法及有关法律法规追究法律责任。

第四章 附则

第二十五条 本办法自发布之日起施行。

附录3 PPP物有所值评价指引

（试行）

关于印发《PPP物有所值评价指引（试行）》的通知

财金〔2015〕167号

各省、自治区、直辖市、计划单列市财政厅（局），新疆生产建设兵团财务局：

为推动政府和社会资本合作（Public-Private Partnership，以下简称PPP）项目物有所值评价工作规范有序开展，我们立足国内实际，借鉴国际经验，制订了《PPP物有所值评价指引（试行）》。由于实践中缺乏充足的数据积累，难以形成成熟的计量模型，物有所值定量评价处于探索阶段，各地应当依据客观需要，因地制宜地开展物有所值评价工作。施行过程中的问题和建议，请及时反馈我部。

财政部

2015年12月18日

第一章　总则

第一条　为促进PPP物有所值评价工作规范有序开展，根据《中华人民共和国预算法》、《国务院办公厅转发财政部发展改革委人民银行关于在公共服务领域推广政府和社会资本合作模式指导意见的通知》（国办发〔2015〕42号）等有关规定，制定本指引。

第二条　本指引所称物有所值（Value for Money，VfM）评价是判断是否采用PPP模式代替政府传统投资运营方式提供公共服务项目的一种评价方法。

第三条　物有所值评价应遵循真实、客观、公开的原则。

第四条　中华人民共和国境内拟采用PPP模式实施的项目，应在项目识别或准备阶段开展物有所值评价。

第五条　物有所值评价包括定性评价和定量评价。现阶段以定性评价为主，鼓励开展定量评价。定量评价可作为项目全生命周期内风险分配、成本测算和数据收集的重要手段，以及项目决策和绩效评价的参考依据。

第六条　应统筹定性评价和定量评价结论，做出物有所值评价结论。物有所值评价结论分为"通过"和"未通过"。"通过"的项目，可进行财政承受能力论证；"未通过"的项目，可在调整实施方案后重新评价，仍未通过的不宜采用PPP模式。

第七条　财政部门（或PPP中心）应会同行业主管部门共同做好物有所值评价工作，并积极利用第三方专业机构和专家力量。

第二章 评价准备

第八条 物有所值评价资料主要包括：（初步）实施方案、项目产出说明、风险识别和分配情况、存量公共资产的历史资料、新建或改扩建项目的（预）可行性研究报告、设计文件等。

第九条 开展物有所值评价时，项目本级财政部门（或PPP中心）应会同行业主管部门，明确是否开展定量评价，并明确定性评价程序、指标及其权重、评分标准等基本要求。

第十条 开展物有所值定量评价时，项目本级财政部门（或PPP中心）应会同行业主管部门，明确定量评价内容、测算指标和方法，以及定量评价结论是否作为采用PPP模式的决策依据。

第三章 定性评价

第十一条 定性评价指标包括全生命周期整合程度、风险识别与分配、绩效导向与鼓励创新、潜在竞争程度、政府机构能力、可融资性等六项基本评价指标。

第十二条 全生命周期整合程度指标主要考核在项目全生命周期内，项目设计、投融资、建造、运营和维护等环节能否实现长期、充分整合。

第十三条 风险识别与分配指标主要考核在项目全生命周期内，各风险因素是否得到充分识别并在政府和社会资本之间进行合理分配。

第十四条 绩效导向与鼓励创新指标主要考核是否建立以基础设施及公共服务供给数量、质量和效率为导向的绩效标准和监管机制，是否落实节能环保、支持本国产业等政府采购政策，能否鼓励社会资本创新。

第十五条 潜在竞争程度指标主要考核项目内容对社会资本参与竞争的吸引力。

第十六条 政府机构能力指标主要考核政府转变职能、优化服务、依法履约、行政监管和项目执行管理等能力。

第十七条 可融资性指标主要考核项目的市场融资能力。

第十八条 项目本级财政部门（或PPP中心）会同行业主管部门，可根据具体情况设置补充评价指标。

第十九条 补充评价指标主要是六项基本评价指标未涵盖的其他影响因素，包括项目规模大小、预期使用寿命长短、主要固定资产种类、全生命周期成本测算准确性、运营收入增长潜力、行业示范性等。

第二十条 在各项评价指标中，六项基本评价指标权重为80%，其中任一指标权重一般不超过20%；补充评价指标权重为20%，其中任一指标权重一般不超过10%。

第二十一条 每项指标评分分为五个等级，即有利、较有利、一般、较不利、不利，对应分值分别为100~81、80~61、60~41、40~21、20~0分。项目本级财政部门（或PPP中心）会同行业主管部门，按照评分等级对每项指标制定清晰准确的评分标准。

第二十二条 定性评价专家组包括财政、资产评估、会计、金融等经济方面专家，以及行业、工程技术、项目管理和法律方面专家等。

第二十三条 项目本级财政部门（或PPP中心）会同行业主管部门组织召开专家组会议。定性评价所需资料应于专家组会议召开前送达专家，确保专家掌握必要信息。

第二十四条 专家组会议基本程序如下：

（一）专家在充分讨论后按评价指标逐项打分，专家打分表见附件；

（二）按照指标权重计算加权平均分，得到评分结果，形成专家组意见。

第二十五条 项目本级财政部门（或PPP中心）会同行业主管部门根据专家组意见，做出定性评价结论。原则上，评分结果在60分（含）以上的，通过定性评价；否则，未通过定性评价。

第四章 定量评价

第二十六条 定量评价是在假定采用PPP模式与政府传统投资方式产出绩效相同的前提下，通过对PPP项目全生命周期内政府方净成本的现值（PPP值）与公共部门比较值（PSC值）进行比较，判断PPP模式能否降低项目全生命周期成本。

第二十七条 PPP值可等同于PPP项目全生命周期内股权投资、运营补贴、风险承担和配套投入等各项财政支出责任的现值，参照《政府和社会资本合作项目财政承受能力论证指引》（财金〔2015〕21号）及有关规定测算。

第二十八条 PSC值是以下三项成本的全生命周期现值之和：

（一）参照项目的建设和运营维护净成本；

（二）竞争性中立调整值；

（三）项目全部风险成本。

第二十九条 参照项目可根据具体情况确定为：

（一）假设政府采用现实可行的、最有效的传统投资方式实施的、与PPP项目产出相同的虚拟项目；

（二）最近五年内，相同或相似地区采用政府传统投资方式实施的、与PPP项目产出相同或非常相似的项目。

建设净成本主要包括参照项目设计、建造、升级、改造、大修等方面投入的现金以及固定资产、土地使用权等实物和无形资产的价值，并扣除参照项目全生命周期内产生的转让、租赁或处置资产所获的收益。

运营维护净成本主要包括参照项目全生命周期内运营维护所需的原材料、设备、人工等成本，以及管理费用、销售费用和运营期财务费用等，并扣除假设参照项目与PPP项目付费机制相同情况下能够获得的使用者付费收入等。

第三十条 竞争性中立调整值主要是采用政府传统投资方式比采用PPP模式实施项目少支出的费用，通常包括少支出的土地费用、行政审批费用、有关税费等。

第三十一条 项目全部风险成本包括可转移给社会资本的风险承担成本和政府自留风

险的承担成本,参照《政府和社会资本合作项目财政承受能力论证指引》(财金〔2015〕21号)第二十一条及有关规定测算。政府自留风险承担成本等同于PPP值中的全生命周期风险承担支出责任,两者在PSC值与PPP值比较时可对等扣除。

第三十二条 用于测算PSC值的折现率应与用于测算PPP值的折现率相同,参照《政府和社会资本合作项目财政承受能力论证指引》(财金〔2015〕21号)第十七条及有关规定测算。

第三十三条 PPP值小于或等于PSC值的,认定为通过定量评价;PPP值大于PSC值的,认定为未通过定量评价。

第五章 评价报告和信息披露

第三十四条 项目本级财政部门（或PPP中心）会同行业主管部门,在物有所值评价结论形成后,完成物有所值评价报告编制工作,报省级财政部门备案,并将报告电子版上传PPP综合信息平台。

第三十五条 物有所值评价报告内容包括：

（一）项目基础信息。主要包括项目概况、项目产出说明和绩效标准、PPP运作方式、风险分配框架和付费机制等。

（二）评价方法。主要包括定性评价程序、指标及权重、评分标准、评分结果、专家组意见以及定量评价的PSC值、PPP值的测算依据、测算过程和结果等。

（三）评价结论,分为"通过"和"未通过"。

（四）附件。通常包括（初步）实施方案、项目产出说明、可行性研究报告、设计文件、存量公共资产的历史资料、PPP项目合同、绩效监测报告和中期评估报告等。

第三十六条 项目本级财政部门（或PPP中心）应在物有所值评价报告编制完成之日起5个工作日内,将报告的主要信息通过PPP综合信息平台等渠道向社会公开披露,但涉及国家秘密和商业秘密的信息除外。

第三十七条 在PPP项目合作期内和期满后,项目本级财政部门（或PPP中心）应会同行业主管部门,将物有所值评价报告作为项目绩效评价的重要组成部分,对照进行统计和分析。

第三十八条 各级财政部门（或PPP中心）应加强物有所值评价数据库的建设,做好定性和定量评价数据的收集、统计、分析和报送等工作。

第三十九条 各级财政部门（或PPP中心）应会同行业主管部门,加强对物有所值评价第三方专业机构和专家的监督管理,通过PPP综合信息平台进行信用记录、跟踪、报告和信息公布。省级财政部门应加强对全省（市、区）物有所值评价工作的监督管理。

第六章 附则

第四十条 本指引自印发之日起施行,有效期2年。

参考文献

［1］王灏. PPP 的定义和分类研究. 都市快轨交通，2004，17（5）：22-24.
［2］于雯杰. 国外 PPP 的产生与发展. 经济研究参考，2016，2717（15）.
［3］蔡建升，牟国春，李洋洋. 浅议 PPP 项目股权结构设计. 中国建设报，2015，4.
［4］周兰萍. PPP 特许权协议的法律性质及立法建议. 中国建筑装饰装修，2014：48-49.